U0938668

国家社科基金项目“香港的政党演进与政治发展研究”(08BZZ017)最终成果

香港政党研究

朱世海 著

时事出版社

图书在版编目（CIP）数据

香港政党研究/朱世海著．—北京：时事出版社，2011.7
ISBN 978-7-80232-443-5

Ⅰ.①香…　Ⅱ.①朱…　Ⅲ.①政党—研究—香港　Ⅳ.①D676.586.4

中国版本图书馆 CIP 数据核字（2011）第 099687 号

出版发行：时事出版社
地　　址：北京市海淀区万寿寺甲 2 号
邮　　编：100081
发行热线：(010) 88547590　88547591
读者服务部：(010) 88547595
传　　真：(010) 68418647
电子邮箱：shishichubanshe@sina.com
网　　址：www.shishishe.com
印　　刷：北京百善印刷厂

开本：787×1092　1/16　印张：13.75　字数：215 千字
2011 年 8 月第 1 版　2011 年 8 月第 1 次印刷
定价：35.00 元
（如有印装质量问题，请与本社发行部联系调换）

目　　录

香港的政党演进与政治发展的关系（代“前言”）

政党的定义有“阶级组织说”①、“国家机关说”②、“权力目的说”③、“团体利益说”④、“选举工具说”⑤ 等多种观点，本项研究中政党的定义是采用香港特别行政区政府的官方观点⑥，这是一种倾向“选举工具说”的观点。“演进”的含义在《应用汉语词典》里的解释是“演变”、“发展”，⑦ 这里的演进有特定的含义，既包含“演变”、“发展”，又包含“产生”。“政治发展”这个概念，是 20 世纪 50 年代以后在西方政治学中首

---

① 马克思主义经典作家从历史唯物主义出发，把政党与阶级联系起来，提出阶级性是政党的本质属性，同时强调政党以获取权力作为根本目的。政党是阶级利益的集中代表，政党斗争是阶级政治斗争的最高形式。

② 此流派认为政党在具备私法人属性的同时，还具备了公法人的特性，被视为“公器”，形同“准国家机关”或“国家机关”。

③ 此种流派认为，政党的特殊性在于它以获取公共权力为目的，各种政党唯一相同之处就是它们存在的目的都是追求政治权力。

④ 持这种看法的学者认为，政党是代表和实现部分民众利益的政治组织。

⑤ 持这一流派的学者认为，政党更多的只是民众用来推举（选举）候选人的工具而已。该流派与“权力目的说”有着非常密切的关系，政党的目的还是通过选举使政党成员进入政府机关、掌握权力，只不过它更强调政党的选举功能。

⑥ 《行政长官选举条例》第 31 条第 2 款规定：“在本条中的政党（political party）指（a）宣称是政党的政治性团体或组织（不论是在香港或其他地方运作者）；或（b）其主要功能或宗旨是为参加选举的候选人宣传或作准备的团体或组织，而候选人所参加的选举须是选出立法会的议员或任何区议会的议员的选举。”

⑦ 《应用汉语词典》，商务印书馆，2000 年版，第 1449 页。

先提出的，指发展中国家从传统政治体制、政治模式向现代政治体制、政治模式发展演变的过程。本项研究中的“政治发展”，意指在社会经济发展的情况下，政治方面出现的进步，其内涵比较宽泛，包括政治文化现代化、政治制度民主化、政治主体多元化、政治行为理性化、政治参与有序化、政治过程法治化等内容。香港政党演进与政治发展之间存在密切的关系，两者的关系应有以下三个方面。

一、香港政治发展为政党演进提供必要条件

在香港研究中经常遇到“政制发展”一词，而政制发展是政治制度的变革、进步，“政制发展，相对于政治发展而言，毕竟是一个相对狭小的范围，它只是政治发展的一个方面，而政治发展所涉及的内容要比政制发展的内容宽泛得多”。[①] 香港政治发展为政党的产生提供了契机，促进香港政党体制的形成，并为政党进入政府政治体系提供了宽阔的空间。

（一）香港政制发展为政党的产生提供了契机

政党是民主发展的产物，“在利益多元化的社会中，政党就成为动员和组织属于同一阶级、阶层或一定社会集团的成员参与政治的一种形式。由此可见，导致政党产生的最直接原因就是代议制民主的发展”[②]。香港政党产生的最直接原因是 20 世纪 80 年代港英推行的代议制改革，是政制发展为政党的产生提供了契机。

英国在知悉中国将在 1997 年收回香港后，决定在香港推行“非殖民

---

① 张定淮主编：《面向二〇〇七年的香港政治发展》，（香港）大公报出版有限公司，2007 年版，第 3 页。

② 周叶中：《代议制比较研究》，武汉大学出版社，2005 年版，第 177 页。

化”（decolonization）[①]，搞代议制民主。“英国人在统治香港一百几十年中，从来都是压制香港人的民主要求，而在最后几年忽然十分热心让香港的中国人‘民主’起来，尤其关心香港九七以后的‘民主’，这就难免使人怀疑他们究竟用心何在?”[②] 港英政府在 1980 年 6 月发表《地方行政的模式》绿皮书，提出在市区及“新界”设立若干区议会，区议会中将设有民选议席，这标志着港英政府正式开始在香港推行“非殖民化”。1981 年港英公布《地方行政白皮书》和《区议会条例》，对地区施政做出重大改革，设立地区管理委员会，把地区咨询委员会改为区议会。“以设立地区管理委员会和区议会为主要内容的香港地方行政计划，是英国自香港撤退前推行的‘非殖民化’计划的第一步，为以后推行‘代议制’改革铺设了道路。”[③] 1984 年 7 月，港英政府发表《代议政制在香港的进一步发展》绿皮书。绿皮书在引言中指出，主要目标是要“逐步建立一个政制，使其权力稳固地立根于香港，有充分权威代表港人的意见，同时更能直接向港人负责”。为了达到上述目标，绿皮书建议在未来数年间对立法局、行政局的职能和产生方式进行一系列改革。在同年 11 月公布的代议政制白皮书中，确认了绿皮书提出的政制改革的目标和方向，并建议把非官守议员从按社会功能划分的组别中甄选出来的办法发展成一个正式的代议制度，以便从每个按社会功能划分的选民组别中选出一名或多名代表出任立法局议员。根据 1984 年的代议制改革计划，香港立法局在 1985 年首次进行了选举，包括选举团选举和功能组别选举。1985 年立法局选举“是香港开埠以来首次的立法局选举，虽然它只是部分实行间接选举，但它毕竟是立法局引入选举成分的开始，其意义是非常重大

---

① 对“非殖民化”一词有不同的理解，亚非国家的一些学者常常把该词作为中性词，用来指殖民地走向独立的过程，有时甚至把殖民地人民夺取独立的斗争称作“非殖民化”活动。张顺洪等学者认为，“非殖民化”主要是指殖民国家在被迫撤出殖民地的过程中采取的旨在尽可能地维护自身利益的各种行动，包括殖民撤退战略、策略和手法。参见张顺洪等：《大英帝国的瓦解——英国的非殖民化与香港问题》，社会科学文献出版社，1997 年版，第 2—3 页。

② 张连兴：《香港二十八总督》，朝华出版社，2007 年版，第 388 页。

③ 周建华：《香港政团发展与选举（1949—1997）》，香港迷思达蕾科艺公司，2003 年版，第 29 页。

的。不仅开创了香港政制发展历史的新篇章，而且也成为了香港‘代议政制’发展的新里程碑”。① 香港的政治团体就是通过1985年的立法局选举正式进入香港政制内部。《中华人民共和国政府和大不列颠及北爱尔兰联合王国政府关于香港问题的联合声明》（以下简称《中英联合声明》）的签署和生效，更加坚定了英国在香港玩弄“非殖民化”的决心，加快推行代议制的步伐。港英政府在1987年进行政制检讨，公布了《1987年代议制发展检讨绿皮书》，提出于1988年由立法局引入直接选举的建议。20世纪80年代后期的代议制改革，是在80年代前期改革的基础上更进了一步，完善了功能组别的判断准则，确定了社会组织或团体与功能组别的关系。1991年9月的立法局选举引入了直选机制，在60名议员中有直选议员18人。政党（政团）不仅参与了功能组别选举，还参加了直接选举。1991年立法局直选前后，可视为香港政党的形成期。

历史表明，香港的政党不是社会自然发展的结果，而是具有强烈人为色彩的产物。英国在香港推行代议制改革，促进了香港社会的政治化，为香港政团参政提供了组织化渠道，也为香港本土政党的产生提供了契机。

（二）香港政制发展促进政党体制的形成

《中华人民共和国香港特别行政区基本法》（以下简称《香港基本法》）② 从法律形式确定了中央与香港特别行政区之间的关系、香港的政治经济文化等制度，确认了香港特别行政区居民中的中国公民可依法参与国家事务的管理③，还确认香港居民享有比大陆居民更为广泛的

---

① 周建华：《香港政团发展与选举（1949—1997）》，香港迷思达蕾科艺公司，2003年版，第71页。

② 《香港基本法》自1985年开始起草，在1990年由七届全国人大三次会议通过。

③ 《香港基本法》第21条规定：“香港特别行政区居民中的中国公民依法参与国家事务的管理。根据全国人民代表大会确定的名额和代表产生办法，由香港特别行政区居民中的中国公民在香港选出香港特别行政区的全国人民代表大会代表，参加最高国家权力机关的工作。”

权利①。《香港基本法》中关于香港居民民主权利和自由的规定，切实使香港居民摒弃臣民观念、树立起公民意识。关于香港政制发展问题，《香港基本法》第45条第2款规定：“行政长官的产生办法根据香港特别行政区的实际情况和循序渐进的原则而规定，最终达至由一个有广泛代表性的提名委员会按民主程序提名后普选产生的目标。”第68条规定：“立法会的产生办法根据香港特别行政区的实际情况和循序渐进的原则而规定，最终达至全部议员由普选产生的目标。”也就是说，行政长官、立法会的产生最终将走向普选制，这就是港人所说的“双普选”。《香港基本法》对香港未来政制民主化的规划，使香港居民更真切地看到香港政治发展的美好前景，深受鼓舞的港人积极地投身于选举、结社等政治实践，促进了政党的产生。

政党体制与政制具有密切的关系。一国（或地区）的政制决定了应选择的政党体制，政党体制应与其相适应，这是公认的一般原理。就香港政党产生与政制确定的时间先后而言，香港是先有了法律确定的政制，后来才有了政党。这就有利于政府根据政制运作的需要来规划香港的选举制度，间接促进与政制运作相适应的政党体制的形成。《香港基本法》所确定的政制的最显著特征是行政主导制，这要求立法会不能处于强势，与此相应的是立法会中不能出现操控多数议员的超大型政党，议席必须分散于各主要政党。根据“杜瓦杰定律”（Duverger's Law），“相对多数制”容易产生两党制，而“比例代表制”则倾向于形成多党制。为此，立法会选举制度的设计是采用“比例代表制”，而不是“相对多数制”。在香港，不仅确定的选举制度对大党不利，而且确定的计票方

① 《香港基本法》第27条规定：“香港居民享有言论、新闻、出版的自由，结社、集会、游行、示威的自由，组织和参加工会、罢工的权利和自由。”第31条规定：“香港居民有在香港特别行政区境内迁徙的自由，有移居其他国家和地区的自由。香港居民有旅行和出入境的自由。有效旅行证件的持有人，除非受到法律制止，可自由离开香港特别行政区，无需特别批准。”第32条规定：“香港居民有信仰的自由。香港居民有宗教信仰的自由，有公开传教和举行、参加宗教活动的自由。”第37条规定：“香港居民的婚姻自由和自愿生育的权利受法律保护。”第39条规定：“《公民权利和政治权利国际公约》、《经济、社会与文化权利的国际公约》和国际劳工公约适用于香港的有关规定继续有效，通过香港特别行政区的法律予以实施。”

法对大党也不利。在“比例代表制”下的计票方法，与“基本汉狄法”比较，香港采用的“最大余数法”（the largest remainder method）对小党有利，对大党不利，而在“最大余数法”下，采用“黑尔基数”（Hare quota）对大党不利，有利于小党①。此外，选区的大小对政党的“席位能力”（strength in seat）②也有重要影响。香港目前的立法会分区直选采用的就是“大选区制”（multi-member constituency system），这种“大选区制”与“比例代表制”的结合，使大党的“席位能力”受到一定的削弱，在很大程度上保障立法会不被个别政党所掌控，降低政府来自立法会的压力，适应了行政主导制的运作，有利于行政长官依法施政。经过20多年的探索，与香港政制相适应的政党体制已初步形成，香港的政党体制接近于G. 萨托利所说的极端多党制③。在这种政党体制下，政

① 在“比例代表制”下，“最大余数法”具体包括4种计票方法：其一，“黑尔基数”（Hare quota）：以选区内的有效选票（V）除以应选名额（M）后，得出一个选举商数（Q），其公式为Q=V/M；其二，“哈根巴哈基数”（Hagenbach-Bischoff quota）：选区应选名额先加1，再除有效票总数，然后计算出选举商数，公式为Q=V/（M+1）；其三，“族普基数”（Droop quota）：将“哈根巴哈基数”再加1，公式为Q=〔V/（M+1）〕+1；其四，“因皮里亚立基数”（Impcriali quota）：是以选区应选名额加2，即（M+2）为除数，除有效票总数，公式为Q=V/（M+2）。与其他3种方法相比，在“黑尔基数”法中因除数最小，故所得到的基数就最大，这对大党显然不利，对小党相对有利（当然对实力过小的党也不利）。这种计票方法，既能达到议会不被大党操纵的目的，也能避免政党泛滥成灾。

② “席位能力”，指选票转换为议会议席的能力。参见G. 萨托利：《政党与政党体制》，王明进译，商务印书馆，2006年版，第172页。

③ 政治学家G. 萨托利把多党制分为温和的多党制和极端的多党制两种形式。极端多党制以意大利、法国（法兰西第四共和国）、德国（魏玛共和国）为代表，其特点是：政党数量有6—8个或更多，政党间的意识形态距离较大，政党分散化倾向严重，左翼和右翼存在着互不妥协的纯纲领政党。相互排他的在野党势力向执政党挑战，一个或几个政党占据着中间位置，展开多级竞争，向心力受阻，离心竞争盛行，政权交替频繁。有机会掌握政权的大多是中右或中左势力，部分政党常常被排除在政权之外，因此存在着不负责任的在野党，缺乏公平竞争。极端多党制常常造成政局不稳，如1946—1957年法兰西第四共和国时期，11年半就更换了20届政府，每届政府执政时间不过半年，最短的仅仅只有2天。意大利从1945年到1979年的34年中就更换了37届政府，每届政府执政平均不到一年。http：//www. baidu. com，登陆时间：2010年11月9日。

党体制分化度很高。[1] 根据香港 2008 年立法会选举结果来计算，政党体制分化度指数约为 0.9。根据“赖因·塔格佩拉公式”（Rein Taagepera formula）[2]，目前香港政党体制中的有效政党数量约为 10 个。

（三）香港政制发展为政党进入政府政治体系提供宽阔的空间

从 20 世纪 90 年代起，特别是自香港回归以来，香港政制开放程度不断扩大，政党进入政治体系的渠道更为宽广，政党在立法机关、行政机关获取越来越多的权力。一方面，立法机关直选议席的增多为政党参政提供更多空间。20 世纪 90 年代立法机关中民主因素的增长，强有力地增进了民主阵营的权力，并促进了香港政党的演进。而“中国政府在处理香港的民主化问题时，较英国人有着更长远和更周到的考虑，也可以说是采取了更负责的态度。毕竟，中国政府必须认真考虑香港的长远繁荣和稳定，特别是要确保香港在回归后较诸在殖民统治时期有更佳的发展，并且能够在国家的发展中做出贡献”。[3] 香港回归中国后，在中央政府的主导下，香港民主有序推进。香港政党积极参与立法会的间接选举（选举委员会选举、功能组别选举），而分区直选更是政党角逐的主战场。回归以来，随着香港政治发展的逐步推进，香港立法会直选议员数额逐步增加（具体情况见表 0.1）。到 2008 年第 4 届立法会，约 90％的直选议席被政党人士占据，约 70％的总议席为政党人士占据。目前香港政制发展处于关键的十字路口，香港特区政府于 2010 年 4 月提出 2012 年政改方案，并订于 6 月 23 日将 2012 年政改方案提交立法会表决。政府建

---

① 政党分化度公式为 $F_s = 1 - \sum s_i^2$，s_i 表示第 i 个政党在议会中议席比例。参见（美）阿伦·李帕特：《选举制度与政党制度——1945—1990 年 27 个国家的实证研究》，谢岳译，上海世纪出版集团，2008 年版，第 69—70 页。

② “赖因·塔格佩拉公式”为 $N_s = \dfrac{1}{\sum s_i^2}$，$s_i$ 表示第 i 个政党在议会中议席比例。参见（美）阿伦·李帕特：《选举制度与政党制度——1945—1990 年 27 个国家的实证研究》，谢岳译，上海世纪出版集团，2008 年版，第 70 页。

③ 刘兆佳：“香港民主发展的参考意义”，国务院发展研究中心港澳研究所：《港澳研究》，2008 年夏季号，第 5 页。

议2012年立法会选举增加10个议席，其中新增及原有共6个区议会功能组别议席，将由民选区议员以“比例代表制”互选产生。民主党对该方案提出修正意见，立法会新增的5个功能组别议席由民选的区议员提名，然后由目前在功能组别没有投票权的登记选民一人一票选出。政府采纳民主党的意见，民主党表决支持政改方案。香港特区立法会分别在2010年6月24、25日均以超过全体议员总数2/3的多数票赞成，先后通过了关于2012年行政长官和立法会产生办法的修订议案，从而通过了香港2012年政改方案。按照这个安排，每名选民在立法会选举中都有2票，一票投地区直选议席，一票投功能界别议席，新增的5席功能组别议员由不属于各功能组别的300多万选民选出，“两票制”无疑扩大了功能组别议员的民意基础。香港的立法会议员选举的“两票制”，既符合普选原则，也可继续保存功能界别选举的元素。① 该政改方案的顺利通过，标志着香港的民主发展进入新的历史阶段，香港政党的政治空间也因此得到拓展，即政党通过“两票制”还可以将党内的专业界人士带进议会，更多的立法会议席必将被政党占据。另一方面，随着政府与政党关系的增强，政党人士进入政府的渠道逐步得以拓展。2001年香港立法会通过的《行政长官选举条例》，其中关于行政长官非政党身份的规定比原来的有关规定要宽松得多。② 随着香港政党影响力的增强，在不久的将来，建制派政党成员就很可能当选为香港行政长官。推介出行政长官的政党，

① “亲中泛民难得达共识 支持立法会普选两票制”，http://www.stnn.cc，登陆时间：2010年11月10日。

② 1996年10月香港特别行政区筹委会通过的《第一任行政长官人选的产生办法》第4条规定：“有意参选第一任行政长官的人应以个人身份接受提名。具有政党或政治团体身份的人在表明参选意愿前必须退出政治团体。”2001年7月香港立法会通过的《行政长官选举条例》第31条规定，在选举中当选的人，须在该项宣布作出后的7个工作日内：（1）公开作出一项法定声明，表明他不是任何政党的成员；（2）向选举主任提交一份书面承诺，表明他如获任命为行政长官，则在他担任行政长官的任期内，他不会成为任何政党的成员，及他不会作出具有使他受到任何政党的党纪约束的效果的任何作为。两者比较，行政长官非政党身份的新规定，是把非政党身份作为任职条件，而原来的规定是把非政党身份作为参选条件。

当然不是香港的执政党，但就成为类似俄罗斯的“政权党”[①]，香港政党与政府的关系也就会“百尺竿头、更进一步”，从而形成香港特色的“政党政府”[②]。随着政治委任制的推行，现在更多的政党人士在政府担任要职。行政长官曾荫权在2007年3月把香港自由党主席田北俊吸收进政府，委任其为旅游发展局局长。自2008年4月1日起，特别行政区政府开设11个副局长和13个政治助理的职位。在现时的政治委任制度下，不论是司长、局长、副局长或是政治助理的职位，都可吸纳具有政党身份的人士。目前，在副局长和政治助理这一层职位，有几位就具政党身份。

表0.1　香港回归以来立法会议员分布

议员产生方式 / 历届立法会	分区直选	功能团体选举	选举委员会选举
临时立法会			
第一届立法会	20人	30人	10人
第二届立法会	24人	30人	6人
第三届立法会	30人	30人	
第四届立法会	30人	30人	

① 何谓“政权党”？目前还没有一个准确的定义。俄罗斯学者认为“可以把在国家元首身边工作并奉行其方针政策的组织机构和集团统称为‘政权党’”。见（俄）谢尔盖·亨金：“俄罗斯‘政权党’素描”，《当代世界》，1998年第1期，第27页。根据俄罗斯有关法律，俄罗斯也不存在执政党。在选举中，当选总统的人士需要退出所在的政党，笔者这里把推出总统当选人的政党称为“政权党”。“政权党”与俄罗斯现政权（总统等政府高官）的关系比较密切，该政党是在现政权（总统等政府高官）授意或支持下成立的，现政权在政策、财政和媒体等方面支持该政党的发展和参加国家杜马选举，该党在进入议会后在政策上也完全支持现政权，现政权的政府高官多为该政党的成员。

② “政党政府”的涵义见仁见智，萨托利认为是“政党治理”，卡茨认为是“政党对政府机构的控制”或“政府的政党性”，而布隆代尔认为是政党与政府的相互依赖关系。本项研究中的“政党政府”，意指政府与政党相互依赖关系中形成的政府构成及其运作方式。

二、香港政党演进推进了香港政治发展

政党是民主发展的产物，同时，政党也是现代民主政治运作的必需品，“苟无政党则代议政治无由运用”，[①] 一般说来政党推进着民主政治的发展。从历史角度来说，政党的出现使君主个人专制政治转变为近现代政党主导的民主政治。政党的出现标志着资产阶级民主政治走上轨道。[②]“随着政党的出现，形成了多党或两党轮流执政，出现了责任制政府后，近代民主政治才真正产生。”[③] 总体说来，香港政党演进对香港政治发展起到推动作用，具体体现在以下几个方面：

（一）政党的存在丰富了香港居民政治参与的平台

“政党作为政治机构的确定性特征在于，政党是将国家机构与公民社会机构联系起来的机制。”[④] 在英国殖民统治的大部分时间内，香港实行的是非政党的行政管治，也极缺乏大众政治参与的正式渠道，[⑤] 能够参与政治的是极少数精英人士，绝大部分港人被排除在政治之外，用香港人的话说，“香港是有自由没有民主”。但自政制改革以来，香港政党的出现及数量的增多为港人参与政治提供了平台。从开始政改算起，在不到

---

① 蒲莱士：《现代民主政治》，参政院公报科，1923 年版，第 90 页。

② 吴江、牛旭光：《民主与政党》，中共中央党校出版社，1991 年版，第 8 页。

③ 周叶中：《代议制比较研究》，武汉大学出版社，2005 年版，第 179 页。

④ 《布莱克维尔政治学百科全书》，中国政法大学出版社，1992 年版，第 512 页。

⑤ Joan Y. H. Leung，“Political Party：Public Perceptions and Implications for Change”，Ian Scott，*Institutional Change and the Political Transition in HK*，New York，ST. Martin's Press，Inc.，1988，p. 85.

20 年时间内，香港社会主要阶级都组建了自己的政党，市民可以通过政党表达利益诉求，监督政府，进入区议会、立法机关和政府机关参与公共事务决策和管理。政党的存在既为香港市民政治参与提供了全天候的平台，也为政府了解民意提供了经常性的渠道，政党的桥梁作用有效减少了市民与政府的直接对抗，显示香港政治发展已经走上比较稳定的发展轨道。

（二）政党成为促进香港政制变革的重要力量

根据有关法律的规定，香港的政党目前尚不能获得执政权，但政党已经在政治生活中起到重要作用。政党不仅通过选举掌控了立法会大多数议席，还可以通过行政长官的政治委任把党员送入行政会议、行政机关等行政机构担任要职。实质上，香港的某些政党已经分享了部分行政权。为获得更多的权力，香港有些政党一直以来主张加速政制发展，力求行政长官、立法会早日实现“双普选”。“各党派基于政治理念的差异和追逐政治领导地位的天然属性，不同程度地要求开放特首和立法会选举程序——就特首选举而言，要求实现特首普选；就立法会而言，要求扩大立法会议员中直接选举（普选）产生的议员份额。”①《香港基本法》已规定行政长官和立法会全部议员最终达至由普选产生，但考虑到香港社会的承受度、各阶级均衡参与、香港社会分歧较大等因素，实行普选需要经历一个长期的过程。中央政府对香港政制发展问题比较审慎，对香港政党提出政制改革的要求十分理解，并对香港社会推进政制发展的诉求作出及时回应。全国人大常委会在 2007 年 12 月就“双普选”给出时间表，决定到 2017 年香港行政长官可由普选产生，立法会全部议员普选可在 2020 年进行。

（三）政党参与选举直接推进香港政治发展

选举是民主政治的第一要义和现代政党实现其功能的最重要方式。

---

① 程洁：“香港宪制发展与行政主导体制”，《法学》，2009 年第 1 期，第 51 页。

香港主权将要回归中国的事实，唤起了港人的公民意识，《香港基本法》对香港未来政制民主化的规划，使香港居民更真切地看到香港政治发展的美好前景，深受鼓舞的港人积极投身于选举、结社等政治实践。香港政党正是选举政治的产物，很多政党是在参与选举中形成的，香港政党成立之后继续积极投身选举并推动香港的民主化进程。从过渡时期到特别行政区时期，香港政党积极发起争取民主的政治运动，民主运动不断高涨，使得香港政治生态中出现了很多活跃因素。政党在选举的过程中，为了选票而对选民进行政治动员，香港居民的“难民心态”、“殖民意识”，就是在政党主导下的一次次选举中逐步消逝的。港人的公民意识、参与意识，也是在政党主导下的一次次选举中逐步形成的。政党主导的各种选举，极大地冲击了香港原来的政治文化，切实促进了参与性政治文化的培育。香港政党积极参与选举，也推进了香港选举制度的发展和完善。为适应选举的需要，自政制开放以来，香港的选举制度也逐步完善起来，《行政长官选举条例》、《立法会选举指引》等制度规范纷纷出台。香港的这些选举制度既是政治发展的成果，也是香港政治发展的保障。

毋庸讳言，香港政党推进香港政治发展只是就总体而言。因为香港有的政党不够成熟、不够理性，存在着不当思维方式和行为方式，没有认识到香港应搞“中行民主”（moderate democracy）①，而不是激进民主（radical democracy），故有时政党不是促进政治发展而是阻碍了政治发展，2005年政府的政改方案被否定就是典型的例子②。此外，反华势力企图利用香港牵制中国、香港存在的民粹主义情绪以及香港社会分化的现状等，都是阻碍政治发展的重要因素，而这些因素都与香港某个（些）政

① “中行”，即中庸、适度的意思。“中行民主”，是指香港民主进程要适度推进，就是中央政府所要求的香港政治发展要循序渐进。

② 2005年，香港特别行政区政府就2007、2008年行政长官、立法会选举问题提出的“第五号政制发展报告”。根据特别行政区政府的方案，选举2007年行政长官人选的选举委员会将由现在的800人增加到1600人；2008年立法会的议席将由本届的60席增加到70席，分区直接选举和功能团体选举各增加5席内容。该方案无疑会推进香港的民主进程，但却因遭到立法会中反对派议员捆绑而被否决。此次政制发展机遇的失去，导致香港政制发展原地踏步。

党存在着这样或那样的关系。众多事实表明，“只有一个和谐社会和稳定的政治生态，才能加速香港政制的民主进程。相反，政客们的大动作，煽情的口号，牵涉外国势力的蛛丝马迹，把民主普选的口号喊得半天响，反而成为香港民主进程的阻力”①。

三、香港政党演进与香港政治发展存在契合性

政党是十分重要的政治主体，其产生、变化和发展是考察政治发展状况必不可少的内容。香港政党演进与香港政治发展存在契合性，通过对香港政党演进的考察，特别是对其中政党与政制关系的研究，就能在很大程度上把握香港政治发展的精义。

（一）就政党自身而言，香港政党的产生及数量增多是政治发展的重要标志

香港政党产生的历史很短，约30年的时间可以分为四个阶段：酝酿阶段（20世纪80年代）、初创阶段（1991年前后）、成长阶段（20世纪90年代）和壮大阶段（进入21世纪以来）。政党是在1991年立法局选举前后正式产生的，此前存在大量政治团体。1991年立法局直选后，香港有许多新的政党不断涌现，并成为香港政治生活中的重要角色。20世纪90年代成立的政党有：民主建港联盟、香港协进联盟、香港民主党、香港自由党、自由民主联盟、前线、民权党等。进入21世纪，香港政党演进进入新的历史时期，新成立的政党有：公民党、全民党和社会民主连线等。同时，在新世纪香港政党还出现大的分化组合，政党关系出现新

① 吴康民：“谈香港政治”，中央人民政府驻香港特别行政区联络办公室：《关于“一国两制”和香港问题的理论文集》，第374页。

的变化。2005 年 2 月，民主建港联盟与香港协进联盟合并，合并后的政党名称为“民主建港协进联盟”，仍然简称“民建联”。这是香港建制派阵营政治力量在香港特别行政区成立后最大规模的整合活动。无独有偶，2008 年 11 月，民主党与前线合并，是反对派阵营政治力量在香港特别行政区成立后最大规模的整合活动。政党是民主的产物，香港政党产生及政党数量的不断增多是政治发展的重要标志，表明香港已从专制走向民主，而且民主化程度日新月异。

（二）就政党与社会关系而言，民建联这样“全方位”政党[①]的出现是香港政治发展的重要成果

目前香港政党主体结构比较完善，主要阶级都有自己的政党，基本适应各主要阶级利益表达的需要。但受制于香港社会存在的政治分野、阶级分野和官民分野，香港政党整合能力偏低——政党意识形态差距较大，各方面之间的矛盾比较尖锐，理念、利益难以调和，两大阵营政党相互之间难以达成互信，政党的整合能力一般只能限于各自的“铁杆”力量，无法获得对方阵营民众的支持。值得欣慰的是民建联完成转型，已成为“全方位”政党（catch-all party），这是香港政治发展的重要成果。

民建联原来是建基于香港社会基层的政党，基本立场是爱国爱港，拥护香港回归，维护国家主权，拥护祖国对香港的政策，实践“一国两制”，贯彻《香港基本法》。民建联认为，社会整体的生活质量必须有所改善，尤其是弱势社群必须得到合理的照顾。2005 年 2 月，民建联与香港协进联盟合并，跨越草根及工商业阶级的政党整合，对于香港政党政

① 奥托·基希海默尔论述了“全方位”政党转型的五个主要特征：第一，政党意识形态包袱（ideological baggage）急剧减少；第二，高层领导群体的地位巩固与否，不再以其是否能够实现政党目标为依据，而是看其是否有助于国家利益的实现；第三，个体成员所起作用的降低；第四，淡化自身的阶级属性，淡化自己的特定社会阶层或者是宗教派别的出身，鼓励从人口中尽可能地吸收拥护者；第五，确保与各种不同利益集团都有往来，这样做的一部分原因是出于财政方面的考虑，但主要原因是通过为这些利益集团说话来争取选举上的支持。参见吴辉：《政党制度与政治稳定——东南亚经验的研究》，世界知识出版社，2005 年版，第 350 页。

治的成熟发展，推动形成平衡、和谐、有建设性的政治生态，都具有积极正面的意义。民建联已经发展成为“全方位”政党，其利益表达的社会定位不限于某个阶级，而是以香港整体利益为依归，在一如既往地关注弱势群体的同时，努力协调各阶级之间的利益冲突。民建联吸取2003年《香港基本法》第23条立法问题带来的教训，① 对政府政策不是一味支持，除了政改等重大议题与政府保持一致外，对民生经济等问题，民建联都能够积极提出自己独到的意见和建议，当然民建联不会像有的政党那样“为了反对而反对”。民建联成长的经历及政策纲领的跟进，初现香港政党走向理性、成熟的端倪，这是香港政治发展十分重要的成果。

（三）就政党与政制关系而言，特别行政区政府的“政党性”逐步增强成为香港政治发展的重要趋势

国外有学者认为，政党与政府关系有“政策制定”、“职务任命”和“政治恩赐”几种，其中“政治恩赐”会导致各种“小政策”和各样的任命，但这些小政策、任命与其他政策、任命有重大区别——它们往往是在暗中进行，非公开的。② 香港政党与政府的关系得到加强的动力有两个方面：从政府的角度来说，行政长官不具有政党身份的消极影响是没有足够的政治力量来支撑行政主导的运作，致使行政主导举步维艰。为改变被动的局面，行政长官需要加强与政党的沟通、联系，通过建立“执政联盟”③ 来提高施政力度；从政党的角度来说，获得行政权是政党极其重要的目的，为改变“有票”（在立法会）但“无权”（在政府）的窘况，政党需要加强与政府的关系，以获取部分行政权。香港政党与特别行政区政府的关系目前至少有“政策制定”和“职务任命”两种，“政治恩

① 民建联坚决拥护特别行政区政府就《香港基本法》第23条立法制定《国家安全条例》（草案），一些港人认为民建联与政府保持一致，不能维护港人的利益，导致民建联在2004年区议会选举中失去很多选票。

② （法）让·布隆代尔等：《政党政府的性质——一种比较性的欧洲视角》，北京大学出版社，2006年版，第83页。

③ “执政联盟”是香港学者的说法，意指行政长官与支持性政治力量为共同治理香港而组成的紧密联合。

赐”并未显现。在“政策制定”方面，民建联等“支持性政党”[①] 通过行政会议、中央政策组等机构参与公共政策的制定。“职务任命”是曾荫权上任后加强与政党关系的最重要举措。曾荫权上任后不久就扩大了行政会议人数，注重吸收政党人士进入。2006 年民建联的陈克勤进入行政长官办公室担任特别助理。曾荫权又在 2007 年 3 月把香港自由党主席田北俊吸收进政府，委任其为旅游发展局局长。自 2008 年 4 月 1 日起，特别行政区政府开设 11 个副局长和 13 个政治助理的职位。政府也在该年 5 月公布委任首批 8 位副局长及 9 位政治助理，他们在 2008 年 6 月起相继上任。在现时的政治委任制度下，不论是司长、局长、副局长或是政治助理的职位，都可吸纳具有政党身份的人士。在副局长和政治助理这一层职位，有几位就具有政党身份，将来会有更多的政党人士进入政府。香港某些政党人士加入“执政联盟”，形成香港特色的“政党政府”，这既提高了香港政制的民主化程度，又增强了政制的认受性（legitimacy），香港特别行政区政府的“政党性”增强成为香港政治发展的重要趋势。

① “支持性政党”，意指能进入议会和内阁、支持政府的组成和运作的政党。参见（法）让·布隆代尔等：《政党政府的性质——一种比较性的欧洲视角》，曾淼等译，北京大学出版社，2006 年版，序言。

第一章

香港政党演进的历程

香港出现通过选举实现自身价值目标的政党是最近30年来才有的事情，[①]对仅有的30年历史进行分期，客观地说是没有多少必要的。但为了清晰展示香港政党演进的历史脉络，姑且把此30年的历史分为酝酿阶段、初创阶段、成长阶段和壮大阶段来分别阐述。

一、香港政党的酝酿阶段（20世纪80年代）

香港政党的酝酿期是自20世纪80年代初开始，根据广东省委党校周建华教授的研究，香港在此以前就有政治团体，这些政治团体主要有：

① 笔者于2009年10月26日在香港中文大学图书馆看到《香港民主自治党筹组经过报告书》（香港民主自治党编印）。香港民主自治党在1963年获得港英当局的正式批准开始筹组，发起人为一些中英知识分子。1964年8月，香港民主自治党召开全体党员大会，决定在1964年10月或11月正式成立，并选出加士为周年大会主席、苏景云为副主席、张六师为执行委员会主席、陈禹川为秘书、秋默雷为司库。民主自治党主张实行宪政、废除殖民主义，加快香港民主发展，要求立法局全部议员由选举产生。因当时香港政制没有开放，香港民主自治党主要是论政，而无法参政，最多是通过与英国官员、香港官员的个人接触影响当局决策。

1. 香港革新会（The Reform Club of Hong Kong）。香港革新会是由一些外籍大律师、医生、会计师等在1949年1月组建，后来演变成以吸纳本地中下阶级为主的政治团体。革新会经常被当时的港英殖民政府标签为“反对派”，因为其成员参与市政局议员选举。1979年，香港革新会威胁港英政府，如果市政局不实行大部分成员由选举产生及平等的选举权扩展及所有适龄港人，其将抵制选举。1982年，香港革新会参与了新成立的区议会选举。后随着以香港华人为主的政团、政党兴起，革新会渐渐退出香港政坛，当中有不少华人成员在民主建港联盟成立之时离开革新会而加入民主建港联盟。2. 香港华人革新会（The Reform Club of Chinese in Hong Kong）。该会是由一群有理想、有抱负的学者、律师及商人在1949年8月创立，目的是争取殖民政制下的有限民选机制。华人革新会成员来自社会各界，会员中有全国人大代表、政协委员、区议员、法律界、医护界、教育界、劳工界及工商界人士等。回归以来，该会秉承宗旨：热爱祖国、维护“一国两制”、维护基本法下积极关注及参与香港事务、维护香港居民合法合理权益、致力于维持香港繁荣安定、参与及推展各种社会福利和文化康乐活动等。因应社会需要，该会曾经成立平民医疗所、托儿所服务市民。3. 香港公民协会（Hong Kong Civic Association）。香港公民协会创立于1954年10月，创办人是法籍人士嘉逊，成员社会成分广泛。该团体的政治取向，在20世纪80年代初及以前，是积极主张推进民主选举，支持直接选举。90年代后，政治取向倾向维持现状，强调选举要有助于香港的平稳过渡。4. 香港观察社。该社成立于1975年9月，是一个根据香港《社团条例》登记的非营利独立议事团体，其组织章程要旨是促进及组织市民参与管理香港的活动，促进政府对香港市民的关怀，对影响香港民众利益的重大事件展开调研，促进香港的社会福利。该社成员主要是律师、医生、教育工作者、新闻从业人员、工商界行政人员及一些专业人士，是中间阶级的政治团体，政治取向比较倾向激进民主。香港观察社曾经主张维持英国人治港，后来转变为赞同中国收回香港主权。

自20世纪70年代末，中国和英国就香港的前途问题开始谈判，并在1984年12月签署了《中英联合声明》。从此香港社会进入“大动荡、大分化、大改组”的时期。新的社会形势使香港的政治生态出现新的变化，为增强实力以应对这特殊时期可能带来的挑战，香港社会组织化程度加强。在香港社会组织化过程中，一批来自美国、英国、澳大利亚等地留学归来的毕业生起到重要作用，他们在知识分子中激发起一种改良香港的意识，并成为政治团体的中坚力量。从20世纪80年代初到80年代中期，各种新的政治团体应运而生，香港出现成立政治团体的热潮。汇点、太平山学会等在此期间成立，这些组织大多是论政团体。

汇点（Meeting Point）成立于1983年1月9日，是香港较早的政治团体，初期是论政团体，成员主要来自工商、教育、社工、文化各行业，大都是在香港成长及受教育的年轻人，是20世纪60年代末70年代初曾积极参与学会和社会活动的活跃分子。该组织之所以取“汇点”一名，其创立者本意是想把香港的“社会运动界”负责人汇聚在一起形成一种力量。汇点提出的基本原则是“新三民主义”，即“民族”、“民主”和“民生”。“民族”是说作为属于中国的香港人，不仅对香港的发展有责任，对中国的发展也有一份责任。因此，只有整个中国好，才能求得香港好，不要把香港作一个孤立地区来看，而是作为中国整体的一部分来看，香港的发展应与中国的发展相交织。“民主”是尊重民权，以人民意愿为主，同时也要全面发展个人潜能；“民主”是实现平等、博爱、自由的最佳方法；现代社会是一个多元化社会，存在着纷杂的利益和各种冲突，而“民主”是最和平、最为人所接受的方法。“民生”是资源分配问题，资源分配不能单凭政府作出决定或单靠市场力量，否则会产生各种弊端。这一问题要有两方面考虑：首先，要符合效率和公平原则；其次，在制定某些政策时，还要考虑技术性问题，即社会各方面的承受能力。可见，汇点走的是中间路线。1984年汇点的“基本法小组”赴北京，与中央有关方面讨论香港基本法问题，还提出修改宪法的两点建议①：一是修改宪法第31条有关特别行政区的内容，把原来内容改为“国家在必要时得设立特别行政区，特别行政区行使高度自治权，在特别行政区实行的制度，按具体情况由特别行政区机关制定、全国人民代表大会批准的法律规定”；二是修改宪法第62条第13款，主要是加上“特别行政区自

① 鲁凡之：《走向民主自治的“港人治港”》，北辰学社·集贤社，1985年版，第316—317页。

治机关”一节，其目的是让香港特别行政区的地方自治权拥有较大的宪法保障。1986年初，汇点进行了组织改革，成立评议会，改革执委会。在政制发展问题上，汇点支持民主化，主张“八八直选”，允许政治团体（或政党）的发展和运作。汇点的政党化改组开始于1992年，于1994年10月2日与香港民主同盟合组民主党。汇点部分老成员还活跃于政坛，其中一位创会成员杨森后来成为香港民主党主席。

太平山学会（Hong Kong Affairs Society）创立于1984年2月，主要由学术、工商、法律、金融、医疗、教育和社工等专业人士组成。初期是一个论政团体，以“立足香港，贡献专长，关注时局，交流思想，探索未来”为宗旨，研究香港社会问题和探索香港的未来。一年后，太平山学会决定将来在保持“论政团体”特色的同时，积极支持会员参政，直接介入政治。但在其成立2周年大会上，内部对于该组织是论政还是参政进行过激烈的争论，出现了明显的分歧。虽然在论政还是参政的方向选择上没有定论，但太平山学会后期的实际行动还是加入了参政的行列。太平山学会积极吸收区议员和市政局议员入会，在1986年和1988年的市政局、区议会和立法局选举中，推荐多名会员参选，并取得比较好的成绩。因内部潜藏着矛盾，最终造成学会分裂，一些积极支持参政的核心成员于1990年参加了香港民主同盟，严重削弱学会的实力，随后渐渐沉寂下去。1991年受到立法局直接选举的刺激，太平山学会又活跃起来，选出新干事会作为领导班子，重新确立论政的路线。到90年代中期后，该组织活动逐渐减少。

在20世纪80年代中后期，香港涌现了一批新兴的政治团体，从而掀起“香港政团发展的‘第二波’”①。因香港代议制的确立和发展，原有的政治团体大多已由论政团体向参政团体发展，新生的政治团体也希望通过参政来实现自己的诉求。“事实上，在立法机关（立法局）仍未开放直接民选的今天，香港多个方面已出现酝酿组织政党的迹象——这些在酝酿中的政党，不一定在名称上叫作‘政党’，但实际上却是与政党性质

① 周建华：《香港政团发展与选举（1949—1979）》，香港迷思达雷科艺公司，2003年版，第60页。

类似的政治团体。”[①] 在此期间成立的新的政治团体有励进会、香港民主民生协进会等。

励进会（The Progressive Hong Kong Society）成立于1985年2月，是个跨界别的政治团体，成员主要来自工商界人士、专业界人士和社会基层代表人士。该会宣称：希望在拥有广泛代表性及照顾各阶级利益的前提下，参与未来香港的事务，为香港的繁荣和安定做出贡献。该会成立后的主要活动有：定期举办研讨会，讨论一切有关香港前途、政制等问题；支持会员参与公共事务；向会员提供资深训练等。该会积极参与区议会、立法局、市政局等选举，到1988年底，拥有议员达40多位。

香港民主民生协进会（Hong Kong Association for Democracy and Peoples' Livelihood），简称“民协”，其使命是“促进民主、改善民生”，致力为中下阶层市民争取权益，是激进民主派中的温和派。民协成立于1986年10月，成员主要来自工程、文化、社工、教育、商界等，成立的宗旨是争取在中国主权下的港人高度自治，落实“一国两制”和“港人治港”原则。该会成立时主席是陈立侨，副主席是冯检基、李永达，司库为刘千石。民协的主要工作是研究各项社会问题和政府政策，作出评论建议；鼓励和支持会员积极参与香港各级议会的选举等。在政制问题上，主张加快民主发展步伐，要求“八八直选”。1989年5月，民协进行新一届领导层选举，冯检基当选主席。1989年底，民协举行会员大会，对会章作出修订，继续向政党化的方向发展。

民协的党徽是竹笋。竹笋生于黄土地，象征民协来自基层、扎根基层；竹笋具有顽强的斗志，充满生机，不畏艰难，广植大地。两瓣竹节，节节向上，象征民协坚持理想，迈步向前。

民协党徽

“八八”、“八九”三级议会选举引发香港社会筹组政团、政党的热潮，民协与太平山学会、汇点就合并问题进行了磋商。三团体合并的基础是政治立场比较接近，在香港政制设计等问题上观点一致。民协与太平山学会、汇点各派出5名代表成立

① 鲁凡之：《走向民主自治的“港人治港”》，北辰学社·集贤社，1985年版，第276页。

专门的政纲研究小组，太平山学会主张三家合并为统一的政党，但民协和汇点对此不以为然，认为合并组建政党的时机不成熟，成立联盟即可，各自仍然保持自己的独立性。由于三方就合并事宜不能达成一致意见，三家合并计划最终未能实现。1990 年，“民协有一半的成员和议员离开，与其他的社会人士筹组‘港同盟’，这是民协自八六年成立以来，对组织的一般震荡”。①

20 世纪 90 年代，民协欲与民主同盟、汇点联合成立香港民主党未果。② 经过数年的打拼，民协已经成为香港政坛有影响的独立政党。③ 该党的一大特色是十分关注基层利益，认为香港现时所面对的劳工雇佣问题应得到重视，主张政府应促进就业，保障劳工权益，保证职业安全与健康。

① 冯检基：《港人不笨》，香港文策制书，2004 年版，第 31 页。

② 在 1994 年民主同盟与汇点联合成立香港民主党时，民协也要求加入民主党，但遭到民主同盟与汇点的反对。民主同盟、汇点内部还专门就民协加入民主党进行了表决，大部分成员反对民协加入民主党。李柱铭对此的解释是，民主同盟与民协在中港政策的路线上有分歧，绝对不接受民协要求在民主党的政纲上注明 1997 年后才可修改基本法。另一因素是，民主同盟和汇点都决定在民主党成立后，各自都宣布解散，而民协没有这样的承诺，从而认为民协在成立民主党问题上态度不够坚决。

③ 从 1986 年成立至 1990 年代中期，民协以九龙西的地区工作为主。全盛时期是 1995—1997 年，当时在立法局中共有 4 席，包括由地方直选的冯检基及廖成利，以及选举委员会的副主席罗祥国和市政局功能组别的黄大仙区议员莫应帆。直至 1997 年，原 4 名立法局议员接受政府委任成为临时立法会议员，促使该组织由地区压力团体正式转为政党。但在 1998 年香港立法会选举中，民协并未能取得议席。到了 2000 年选举，冯检基重回立法会，并于 2004 年选举连任（而此举也导致民主派于 2000 下半年全面重投立法会）。2007 年区议会选举，民协保不住原有的 25 席，尤其是在民协主要工作的油尖旺及深水埗。出任主席 18 年的冯检基辞职，依会章由副主席廖成利署理主席一职，直至约农历新年后召开会员大会决定。2008 年 3 月 30 日，民协选出新一届主席，署理主席廖成利（前立法局及临时立法会议员、现任九龙城区议会启德选区议员）获选为该会第三任主席，副主席为谭国侨（深水埗区议会副主席）及莫嘉娴（九龙城区议会区议员），秘书长为秦宝山（前油尖旺区议会议员），司库为张国柱（现任香港立法会议员）。

二、香港政党的初创阶段（1991年前后）

港英政府在20世纪中后期进一步加快了代议制发展的步伐，极力推进香港的民主进程。港府在1987年进行了政制检讨，公布了《1987年代议制发展检讨绿皮书》，提出1988年立法局引入直接选举的建议，由此引发了一场是否进行“八八直选”的争论。20世纪80年代后期的代议制改革，在80年代前期改革的基础上更进一步，完善了功能组别的判断准则，确定了社会组织或团体与功能组别的关系。“如果说以前港府对传统政制改革是被动的、消极的，内容是对政制枝节的修补，那么进入过渡时期以来，港府对政制的改革就是主动的、积极的，内容是对政制实质的改变。”① 1991年9月的立法局选举引入直选机制，是香港政团（政党）发展的一次重要契机。一些压力集团为了在选举中获得更多的政治利益，纷纷对自身进行了改造。它们制定政治纲领，加强组织化程度，制订候选人提名程序，推出自己的候选人，对候选人提供财政支持，并对候选人进行必要的约束，甚至打起意识形态的旗帜。经过这样的精心改造，一些压力集团摇身一变为政党。同时，一些论政团体为了在直选中获得政治利益，也迅速组成了政党。1991年立法局直选前后，就成为香港政党的形成期。这时期香港新出现的政党（政团）主要有香港民主促进会、香港民主同盟、自由民主联盟等。

香港民主促进会（Hong Kong Democratic Foundation）成立于1989年10月，该会的一大特色是一些外籍人士成为发起人、领导人。1990年6月，举行首次会员大会及创会庆典，会员主要来自专业界和商界。香港民主促进会一成立就以参政为目标，甚至还提出要执政的诉求，明显不同于以往政团，凸显了政党特征。香港民主促进会提出，要致力把香港

① 朱世海：《香港立法机关研究》（修订本），中央编译出版社，2007年版，第5页。

发展成为一个多元民主社会，民主自治是落实“一国两制”、确保香港高度自治和维持社会安定繁荣的最佳模式，并谋求广泛代表香港社会各阶级的利益。因此，香港民主促进会在政制发展问题上主张加快香港民主步伐，并积极参与各种选举，希望将来能够成为香港特别行政区的执政党。在与中央关系问题上，香港民主促进会态度相对温和，强调用和平对话沟通的方式而不是用对抗的方式来争取保障港人的利益。

香港民主同盟（Hong Kong United Democrats），简称“港同盟”，成立于1990年4月，发起人为李柱铭、司徒华、张文光、何俊仁、文世昌、李永达、陈伟业（已退党）、吴明钦、杨森等一批主张激进民主人士。建党初期以集合本地激进民主派为目的，所以其中有不少人原来都是其他压力团体的成员。政纲方面，除了支持推动普选以外，还重视环保问题及监察政府。香港民主同盟提出，要致力于促进切实执行《中英联合声明》，推动香港迈向民主，保障法治、人权、公民自由及社会公义，推动在香港全面实施国际人权公约及国际劳工公约，培养公民意识，鼓励市民参与公共事务，支持适当的同盟成员或其他人士参与各项公职选举等。港同盟成立后，积极准备参加1991年的三级议会选举，草拟参选政纲，推荐候选人，还加强内部建设，成立地区支部和联络处，基本按照政党模式运作。在1991年3月区议会选举中，港同盟有51人当选为区议员；在5月份的两个市政局选举中，港同盟有11人当选两个市政局议员；在9月份的立法局选举中，港同盟有12名会员取得直选议席，2名会员取得间接选举（功能团体选举）议席。港同盟在1991年选举中取得的成绩出乎众人意料，成为香港政坛上的“黑马”。港同盟之所以能够出人意料地胜出，主要是港同盟以政党的方式出现，组织上比较有系统，选民除了对个别候选人认同外，对所属团体也有明确的认同等因素使然。[①] 1994年10月2日，港同盟与中间路线的压力团体汇点合并成民主党。

自由民主联盟（The Liberal Democratic Federation of Hong Kong），简称“自民联”，也称香港自由民主联会，1990年9月正式注册成立，为公

---

① 周建华：《香港政团发展与选举（1949—1979）》，香港迷思达雷科艺公司，2003年版，第111页。

司法人。自由民主联盟的发起人为工商界及专业界人士，会员来自社会各阶级，主席为胡法光，副主席为谭惠珠。关于香港的民主进程问题，自民联主张民主化应跟随社会、经济发展的步伐展开，不主张搞激进民主。同时，自民联认为在政治架构内社会所有重要界别都应有均衡的代表。这其实道出香港政制发展的两项重要原则，即循序渐进和均衡参与。自民联既关注社会重大问题，又积极参与三级议会选举。在 1991 年 3 月份的区议会选举中，自民联有 50 人当选；在 5 月份的两个市政局选举中，自民联有 3 人当选；在 9 月份的立法局选举中，自民联有 3 名成员通过功能选举当选，但参加直选的候选人全部败北。这表明作为社会上层的香港资本家政党（政团），在港人中缺乏足够的认同。自民联在 1995 年立法局选举中获得 1 个议席（选举委员会）。在 1997 年，与香港协进联盟（简称“港进联”）合并。

三、香港政党的成长阶段（20 世纪 90 年代）

立法局在 1991 年引进直选机制进一步催生了香港政党，很多政团在参与选举过程中自觉或不自觉地向政党化发展。1995 年立法局选举取消委任议席，直选议员数进一步增大，又刺激了香港社会。在越来越宽松的政制空间中，香港政党逐步成长，政党阵营也得以扩展，这期间出现的政党主要有香港民主建港联盟、香港协进联盟、一二三民主联盟、自由党、香港民主党、前线等。

（一）香港民主建港联盟（Democratic Alliance of Betterment of Hong Kong）

香港民主建港联盟，简称“民建联”。该党成立于 1992 年 7 月，成员以左派工会分子为骨干，包括曾钰成、程介南、谭耀宗、陈婉娴、叶国谦等，以抗衡在1991年香港立法局选举中获胜的香港民主党。曾钰成和谭耀宗分别担任正、副主席。基本立场是爱国爱港，拥护香港回归，维护国家主权，拥护祖国对香港的政策，实践“一国两制”，贯彻《香港基本法》。香港民主建港联盟在成立宣言中指出：香港是中国领土的一部分，居住在香港的中国人，绝大部分以中国为国、以香港为家。长期以来，英国的殖民统治将香港从中国母体割开，《中英联合声明》的生效，使香港在1997年回归中国；《香港基本法》的颁布，使香港在1997年后成为中国的特别行政区。历史赋予香港市民的使命，就是保证平稳过渡，维护和保持香港的经济繁荣和社会安定，建立民主政制和促进香港进步发展，在1997年后继续留港建港，实现“一国两制”和“港人治港”。民建联在宣言中提出：“我们是爱国爱港的组织”、“我们是民主参政的组织”、“我们是建设香港的组织”。民建联主要代表社会中下层利益，提出要改善广大中下阶级市民的生活素质。民建联成立后，提出了“平稳过渡、繁荣创富、安居乐业”的政纲。1997年12月，为配合社会形势转变而须重新制订的第二份政纲完成，1997前夕，民建联提出“建设特区、繁荣创富、安居乐业”，作为参与香港特别行政区政治事务的纲领。

民建联党徽

民建联党徽中隐含D（Democracy）及B（Betterment）两个英文字母。其大轮廓象征中国，表达民主回归的意思；小轮廓象征香港，表达民主建港的意思。大小轮廓连成一线，代表中港一体、息息相关、互相依存的密切关系。从民建联的党徽可见其政治立场，用原主席马力的话说，“民建联的基因是爱国爱港”。民建联在港英殖民统治下是受压制的力量，本着爱国爱港的信念，民建联为香港的主权回归顺利过渡做了许多工作；回归后积极协助特别行政区政府依法施政，落实“一国两制”，繁荣创富，并成为沟通香港与内地的重要桥梁。正是这些努力和成绩，赢得了广大爱国爱港市民的支持，赢得了中央政府的肯定。回归后民建联工作的基本路线继续落实“一国两制”，支持特别行政区政府依法施政。但支持特别行政区政府依法施政，并不是反对派所说的“保皇”，对政府一些不符合市民利益的政策，民建联也会公开反对。①

民建联在香港政制问题上积极发表意见。1992年三次会见港督彭定康，就彭督首份施政报告，特别是政制部分提出意见。1993年3月，向中英外长、行政局及港督呼吁停止政制争拗，重回合作轨道，并发表选举安排具体建议，提倡立法局直选采取“比例代表制”。1993年11月，民建联中央委员就中英政制谈判及其他港人关注问题第三次访京。在民主发展问题上，民建联主张循序渐进，认为发展民主政治是“港人治港”必然要走的道路。他们深信，只有充分落实《香港基本法》，才能保证香港实现“港人治港”的成功。香港必须在这个基础上，循序渐进地发展民主政治。民建联在2000年1月1日发表的“千禧宣言”指出，香港的政治制度一定要朝着《香港基本法》规定的目标发展。民建联将积极参与这个发展，致力建立民主而高效率的政府，确保“港人治港”、高度自治的成功。

民建联特别强调民生问题，认为与香港民生攸关的多项政策，仍存在不少问题。他们积极要求政府继续改善民生政策，并且在多个政策范围内作出更大承担，使香港真正成为一个人人安居乐业的社会。民建联认为，社会整体的生活质量必须有所改善，尤其弱势社群必须得到合理的照顾。只有当社会各阶层都能分享繁荣成果，人人安居乐业，才有稳定的社会，才可以为进一步繁荣创富营造有利的环境。合理的公共政策，必须奖励勤奋，鼓励上进，扶助弱小，令人人享有公平的发展机会，人人可以凭着自己的努力改善家庭的生活质量。

民建联比较注重组织建设。1993年增加港岛东、九龙东、“新界”东及九龙西4个支部，地区支部增至8个。1994年5月，建立第9个支部，即“新界”南支部。1995年成立港岛南及“新界”北支部，支部增至11个，并把原“新界”北支部改名为大埔支部，原“新界”东支部改名为沙田支部。1996年成立第12个支部，即西贡将军澳支部。

民建联踊跃参与香港回归和特别行政区筹建等事务。1993年，曾钰成主席、谭耀宗副主席、创会会员吴康民和李祖泽加入全国人大常委会香港特别行政区筹备委员会预备工作委员会，参与特别行政区筹建工作。

① 笔者2007年5月31日在香港与民建联前主席曾钰成先生的座谈记录。

1994年4月，民建联向中国政府反映市民最关心的“九七民心十件事”，包括护照、公务员过渡及新闻自由等。1995年6月，民建联向钱其琛副总理提出解决过渡问题十大建议。1996年1月，主席曾钰成、副主席谭耀宗、创会会员吴康民和李祖泽加入全国人大常委会香港特别行政区筹备委员会，参与香港后过渡期的筹备工作。1996年11月，民建联46名成员当选为特别行政区第一届政府推选委员会委员。1997年7月，民建联领导人第一次访京，受到中共中央总书记江泽民接见，并会见国务院港澳办公室主任鲁平，就香港市民关心的问题进行了开放、坦诚的讨论。

民建联抓住政制开放机会积极参政。1993年9月首次参加选举，派出张汉田参加西贡区区域市政局补选，获得4016票，结果是以654票之微落败。1994年9月，民建联派出83名成员参加区议会选举，赢得37个议席。1995派出7名成员参加立法局地区直选，赢取2席，另外在“新九组”① 赢1席，参与区局间选和选举委员会的3人全部胜出，共取得6个立法局议席。1995年3月，派出17名成员参加两个市政局直选，8人成功当选，另获2个间选议席。1996年12月，民建联10位成员当选为临时立法会议员。1997年2月，创会会员兼义务法律顾问梁爱诗获委任为香港特别行政区首位律政司长，其后退会。1997年2月，谭耀宗获委任入行政会议。1998年5月，民建联派出25名成员参与立法会选举，共取得10个议席。1999年11月，派出176人参选特别行政区第一届区议会选举，83人当选，共得选票19.0792万张，平均得票率为45.35%。2000年9月，民建联派员参加第二届立法会选举，共获取10个议席。2002年，民建联主席曾钰成被行政长官董建华委任加入行政会议，正式加入“执政联盟”。在2003年11月23日区议会选举中，民建联共派出206名成员参选，以“勇于承担　服务社群”为参选口号，民建联成员成功当选的有62人，当选率为30.1%，所得总票数为24.6247万。所得票数虽然较1999年增加了近三成，但当选率则大幅下降，所得

① “新九组”是最后一任香港总督彭定康在1992年为1995年的香港立法局所设立的9个新功能界别，分别是渔农矿产、能源及建造界，纺织及制衣界，制造界，进出口界，批发及零售界，酒店及饮食界，运输及通讯界，金融保险地产及商业服务界，公共、社会及个人服务界。

议席也减少了。民建联大力支持《香港基本法》第23条尽快立法，受"七一事态"[①] 的影响，选举失利。因在2003年区议会选举中遭受建党以来最大的挫折，党首任主席曾钰成在2003年12月引咎辞职，由秘书长马力接任主席。

为争取民众支持，民建联新领导层修正该党的政策。马力表示会开门建党，贴近民意，监察政府施政，对政府施政坚持"是其是、非其非"立场。2004年1月7日，民建联在立法会与民主党联手否决了8所大学校长及大学教育资助委员会已达成共识的106亿港元大学经费拨款。[②]

民建联吸取2003年区议会的经验教训，充分备战第三届立法会选举。2004年9月，民建联在第三届立法会选举中共获得12个议席。在2007年区议会选举中，民建联获得84席，排名第一。在2008年立法会选举中，民建联取得10席（不包括以工联会名义参选的民建联党员取得的3席），成为立法会中第一大党。

（二）香港协进联盟（Hong Kong Progressive Alliance）

香港协进联盟，简称"港进联"。港进联在1993年初就酝酿成立，最初是一批专业界人士拟组建政团，后来一批工商界人士加入，共同酝酿成立政党事宜。1994年4月，港进联创会发起人刘汉铨等在香港会展中心举行记者会，宣布成立港进联筹委会。筹委会召集人刘汉铨表示：《中英联合声明》和《香港基本法》确认了1997年中国恢复对香港行使主权后，对香港特别行政区实行"一国两制"、高度自治和"港人治港"的方针政策，要使这些方针政策得以具体落实，让香港能够平稳过渡、保持安定繁荣，我们认为应组织起来，参政议政。筹委会宣称，港进联以工商、专业界为主，但不以工商界利益为出发点，而是以香港整体利益为出发点。

---

① 2003年7月1日，香港因就《香港基本法》第23条立法问题，引发号称50万人参加的大游行，此事被称为"七一事态"。

② 孟庆顺：《"一国两制"与香港回归后的政治发展》，香港社会科学出版社有限公司，2003年版，第134页。

港进联在1994年7月正式成立，是香港一个由工商界、专业界人士为主组成的政党，成员中有多名全国人大代表、全国政协委员。成立大会选举产生中央委员会、中央常务委员会和中央监事委员会，党主席为刘汉铨。根据党章的规定，港进联在每两年召开的党员代表大会中选出新一届领导层，党员代表大会及其所产生的中央委员会是党内的最高决策组织，并接受独立监事委员会的监察。中央常务委员会由中央委员会互选产生，负责统筹会内的政策组、会员组、外务组、秘书组、财务组、总务组以及地区事务组的日常工作。港进联的政纲涉及主权回归、民主法治、经济民生、教育福利等方面内容，其中关于民主法治的内容有：1. 民主进程必须体现循序渐进、均衡参与的原则；1997年前的政治发展应与基本法相衔接，1997年后要全力确保基本法的实施；2. 维护法治精神和司法独立，保障自由与人权；3. 香港的政制应保持行政主导，立法、行政相互配合、相互制约和公务员非政治化的运作方式。港进联在香港民主进程问题上的立场与民建联、自由党基本相同。

港进联的党徽是两个向前并列的红色箭头，直线构图刚劲敏锐，象征港进联拥护“一国两制”的基本纲领，香港和内地共同发展。一个圆点座后则象征成员紧密团结，致力推动香港平稳过渡，确保香港繁荣安定。

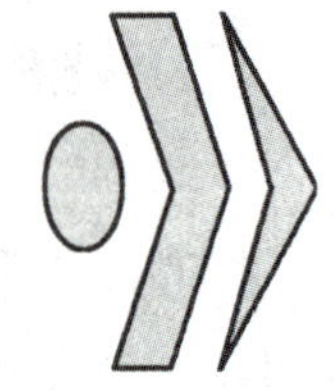
港进联党徽

促进香港与内地的交流、合作、了解和信任，使两地在“一国两制”下和睦相处共同发展是港进联政纲的重要内容，加之港进联成员中有很多人大代表、政协委员等职衔，很便利向中央政府反映意见，港进联成立后积极加强香港与内地的沟通，为香港平稳过渡、顺利回归作出很多贡献。

在香港即将回归祖国前，港进联与由谭惠珠领导的自民联经过一年多的协商，最终于1997年4月决定合并。5月26日，两党宣布合并，新组建的政党名称仍然使用香港协进联盟。两党之所以决定合并，是因为两者具有很多共同点：社会基础都是属于工商、专业界；对政治发展的态度都是坚持渐进民主；与内地的关系都比较友好，主张积极沟通、交流和信任；目的都是希望通过议政、参政的方式为香港人争取最大利益和维护繁荣稳定，有利于内地和香港。两者合并后，原自民联创会主席胡法光任新港进联名誉主席，原自民联主席谭惠珠出任港进联常委副主席，原港进联主席刘汉铨、监委主席杨孙西及其他常委副主席、监委副主席继续担任原职。8年之后，港进联与民主建港联盟合并为民主建港协进联盟。

（三）一二三民主联盟（123 Democratic Alliance）

一二三民主联盟，简称“一二三联盟”，是由一批在台湾就读校友、部分港同盟会员及个别汇点、民协成员在1994年3月组建的政党。该政党在1993年4月就计划成立，筹备委员会主席为台湾大专香港校友会总会副会长任善宁。该党以“一二三”为名，含义是“一中、两岸、三地”。任善宁称，该党成立的目的是促进国家和平统一、促进两岸诚意交流，并维护三地繁荣互惠。此外，该党另一发起人解释，该党以自由民主为中心理想，而1月23日是自由日，故此取“一二三”为名。

一二三联盟在其建党宣言中明确提出，他们是一个“立根香港，放眼海峡两岸，关注三地发展的参政组织”。其宗旨是“支持中国和平统一，促进两岸诚意交流，并维护三地繁荣互惠”。宣言还主张，为了保持香港的安定繁荣，香港必须建立一套完善的民主制度，包括普选产生的民意代表、司法独立等。

一二三联盟主张积极参政，在1995—1997年香港立法局拥有一个议席，但在1998年的立法会选举中该党所有参选人都没有胜出，并从此没有派党员参加立法会选举。在1999年区议会选举中，一二三联盟获得7个席位。

一二三联盟集结了一大批在香港的亲台势力，成为亲台力量①的重要代表。一二三联盟等亲台团体的立场仍以支持中华民国为主，在参与集会游行时，携带青天白日满地红旗帜及孙中山遗像亮相，为其重要特色之一，甚至多次举行纪念孙中山及中华民国国庆日等活动，还多次表态

---

① 香港早期的亲台团体大约是在20世纪四五十年代成立的。当时由于有许多支持国民党的人士来港，因此早期的亲台团体大部分偏向右派，与亲中共的左派相互抗衡。然而自20世纪80年代开始，右派势力逐渐式微，泛民主派势力崛起，亲台团体的政治立场也产生了变化。

支持中华民国加入世界性组织。在香港民主政治发展问题上，亲台团体多半支持民主及普选行政长官和立法会议员，并期待香港能及早和台湾同样实施普选。1997 年香港主权回归后，特别是 2003 年“七一事态”后，为响应港人要求实施民主及实现普选的呼声，香港的亲台团体也多次通过游行集会表达其对普选的诉求。除了争取普选之外，一二三联盟等亲台团体也高度关注两岸议题及台湾相关事务。一二三联盟最后在 2000 年自动解散，而跟一二三联盟有密切关系的神州青年服务社至今则仍然运作。①

（四）民主党（Democratic Party）

该党由香港民主同盟与汇点在 1994 年 10 月 2 日合并组建而成。1994 年 4 月 18 日，香港民主同盟与汇点宣布即将合并，联合组建新的政党——民主党。民协欲参与其中，与香港民主同盟、汇点共同组建民主党。香港民主同盟、汇点内部还就是否接受民协加入进行了表决，结果是不同意民协加入民主党联委筹会及属下委员会，只同意民协成员以个人身份加入属下委员会。香港民主同盟、汇点之所以反对民协加入民主党，是因为民协在“中港”路线上与它们存在差异，民协虽然属于反对派政党，但其政治态度相对平和。香港民主同盟与较中间路线的汇点合并组成民主党，当时有舆论认为此举可藉汇点与中央政府的友好关系（当时汇点主席张炳良受聘为港事顾问）重建激进民主派与中央政府因 1989 年春夏之交发生的政治风波后破裂的关系，但也有舆论不看好这段政党“婚姻”，讥之为“有性无爱”（只为选举实利，不存共同理念），认为合并只是为应付香港主权移交前最后一届立法局选举。与此同时，不少前学生组织干事也在这个时候加入民主党，使党内形成三股不同的势力——相对比较保守的原民主同盟人马、中间偏左的前汇点成员以及激进偏左的学生势力。这三股势力之间的摩擦，成为日后民主党分裂的导火线。

① http：//www.wikipedia.org，登陆时间：2009 年 1 月 5 日。

民主党以知识分子为主要成员，主张在香港实现普选，加大民主步伐，要求加强保护环境及监察政府。民主党成立后，首任主席为李柱铭，副主席为杨森及张炳良。在民主党的核心层，原香港民主同盟成员占2/3，原汇点成员占1/3。

民主党的党徽以展翅高飞的白鸽为主体，颜色选用绿色，代表民主党将民主、自由、公平的信念传遍整个社会。因此，香港民间把民主党称为“白鸽党”。

2002年12月1日，李柱铭卸任，杨森接任主席。在2004年的立法会选举中，民主党在立法会的议席比上届少了3席，沦为第三大党。为承担选举的失误，杨森宣布不再竞逐连任主席，原副主席李永达在党主席差额选举中胜出。在香港各政党中，李永达是第一位由差额选举产生的党主席。

民主党党徽

民主党曾经一度是立法会第一大党，但随着不同政治势力的加入，党内渐渐陷入派系及路线之争。先有1998年党内“少壮派”① 借换届选举拉倒“汇点派”的张炳良，推举了刘千石取代其成为副主席。1999年就应否将“支持设立最低工资”纳入党纲，少壮派再与主流派激烈辩论，少壮派指出主流派路线偏离基层，有关提案最后在会员大会上被否决。1999年，属于少壮派的曾健成还因拆分名单参选要求未被党中央满足而退出民主党，他在2000年立法会选举中成功游说22名民主党党员公然违反党纪，以“一群民主党党员致港岛区选民公开信”为

① “少壮派”(young turks)，在香港政坛的术语中泛指民主党在1998—2000年期间存在的一个派系，正名为“民主党改革派”，当时的召集人为前市政局议员陈国梁，由于组成者皆为该党年轻党员，传媒广泛称之为“少壮派”，此为外国政坛常用的称呼，因此也约定俗成。“少壮派”主张推动党内改革，提倡党内民主、采取基层劳工路线、结合议会与街头运动的策略，主要成员包括立法会议员郑家富、陈伟业，前立法局议员、现任东区区议员曾健成，前市政区议员及深水埗区议会主席黄仲棋，前市政局议员陈国梁，黄大仙区议员陶君行、徐百弟，前葵青区议会副主席梁永权，西贡区议员范国威，前深水埗区议员符伟乐等。以上名单中的人大多已退出民主党。

名，呼吁选民“全家总动员、全投曾健成”，使民主党陷入分裂边缘。①2000年，立法会选举又因资源分配、选举名单排名而内讧，少壮派召集人陈国梁先退选，后又退党。同年6月，刘千石因同时持有民主党和前线的会籍，遭民主党革除党籍。2001年1月，冯智活退党，与陈国梁等组织“社会民主论坛”，其余少壮派开始酝酿退党。2002年2月，“汇点派”张炳良、冯炜光等成立“新力量网络”，为日后张炳良退党作了准备。2002年4月，参与社会民主论坛的10多名少壮派党员包括陶君行、梁永权、徐百弟等正式退党，转投另一政治组织前线。同年12月，陈伟业因不满杨森接任民主党主席而宣布退出民主党。2004年10月，创党副主席张炳良退党，也标志着“汇点派”退出。至此党内分裂大致完结，但民主党已元气大伤。

虽然民主党没有参加1996年的临时立法会选举，但在香港回归后对各次选举都没有放弃，但成绩不佳。刘兆佳先生分析个中原因有：民主党一向赖以争取人心的因素是争取香港民主改革诉求、视北京为对手(甚至敌人)、担心回归后会受到迫害。但这些因素在回归后已逐渐削弱，尤其是回归以后“一国两制”大体得到成功落实，普通市民的关注点转向社会经济问题，加上回归后港人与北京的互信大幅度增加。② 民主党选举议题认同度的削弱，必然影响其选举成绩。1998年举行第一届立法会选举，民主党在直选中得票率为43%，但只取得13个议席，仅占总议席的22%。2000年举行的第二届立法会选举中，在60个议席中只占12个，其后杨森接任主席。2003年“七一事态”之后，激进民主派的声势壮大，民主党的支持度微升，在2003年的区议会选举中取得大胜，获得95席。然而，在此后一年的2004年香港立法会选举中，虽然在普选中得票比第一、二大党民建联及自由党多，但基于“比例代表制”及功能组别选举，民主党在立法会的议席比上届少了3席，降为第三大党。在2007年区议会选举中，民主党派出108人参选，最终只取得59席。香港媒体称，这是激进民主派十多年来最大的惨败。香港许多专家指出，民

① 马岳、蔡子强：《选举制度的政治效果——港式比例代表制的经验》，香港城市大学出版社，2003年版，第180页。

② 孟庆顺：《“一国两制”与香港回归后的政治发展》，香港社会科学出版社有限公司，2003年版，第137页。

主党在这次区议会选举的失利是激进民主派长期叫嚷“民主”而忽视“民生”的必然结果。为承担选举失利的责任，党主席何俊仁和党选举委员会主席李永达于选举翌日向党中委会请辞，中委会接纳李永达辞去选委会主席一职，但挽留何俊仁留任主席。在2008年第三届立法会选举中，民主党在地方选区总得票数上大跌12万多票，共获得4个议席，分别是甘乃威（香港岛）、涂谨申（九龙西）、黄成智（“新界”东）、何俊仁（“新界”西）。民主党在参选功能界别选举中共获得4席。虽然民主党整体上比上届立法会选举减少了1席，但因自由党大失水准，故民主党晋升为立法会第二大党。

（五）自由党（Liberal Party）

自由党创立于1993年，是香港立法机关实行直选以来第一个以“党”为旗号的政党。自由党是典型的“内生党”（parties created within the electoral and parliamentary framework）①，即产生于议会内的政党。其前身为组建于1991年12月的“启联资源中心”（简称“启联”）。在1991年立法局选举后，立法局议员李鹏飞认为随着立法局组成的变化（第一次引进直接选举机制），需要与一些志同道合的议员组成一个联合办事处，共同享用资源，共同研究政府政策和经济问题。启联意味着开启一个新联合，联合在一起的主要是立法局委任议员和由功能团体选举产生的议员。启联原是立法局中最大的政团，由12位委任议员和8位从功能组别选举产生的议员组成。在每周三立法局全体会议之前，启联成员都先行开会交流看法，就立法局议案争取达成一致意见。因此，启联资源中心被称为“启联帮”，成为立法局内抗衡港同盟的最大力量。启联的实力及与政权的密切关系为其向政党化发展提供了很好的基础。1992年初，启联的19名成员在澳门开会商讨启联的共同宗旨、目标和责任。他们回

① M. Duverger, Political Parties: *The Organization and Activity in the Modern State*, London: Methuen, p. xxx，转引自（法）让·布隆代尔等：《政党政府——自由民主国家的政府与支持性政党关系探析》，史志钦等译，北京大学出版社，2006年版，总序。

港后发表成立以来第一份纲领和守则，其中声明启联已发展成为一个政治实体，而且并不排除将来演变为政党。

自由党以“经济主导，关注民生”为参政纲领。李鹏飞出任首届党主席，其党员主要由香港的中产以上阶级组成。该党政治思想和美国共和党相类似，即主张经济自由放任主义，减少税收和福利，在劳资纠纷期间则支持资方，在工会罢工期间主张严厉对付。自由党把自己的政纲概括为 3 个“E”，即经济（Economy）、教育（Education）和环境（Environment）。在民主问题上，自由党认为，立法会的产生办法应根据香港的实际情况和循序渐进的原则而规定，最终达致全部议员由普选产生的目标；而行政长官的产生办法，也应根据香港的实际情况和循序渐进的原则而规定，最终达至由一个有广泛代表性的提名委员会，按民主程序提名后普选产生的目标。立法会及行政长官选举办法的任何修改，必须充分考虑社会各界的利益，根据香港的实际情况，按循序渐进的原则进行。香港的政治制度有需要作出改变时，应该以循序渐进的原则进行。尤其重要的是，任何政制发展都必须以确保经济繁荣、维系社会稳定为大前提。政制的任何改变，都必须是深思熟虑、合情合理、符合均衡及公平原则，并确实能够为港人缔造更美好的明天。

自由党党徽

自由党在 2011 年 3 月 27 日举行新党徽揭幕仪式，在自由党荣誉主席田北俊及党主席刘健仪主礼下，新党徽正式面世。自由党新党徽的造型引用“自由”的“自”作为标志，加强与党的直接联想。图像以“人”为主体，表达自由党的政纲以香港人的利益为本。“人”的形态为自由党增加亲和力，加强人性化的友善形象。标志以两个圆环构图，象征联系、贯通和团结，正代表自由党的资深党员致力推动年轻一代参与社区工作，上下齐心，互助互动，相辅相成。两环紧扣亦体现自由党与社会紧密联系，关心及扶持社会上有需要帮助的人群。标志中的两环向上伸延，喻意自由党的发展生生不息、积极向上。另外，标志看似“无限”的符号，又看似一个“8”字，都富有吉祥、正面的含义，充满希望和生机。最顶部的圆点象征智慧和希望，传承旧日标志上的圆点设计元素，表述自由党是东方明珠——香港的领航政党。

积极参政是自由党的一大理念。参政以香港及港人利益为依归，是自由党为达至所追求理念的实质所在。他们的信念是继承前人的集体智慧，经得起时间的考验。为维护这些信念，他们认为必须积极参政，成为管治香港的重要力量。自由党主席李鹏飞于1995年香港立法局选举中首次循直选取得立法局议席，后于1998年香港立法会选举中落败并辞任主席，自由党召开中央常务委员会，田北俊当选为党主席，夏佳理及周梁淑怡当选为副主席。自由党第六届中央委员会（2003—2005年）由主席田北俊和周梁淑怡（中央常务委员会主席）、副主席刘健仪、司库梁刘柔芬，以及张宇人、蒋世昌、冯家彬、林翠莲、林巨津、刘庆基、连忠浩、林文杰、李大壮、罗煌枫、吕志华、苏开鹏、孙启烈、孙国林、黄以谦、杨孝华共16位成员组成。自由党于2003年6月公布了修订的党纲。党主席田北俊表示，结合香港回归后的发展，新党纲更能精要、概括和符合现实情况地阐述自由党的理念，以及对各重大政策的看法，作为本党长远发展的指导性文件。

田北俊及自由党因在2003年《香港基本法》第23条立法问题上所坚持的立场及实施的行为，直接导致此项立法无限期押后而声望大增。2003年7月1日，香港特别行政区发生号称50万人参加的大游行，反对就第23条进行立法。接着，在7月9日和13日又发生两起大游行，7月9日的游行要求董建华及其政府高官下台，7月13日的游行要求普选行政长官、普选立法会。香港2003年“七一事态”后，行政长官董建华坚持在7月9日将《国家安全（立法条文）条例》草案提交立法会作二读。7月6日晚上自由党主席田北俊突然宣布：要求《国家安全（立法条文）条例》草案押后二读，并辞去行政会议议员职务，退出“执政联盟”，但声明自由党支持立法工作。这令董建华十分被动。董建华连夜召开行政会议，在7月7日凌晨2点声明接受田北俊的辞职，并取消原来定于7月9日进行《国家安全（立法条文）条例》二读的计划，不得不押后第23条立法。有评论指出，就第23条立法工作严重受挫是自1984年中英两国签定关于香港问题的《中英联合声明》以来，香港政治过渡历史上最严重的政治事件。自由党主席田北俊在7月7日前就是行政会议成员，田北俊是作为立法会议员进入行政长官董建华的“内阁”①。香港社会对他评价不一，有人称他是英雄，也有人说他不讲义气、背叛了董建华。在回答记者的提问时，田北俊对此的解释是：他是行政会议成员，理应支持行政长官的工作，但自由党及他本人主张23条立法还应经充分讨论。新加坡《联合早报》称，在对立的两个强硬势力间需要田北俊这样的温和派的斡旋，通过双方各自的妥协来达成一致。有人说田北俊的举动是得到高人的指点。田北俊在《明报》2003年第8期特地发表文章回应说，他提出辞职并没有受到什么高人指点，只是别无选择。同年9月，国家副主席曾庆红、港澳办主任廖晖、国务委员唐家璇、国务院港澳办副主任陈佐洱、中央统战部部长刘延东分别会见了田北俊率领的自由党访京团。通过此次访京之行，自由党向中央领导人及有关部门反映了对23条立法的看法及意见，并表达了支持特别行政区政府的立场。

经过2004年立法会选举之后，香港自由党取得10个立法会议席，成为立法会内的第二大党。然而除了田北俊及周梁淑怡由地区直选外，其余8席都是由功能组别选区选出，充分反映出自由党是精英政党的特质，同时这也是该党发展的隐忧，不习惯于选举政治。在2008年立法会选举中，自由党不善于直选的弱点彻底显露，地区直选参选人员全军覆没，甚至连自由党正副主席田北俊及周梁淑怡也落选，最后在功能界别选举中取得7个议席，分别是刘皇发、刘健仪、林健锋、梁君彦、梁刘柔芬、方刚、张宇人。自由党正副主席田北俊及周梁淑怡为此双双请辞，并由刘健仪暂时代行主席职务，而周梁淑怡也正式宣布退出行政会议。自由党核心成员在举行会议后，党内6名立法会议员一致推举自由党中委、商界议员林健锋担任主席，刘健仪及梁刘柔芬任副主席，方刚任司库。但后来因党内产生是否增设“荣誉主席”的争议，继而掀起“主席之争”②，成为这次党内分裂的导火索。10月8日该党举行中委会选举主

① 香港学者把行政长官领导的行政会议称为“内阁”，其实行政会议不是行政机关。故这里所说的内阁只是行政会议的代称，不是一般意义上的内阁。

② 据悉，自由党常委会决定提名主席人选，田北俊向角逐主席的林健锋提出，刘健仪将会角逐主席，建议由林健锋出任第一副主席，日后加入行政会议。见“香港政党整合多变化自由党分裂，泛民主派进行合并”，http：//www.zaobao.com，登陆时间：2008年10月11日。

席，在选举前数小时，立法会议员林健锋、梁君彦、梁刘柔芬戏剧性地宣布退党，理由是不想因争拗而浪费时间，而内耗使他们不能专注工作，希望通过3人的退出，令事件告一段落。[①] 此事发生前，由于有党员身份的"新界"乡议局主席刘皇发曾为民建联参选人、"新界"乡议局副主席张学明助选，而自由党内部人士把田北俊及周梁淑怡落败的原因归咎于刘皇发拒绝把乡事派票源配给自由党。于是党内人士要求刘皇发作出解释，甚至要求他退党。最后刘皇发在9月11日递信，以乡议局要建筑新大楼、无暇兼顾繁重党务为由申请退出自由党，同日获自由党接纳。此两次退党事件，令自由党在会期开始时由原本7席急跌至只剩3席，顿时丧失大党地位。

标榜商界参政的自由党在此次立法会选举中获得7个议席，这些议席全部依靠功能团体选举产生。自由党在地区直选全军覆没，甚至连党主席、担任议员逾10年的田北俊也未能连任。自由党在地区直选失败的原因是多方面的。香港选举对经费有严格的限制，而且禁止候选人利用电台、电视台等媒体做广告，违反规定者要被取消参选资格。与其他国家、地区的财团对选举有重要影响不同，香港工商界参加地方选举力量一直比较薄弱。自由党在立法机关的议席，从港英政府时期以来主要是靠政府委任和功能团体选举。此外，自由党在地区直选中败北，与香港的劳资矛盾及市民的仇富心理也有关系。作为工商界参政的自由党在新一届立法会的议席全部由功能团体选举产生，恰好说明工商界对功能团体的间接选举仍然有很强的依赖性。

在没有竞争对手的情况下，刘健仪在2008年10月24日举行的自由党中常委会议上出任主席，张宇人和方刚担任副主席。新任主席刘健仪重申，自由党定位仍是关注经济、中产和工商业界发展，特别协助中小企业，及为社会所忽略的中产人士发声，为广大市民争取最大利益。针对自由党在立法会地区直选力量微弱的现状，刘健仪表示，自由党将会在功能组别选举以及地区直选双线发展。对早前有党友建议，设立荣誉主席一职，刘健仪表示，现时正在修改党章，加入有关职位，之后由党内的常委会决定由谁担任，但至今未有定案。

---

① （香港）《文汇报》，2008年10月9日。

自由党近来最新动态是田北辰宣布退党。2010 年 11 月 19 日，自由党中常委田北辰宣布退出自由党。他说，自由党议员、现时全属功能组别，要平衡及化解商界与社会的矛盾并不容易，自己半年前已提出退党但获挽留，而近期“大家乐事件”①，田北辰支持罢食的立场与党内功能组别议员的立场有分歧，令他决定同自由党分道扬镳。学者认为田北辰退党，显示自由党的直选路线再次受重挫。香港中文大学政治与行政学系高级导师蔡子强认为，田北辰退党对个人有正面影响，公众会同情资本家出身的他，为基层发声后却成党内牺牲品。田的退党显示自由党内的直选派再受重挫，对自由党打击极大。公众认为自由党站在“大家乐”一方，对自由党形象大打折扣。加上田北辰近两年在党内极其活跃，深受年轻人支持，他过去用 1—2 年的时间内聚的士气，也在他退党的一刻瓦解。②

（六）前线（The Frontier）

1997 年香港回归前后，是香港政党发展的一个重要阶段，为应对 1997 年回归后的政治形势，很多政治力量都在积极部署，期望在政治光谱中拥有或扩大自己的版图。前线就是在这样的大背景下成立的。

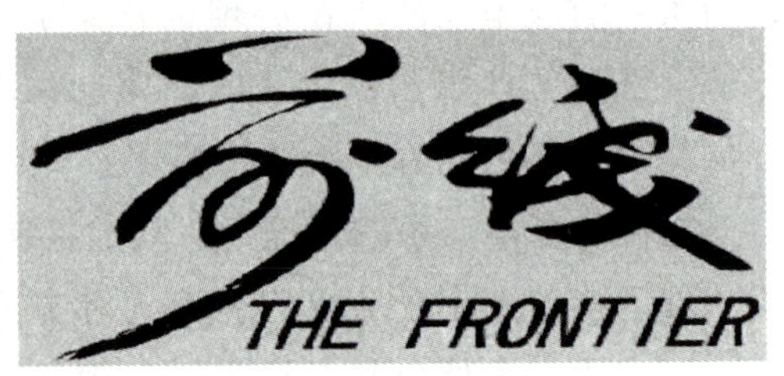

前线党徽

前线是激进民主派的重要组织，由刘慧卿与刘千石、李卓人等理念相近的 5 位立法局议员在 1996 年 8 月组建，最初名为“民主人权阵线”，意图集结民主党和民主民生协进

① 随着香港的最低工资即将实施，香港一家大型连锁快餐店“大家乐”声称在 2010 年 11 月为员工加时薪的同时，却将员工用膳时间改为无薪。此举除了引起员工不满外，也激发社会热烈讨论，有劳工团体计划发起全城罢吃“大家乐”的行动。后来，“大家乐”餐店及时纠正不当做法，不克扣员工用膳时的薪水。

② “田北辰退党，自由党自选路线再次受重挫”，http://news.stnn.cc/hongkong/201011/t20101120_1458347.html，登陆时间：2010 年 11 月 20 日。

会以外的激进民主力量。后来之所以改名为前线，刘慧卿解释说是要把争取民主政制、落实基本人权、维护法治方面都放在社会的最前线。前线不是把自己当作政党，而是当作香港民主、人权和法治的同盟。[①]创会时定位为一个非政党的参政团体，成员来自各方面，包括商业金融界（如何秀兰、蔺常念）、政界（时任屯门区议员的陈立信、黄大仙区议员罗照辉等），以及基层劳工（职工盟的刘千石、李卓人、蔡耀昌及街坊工友服务处的梁耀忠等）和学界（如前学联秘书长陈小萍等），一部分来自前蚁联成员，如罗沃启。

前线组成时主要以当时的5位立法局议员：刘慧卿、李卓人、刘千石[②]、梁耀忠及黄钱其濂为号召。首任执行委员会召集人是何秀兰，当时会址设在中环，并确立了前线的四大纲领：争取普选、捍卫人权、全民制宪、维护法治。其宗旨是：1. 争取在香港落实民主自治、“港人治港”、“一国两制”；2. 争取及维护香港市民的基本公民权利；3. 推行香港的全民民主运动，团结及鼓励香港市民积极参与香港的政治发展。要求行政长官、立法机关和地区议会由全面普选产生；4. 争取和维护香港的人权和法治。

在前线的组织发展中，民主党少壮派入会潮对前线的影响较深远。2002年4月，由原香港民主党少壮派人马以及不满冯检基、廖成利、罗祥国及莫应帆4人参加临时立法会的民协成员所组成之“社会民主论坛”（前称“社会民主阵线”）宣布停止运作，陶君行、陈国梁、冯智活、林森成、梁永权、徐百弟、符伟乐、刘山青、黄仲棋等大部分成员共50人加入前线。当时政界中人认为，这会壮大前线的根基。但后来有前线退会成员则指出，此举也令前线分成两派，分别是创会成员派与前民主党少壮派。何秀兰曾在一公开场合对记者表示，不认同陶君行的处事手法。据前线资深会员透露，两派关系达到

---

① Ralf Horleman, *Hong Kong's Transition To Chinese Rule*, New York: Routledge curzon, 2003, p. 65.

② 本身具有民主党党籍的立法会议员兼香港职工会联盟会长刘千石，因加盟前线，而民主党党章规定党员不具有双重党籍，故此将之纪律处分，刘千石被民主党革除了党籍。这个事件成为民主党内讧的原因之一，对前线影响较小，但刘千石在事后也退出前线。

水火不容的程度。例如在提名参选各级会议的大会中，两派往往发动人海战术牵制对方，发动会员反对另一派提名。在2004年的立法会选举年，创会会员派曾提名刘家仪跟随刘慧卿参加“新界”东直选立法会选举，却在会员大会中被否决。后来退会会员郑其建透露，曾因此事向当时的秘书黎绍珍询问。黎绍珍表示，当时带有足够选票到会场，但不知何故，竟然有选票不翼而飞。事后有会员对此大做文章，包括要对陶君行及前线执委提出谴责。据了解内情的会员透露，当时执委之一的唐小兰提出要让秘书黎绍珍“背黑锅”，并在一饭局中大数黎绍珍的不是，黎绍珍因而被免职。但有前线中人却指出，此无疑是令人有机会制造陶君行“缩骨”等的指控。退会会员郑其建就是接受了此论调的其中一人。郑其建更曾对外声称，前线用威迫手法要挟黎绍珍请辞，而将此事绕过前线执委会，又批评有人一手遮天，处事手法卑劣，耻与这些假民主派为伍而退会。以甄燊港为首的新派系，随“领汇事件”[①] 而令前线再次陷入内讧之中。香港报载“领汇事件”使前线内讧趋向台面化。在2004年香港立法会选举中，与郑经翰合组名单参选、并自诩信奉左翼社会政策的秘书长陶君行，在郑经翰等立法会议员阻止政府贱卖资产以及领汇上市等事件上，扮演积极角色，引起前线内部部分自称支持自由市场经济的会员不满。在领汇上市负责翻译的执委甄燊港，屡次表示对陶君行在此事中的表现相当不满。据《东周刊》报道，在一次前线为庆祝刘慧卿生日的联欢派对上，甄燊港骂陶君行“厚颜无耻”，令派对不欢而散。据《东周刊》的多次报道，前线曾召开会员大会讨论领汇。据悉，前线内部其实没有明确态度，支持抑或反对

① 2003年7月24日，香港房屋委员会（房委会）通过决议，将其管辖范围内的130个零售商场和10万个停车场设施分拆上市，稍后委任高盛（亚洲）有限责任公司、汇丰银行及瑞银投资银行担任该项上市计划的全球协调人。同年12月，房委会通过以房地产信托基金形式将旗下商场、停车位等设施上市的决议。2004年4月，房委会成立新公司接管公屋商场及停车场。8月，这项房地产信托基金正式定名为“领汇房地产投资信托基金”。2004年11月，香港立法会议员郑经翰发动公屋商户成立“公屋商场及停车场租户大联盟”，反对领汇上市。当时两位香港老人卢少兰和马基召向香港高等法院申请司法复核，要禁止房委会将资产注入领汇，迫使领汇搁置上市，成为轰动一时的“领汇事件”。

领汇上市，而召集人刘慧卿更声称，曾在立法会会议中，表示支持领汇上市。

除了“领汇事件”，多起风波也令前线内讧加剧。首先是九龙东桩脚反水一事。在2004年香港立法会选举中，郑经翰在九龙东选区胜出后，部分九龙东地方桩脚（林森成、徐百弟等）不满郑经翰并未在观塘坪石邨开设地区办公室，因而转对与郑经翰一同参选的陶君行未为其全力争取权益而不满。据林森成透露，陶君行曾向前线拿取了近60万元作选举经费，及要求前线的人助选，条件之一就是要维持前线在东九龙的地区工作，包括于坪石邨开设办事处，以让前线在2007年的区议会选举再与民建联一决高下。但后来不但开设办事处一事束之高阁，令前线更为不满的是陶君行还居然不履行承诺，拒绝偿还30万元的选举经费给前线。

发生包括领汇在内的多次内讧事件后，有部分执委退出执委会，更有不少会员淡出前线会务甚或退会。据前线会员透露，在领汇风波后，一些是是非非也继续纠缠于前线内。《明报》曾报道，部分传媒及前线会众收到匿名信，指有某些执委有婚外情、有人搞小圈子等，令前线形象雪上加霜。在领汇内讧后，被指斥的原秘书长陶君行，以及葵青区议会副主席梁永权及执委叶赐豪、王学今、陈国梁、苏恒泰、叶宝琳等均缺席换届会议。由于前线党的一部分成员比较激进，加上召集人刘慧卿曾到台湾参加“台独”势力的活动，使他们经常受到港人的批评和攻击。

在2006年1月改选的执委会中，除刘慧卿、林森成、欧湛楷、唐小兰、徐百弟、卢松柏、柯耀林及甄燊港为连任外，李少玲、李永成、陈之望、徐维奇及谭旭华均为新任。其中仅刘慧卿一人为立法会议员，而仅柯耀林一人为区议员；在领汇事件中牵涉利益冲突的甄燊港当选秘书长；现任执委陈之望在2005年曾参选台北中国国民党中央委员。

由于多次的内部震荡，前线拥有的立法会议席，已由高峰期的5席缩减到刘慧卿的1席（仍有交2005年度会费的梁耀忠及李卓人，因分别仅代表街坊工友服务处及香港职工会联盟参选，不计算在内），全港400席的区议会直选席次中，前线现时已缩减至仅有6席。其实在2003年香港区议会选举中，有不少具有前线党籍的人士参选而且当选，但在选举过程中并没有强调自己前线会员的身份，这些议员包括：沙田区莫伟雄及蔡耀昌、西贡区柯耀林、葵青区梁耀忠、元朗区麦业成、北区区维坤、黄大仙区黄国桐、观塘区余秀珍、中西区何秀兰、东区吕志文及湾仔区郑其健。据了解，以上人士除莫伟雄及柯耀林外，其他已经退出前线。

2008 年 12 月，前线并入民主党，前线召集人刘慧卿则当选副主席。

（七）民权党（Citizens Party）

民权党是在 1997 年 5 月由立法局独立议员陆恭蕙建立，陆恭蕙兼任党主席。民权党的筹组工作开始于 1996 年 5 月，成员的社会来源比较宽泛，有公务员、大学教授、影视导演、中学教师等，港区全国人大代表廖瑶珠对民权党的筹组给予支持。陆恭蕙在 1997 年 5 月召开的执委会选举中当选为党主席，她强调民权党的长远目标是要取得议会多数席位，通过普选达到执政。民权党的政纲比较全面，涉及政治、经济、环境、教育、医疗等各个方面，其中政治方面的内容如下：1. 赞成与中方在公开与开明之基础上建立沟通，但以特别行政区政府为首要沟通对象；2. 赞成最终由普选产生代表来管治香港，并以执政为目标；3. 有需要时可修改基本法，但会先争取共识；4. 推广一个具竞争性但又不含敌意的政治文化；5. 建立公平社会，每人都能发挥所长，香港人应有更多权力影响决策；6. 保障市民的知情权及质询的权利。民权党提出要成为香港的执政党，主张香港立法机关应有制定政策等更多的权力，陆恭蕙曾提出不排除将来竞选香港特别行政区行政长官。

为增加在香港政坛上的影响力，陆恭蕙成立了民权党，并宣布参加 1998 年的立法会选举。在 1998 年立法会选举中，陆恭蕙为民权党赢取了 1 个议席。对于 2000 年立法会选举，她决定不竞选。陆恭蕙退出政坛，陈启宗接任民权党主席。除要求香港进行民主改革以外，民权党集中于反歧视和与环境保护有关的问题，它要求创立红灯区和为平等机会立法。陈启宗曾经参加 2003 年区议会选举，但最终落败。民权党其实是陆恭蕙的“一人党”，其组建很大程度上是靠陆恭蕙的影响力，组织力量薄弱，群众基础不扎实，陆恭蕙退出政坛决定了民权党难逃消亡的命运。2008 年 5 月 9 日，民权党在报纸上刊登自动清盘通告，完成最后清盘手续，正式结束运作。

四、香港政党的壮大阶段（进入 21 世纪以来）

进入 21 世纪，香港的政党演进、政治发展进入了新的历史时期，2003 年的“七一事态”、2005 年特别行政区政府政改，以及 2007 年全国人大常委会就香港政制发展问题作出的决定等，都对香港政治生活产生了重要影响。进入新世纪以来是香港政党的壮大阶段，这体现在两个方面：一方面是政党的数量逐步增加，全民党（2005 年 3 月）、公民党（2006 年 3 月）、新民党（2011 年 1 月）等新的政党产生，而且这一时期的新生政党直接体现政党特征，如以党命名、提出执政目标等；另一方面是出现政党的优化组合，民主建港联盟与香港协进联盟在 2005 年合并，民主党与前线在 2008 年合并。

（一）全民党（The People's Party）

全民党于 2004 年 11 月完成了注册程序，2005 年 3 月正式成立，以传统左派专业及商界人士为骨干，秘书长为卢重兴（中国银行香港特殊资产部总经理）。核心成员包括亚视前任行政总裁封小平、修身堂主席张玉珊、港区人大代表简福饴大律师、民航处前任处长乐巩南及城市大学法律学院梁美芬等。全民党起初实行集体领导制，未设立主席和副主席等职位。秘书长卢重兴表示，他们组党是因为觉得香港回归以来，经济下滑，社会分化及不稳定，政府弱势，所以希望团结各阶级，维护香港高度自治。全民党的宗旨是促进香港的政治及经济平稳发展，培养参政治港人才。全民党提出要争取成为香港的执政党。卢重兴强调：“我们不是论政团体，是参政政党，将来会争取做执政党。”2006 年 3 月，全民党召开党员大会，通过修改党章设立正副主席之职，完善该党的组织架构。会议选举了中央委员和候补中央委员，然后由中央委员会全体会议选举主席、副主席及中央常务委员会。会议同时通过纪律委员和设立监察委员会。中央委员会选出了卢重兴为首任主席，杨麟振、姚征为副主席。朱嘉明、林乐、姚柏良、麦伟贤、杨汉源、魏伟峰六位为中央常务委员会委员，主持日常党务。

在其“成立宣言”中指出，全民党是以中产阶级为主体，团结香港各阶级市民，为实现自身的基本和长远利益而成立之民主政党。全民党的宗旨是维护香港的高度自治，促进香港经济和政治的持续平稳发展，培养和造就一批具有参政和执政能力的治港人才。

全民党党徽

全民党的党徽是两个人肩并肩站在一起，象征该党致力推动全港市民同心同德、团结一致，携手为香港的繁荣稳定而努力。党徽内同时隐含了由全民党的英文名称People's Party的头两个字母“PP”重迭组成，设计充满活力。党徽以紫色为主，意念来自代表香港的洋紫荆。紫色同时是尊贵、优雅的象征，正好代表香港这颗闻名于世的“东方之珠”，拥有世界上无可替代的尊贵地位。

全民党发布的“成立宣言”很大程度上阐释了其政纲。

关于香港与中央的关系，全民党在其“成立宣言”中提出，拥护“一国两制”，认同香港特别行政区政府的权力来自中央政府授权，认同香港在《香港基本法》框架下实行的高度自治。香港实行的是资本主义制度，作为香港的政党，他们立足于搞好香港的政治和经济建设，同时尊重内地的社会制度。他们赞同在“一国两制”的模式下，发展内地和香港更紧密的经济合作，共同繁荣两地的经济生活，建设一个包括台湾在内的繁荣和强大的祖国。

关于香港的民主发展问题，全民党在其“成立宣言”中提出，以普选行政长官和立法会议员为目标的民主政治是《香港基本法》赋予港人的权利，是香港实行高度自治的体现。认为应为香港政党政治创造条件。政制的发展，不能违背《香港基本法》的精神，必须建立有利于制约政府和监督行政长官和政府权力的机制。权力的分配必须公平合理，照顾不同阶级的利益。

关于经济政策，全民党在其“成立宣言”中提出，香港经济面临的最大问题是尚未确立适合的新经济结构。在传统的工业大量北移以后，香港逐渐丧失世界性的新经济产业方面的竞争力。主张利用香港边境大量的闲置土地，创办新的创新经济产业园区，制定具有吸引力的投资政策，同时制定一系列例如人口、税务、环保、城市规划等配套政策，吸引全世界企业包括内地国有和民营企业投资。只有推行创新经济产业，香港才能从根本上解决高失业率和竞争力弱化的结症，才能继续保持和强化其在亚洲的第三产业中心（金融、信息、商贸服务、航运）的地位。全民党将全力以赴推动和促进政府为经济转型作出有益于香港经济前途的政策和实施方案。发展经济、改善民生应该是香港社会生活的主要目标。是否为达到这一目标而有所作为，是衡量特别行政区政府和政治人物表现的基本标准。全民党愿与所有港人——不分意识形态、社会地位、文化背景——共同缔造香港美好的未来。

全民党在其成立宣言中还提出，香港的前途与每个人休戚与共。全民党希望营造香港祥和融洽的社会气氛，提倡互相包容的精神。香港应该允许多元声音的存在，维护言论自由，尊重不同意见，反对蛮不讲理的语言暴力和一切可能导致港人分化的不负责任的言行。

（二）香港民主建港协进联盟（Democratic Alliance for the Betterment and Progress of Hong Kong，新“民建联”）

香港民主建港联盟在2005年2月16日宣布和香港协进联盟合并，合并后的组织，定名为香港民主建港协进联盟，仍然简称“民建联”。民建联和港进联因政治立场比较接近，多年来建立了紧密的合作关系。双方都认为，两个团体的合并有利于优势互补，令组织更具代表性，将更有效地吸纳和培养治港人才，壮大爱国爱港力量。虽然港进联在2004年立法会选举中几乎全军覆没，党的影响力已经很小，但港进联内部仍有人对两者的合并持反对意见，有10多名党员即时退党，以示抗议。民建联和港进联的合并在社会上引起广泛关注，不仅在于所谓的爱国爱港力量因此进一步壮大，而且由于这一跨越草根及工商业阶级的政党整合，对于香港政党政治的成熟发展，推动形成平衡、和谐、有建设性的政治生态，都具有积极正面的意义。合并后的民建联在2005年5月31日举行了第八届中委会和第一届监委会选举，顺利选出新一届领导层。马力蝉联民建联主席，4位副主席为立法会党团召集人刘江华、原港进联副主席谭惠珠、原民建联副主席叶国谦和原民建联副主席谭耀宗。两个团体负责人表示，合并后的"民建联"将继续积极参政议政，广泛联系各阶级市民，为香港特别行政区的稳定、和谐、发展，为中华民族的振兴作出更大贡献。该政党支持全面落实《香港基本法》，目标是实现"一国两制"、"港人治港"。理念是高度重视和致力维护香港的民主、法制、人权、自由；主张香港的政治制度一定要按照《香港基本法》的规定，循序渐进地发展至最终的普选目标；并致力于发展香港经济和维持社会的稳定和谐，大力促进香港与内地的经济合作，维持良好及公平的经商环境；关注社会民生，推动公平合理的公共政策，让各阶级市民能安居乐业，弱势社群得到合理照顾。

2007年8月8日，主席马力因结肠癌于广州病逝，由谭耀宗暂为署理主席。针对立法会香港岛区的民选议席之遗缺，民建联最终决定不派人参加立法会港岛选区补选，2007年9月27日，改为支持友好人士叶刘淑仪参选，导致民建联于立法会中的议席减少1席，剩下11席。2007年8月28日，民建联选出谭耀宗为新任主席。

在2007年香港区议会选举中，民建联共取得115议席，当选率为66%，是创党以来夺得最高数额的区议会议席。成功原因大致有以下三点：其一，民建联在上次区议会选举大败后，继续加强他们的地区工作，在4年以后，时移世易，大气候已经不再对他们不利。其二，民建联竞选的全港政纲是"家和万事兴"，而竞选口号就是"实事求是，为您做事"。竞选政纲和口号务实，贴近港人。其三，民建联总共派出177人参选，参选成员平均年龄为45岁，40岁或以下占35.6%，最年轻者为21岁，学士或以上文化程度占45.8%。可见，民建联这次参与区议会选举比较注重参选人员的文化素质和年龄层次。

在2008年立法会选举中，民建联也取得不菲成绩。民建联于5大地方选区及区议会、渔农界、进出口界也提名候选人参选。其中在"新界"西进一步与工联会分拆名单。除了现任的立法会议员外，由前主席曾钰成空降港岛排第一名，九龙西由九龙城区议员李慧琼接棒排第一名，“新界”东则由前行政长官办公室特别助理陈克勤取代李国英。区议会界别由叶国谦再一次披挂上阵。但由于叶国谦在区议会界别胜出，补回1席，故民建联的席次保持为10席，如果将以工联会名义参选的3人计算在内，民建联的议席为13席，为议会最大党。

民建联的组织发展方向是成为“全方位”政党，人员构成横跨香港社会工商界、专业界和劳工界各个阶级，政策主张以香港居民的整体利益为依归，显得比较成熟和持重。党主席谭耀宗表示要学习新加坡人民行动党建设的经验，加强民建联的自身建设，为香港社会更好地服务。①

（三）公民党（Civic Party）

公民党是由以“基本法45条关注组”② 为基础的法律界人士（陈文敏、张健利、余若薇、梁家杰、李志喜、吴霭仪和汤家骅都是大律师；张达明和帝理迈是律师；陈文敏和张达明均在香港大学教授法律。戴大为于香港中文大学教授法律及公共行政，同时也是美国律师；陆恭蕙拥有法律学位，现为民间智囊思汇政策研究所有限公司的行政总监）及其他专业人士组成，2006年3月19日宣布正式成立，资深大律师兼香港立法会议员余若薇出任党魁，主席是香港中文大学政治及行政学系主任关信基。公民党以慈善机构惯用的担保有限公司形式注册，根据公司注册处文件，公民党的入党费只需300元，但入党过程严格，有意加入者先成为支部会员，经一年观察期及获两名会员推荐，才可正式入党。公民党的口号是“为公为民、香港精神”。党员不多，目前是立法会内的第三大党。

公民党的党徽由英文Civic（公民）中的两个C组成，绿色和白色，

---

① 2009年7月6日笔者随领导拜会民建联谭耀宗主席时的座谈记录。

② “基本法45条关注组”原为“基本法23条关注组”，由一批法律界人士关注政府就《香港基本法》第23条立法组成，“关注组”反对政府的草案，于第23条立法争议期间行动积极，因此关注组成员在2003年7月1日游行后一炮而红，成员余若薇更被有些港人誉为“民主女神”。后继续积极参与政制改革问题，关注基本法第45条关于行政长官的产生办法，因而更名为“基本法45条关注组”。“45条关注组”成员在全国人大常委会2004年释法后，穿上黑衣上街游行，反对人大释法。

再配以紫色作为党徽主色。吴霭仪形容党徽图案有如“左手攀日月、右手抱婴儿”，与该党意念一致，就是在接触中上阶级人士之余，也不忘照顾社会上的弱势群体。之所以采用绿色、白色和紫色作为党徽的颜色，是因为公民党创始人期望香港的行政长官、立法会“双普选”早日到来。①

公民党党徽

公民党提出三大政纲：一是2012年双普选，取消委任区议员；二是推动区议会改革，“地方行政，地方话事”，强化地区管治；三是推动持续发展，优化环境。公民党期望成为执政党。

公民党第一任（2006—2008年）领导成员为：关信基（主席），张超雄、黎广德（副主席），郑宇硕（秘书长）。第二任（2008—2010年）领导成员为：关信基（主席），黎广德、梁家杰（副主席），陈家洛（秘书长），党魁是余若薇（2006—2011年）。

2006年10月3日，香港公民党执委会推举党员梁家杰参加香港第三任行政长官选举。在789名选举委员会②委员中以无记名方式，就曾荫权、梁家杰两名符合资格候选人进行投票。经过近3个小时的投票和点票，选举主任冯骅法官宣布，在772张有效票中，曾荫权获得649票，梁家杰得到123票，曾荫权得票超过有效票半数当选。虽然香港公民党在此次行政长官选举中败北，但公民党参选意义非同小可。在香港众多政党中，公民党是第一个选派成员角逐行政长官职位的政党，标志着香港政党积极

① 英国在19世纪末出现一种以绿、白、紫三色为主的精致珠宝“Suffragette Jewellery”（争取选举权者的珠宝），当时支持妇女平等地拥有选举投票权者，都会戴上有关珠宝以示支持，结果她们终在1918年2月首次享受投票滋味。

② 选举委员会是香港选举制度中的间选团体，是现时负责选出香港特别行政区行政长官、2000年前并负责选出部分香港立法会议席的组织。现在选举委员会共有800名委员，分别代表香港社会中的38个“界别”。其中200人来自工商、金融界，200人来自专业界，200人来自劳工、社会服务、宗教等界，其余200人为立法会议员、区域性组织代表、香港地区全国人大代表、以及香港地区全国政协委员的代表。各个界别分组成员，由上述界别分组投票人投票选出。各个界别的划分，以及每个界别中何种组织可以产生选举委员的名额，由香港特别行政区根据民主、开放的原则制定选举法加以规定。选举委员会是以个人身份投票，而选举委员会每届任期5年。

拓展参政空间已有新的路向。

2007年11月18日，公民党首次派人员参与地区议会选举，在12个区议会中竞逐42个席位，最终8人当选。2008年9月7日，公民党首次参加立法会选举，派出19名党员竞逐5个地区直选及4个功能界别议席，最终5人当选。

2011年1月，公民党举行成立5周年党员大会，改选领导层，香港浸会大学政治及国际关系学系副教授陈家洛以81对70票，击败郑宇硕，当选公民党主席。党魁则是九龙东民选立法会议员、资深大律师梁家杰，外务副主席为长春社前主席黎广德、内务副主席为身兼法律界立法会议员的大律师吴霭仪，秘书长则是在香港明爱服务的注册社工赖仁彪。

（四）社会民主连线（League of Social Democrats）

社会民主连线，简称“社民连”，是香港一个激进民主派政党。激进民主派人士包括立法会议员陈伟业、梁国雄（绰号“长毛”）以及区议员陶君行和曾健成等，因民主党及公民党倚重中上层，决定成立面向基层和弱势社群的社会民主连线。他们在2006年4月举行会议研究定位和路向，并在“五一劳动节”当日宣布成立筹委会。2006年10月1日，社民连正式成立。该政党以社会民主连线命名，是希望通过全民参与的民主实践，使社会经济资源能更合理地分配；通过社会共同承担对弱势社群及基层市民的关顾，改善贫富悬殊、使劳工阶级和弱势社群能更有尊严地生活，也使香港能成为一个贴近西方先进地区的高水平社会。社民连利益表达的社会定位是社会基层，主张“旗帜鲜明地捍卫基层利益”。社民连的立足点是在推进民主的同时，关注民生的改善，尤其是解决基层市民的生活需要。在香港政界，社民连是唯一清晰地表明其政治意识形态理念的政党。

社民连党徽

社民连以红玫瑰为党徽。红玫瑰是社会民主及工人运动的传统标志，它更是反专制独裁的重要象征。红玫瑰代表人文主义的精神，其中包括社会公义、自由与平等。自红玫瑰被社会民主派采纳为官方标志以来，在过去的数十年间，世界各地的社会民主政党及组织均广泛使用。过去各种代表社会民主主义的标志，都过份偏重男性的参与，红玫瑰正好迎合新时代女性参与社会运动的趋势。他们相信红玫瑰是爱与希望的象征，表达人性的光辉，坚持争取建设更美好世界。他们将以和平创新手法，为香港社会争取民主与公义，并广泛邀请吸纳各界参与，共同为此信念奋斗。

社民连于 2006 年 10 月 29 日选举第一届行政委员会，时事评论员黄毓民当选主席，两位均来自医务界的前立法会议员麦国风及劳永乐当选副主席，而党秘书长则由黄大仙区议员、前线前秘书长陶君行出任。社民连提出十分全面的政纲，内容涉及基本价值、政制发展、经济政策和社会政策等方面。

关于香港民主发展问题，社民连反对立法会的功能团体选举。他们认为立法会的功能界别议席选举已经暴露了“小圈子选举”衍生的许多问题，如将选民分门别类，在全港“合格选民”（qualified electors）中制造不公平。而且选民的涵盖面狭窄，只以部分职业、行业作界定，这样过分强调功能界别利益，只会造成社会分化，由有权有势的少数，剥夺无权无势的大众的利益。他们认为这种为了保护施政当局可以行政主导的模式，使选举机制变得复杂，形成小圈子的政治权力垄断。一些功能界别候选人，长期没有竞争对手，因此也不会对所属界别的成员负责，也不会表现出积极推动改善公共事务的动力。社民连认为根据过去立法会议案的投票结果，功能界别议员在投票取向上，与政府立场往往一致，对政府施政难以发挥制衡及监察的作用。“均衡参与”的论述背后，实质指的是要维持小圈子（尤其是工商界）对政治权力的垄断。社会民主连线主张行政长官、立法会由普选产生，推进民主步伐。

关于经济社会发展问题，社会民主连线认为自由主义衍生自由放任的经济政策存在诸多问题，尤其在市场出现垄断局面时，政府应一定程度地介入。政府的介入，旨在建设公平的竞争环境，避免小部分财团控制大多数企业及财富。就香港的情况而言，单头及寡头垄断随处可见，政府必须制定“公平竞争法”，确保市场的公平竞争，防止市场由大财团垄断，减低因控制供应谋取暴利的机会，令资源有效配置，促进中小企业的发展与成长，将选择权还给消费者。为防止导致“M 型社会”的出现（即富人和穷人两极人数偏高，中产阶级的无产阶级化而令中产人数不断减少)，政府应增加对公用事业的承担，并应通过累进税等手段将富人的财富分配给低下层，也在这过程中造就一群工作受到保障、服务于全体市民的中产阶级。

社民连的工作重点是基层中组织市民，参与影响政府的政策，改善民生。他们以较多的资源投入地区工作及群众组织，也与其他基层组织、工会和民间团体保持联系，以互不从属的关系互相支持、共同行动。作为一个政党，社民连的必然角色之一，是通过参与选举，进入建制，但议会参与并不是香港民主运动的全部，而只是其中的一条战线。他们认为议会席位只是民间力量影响政府政策和公共事务的一种途径，但要推动香港社会走向更公平更民主的道路，必须通过市民直接参与改善社会现状；通过不同市民关心的民生课题，将其引入各种各样的集体民主参与，是最有效提高市民民主意识、令香港市民孕育广泛民主觉醒的途径。

2007年11月，社民连派出30人参加2007年香港区议会选举，最终取得6席。2008年1月28日，第二届行政委员会选出20人（13人为行政委员），黄毓民任主席，区议员陶君行任外务副主席，前立法会议员麦国风任内务副主席（行政），李伟仪任内务副主席（组织发展）。在20名行政委员会成员中，20—40多岁的占七成，实现政党领导层的年轻化。2008年7月，社民连成立九龙西临时竞选总部，并派出6位党员参选2008年香港立法会选举，分别是陈伟业（“新界”西)、梁国雄①（“新界”东)、

① 梁国雄是香港知名激进民主派人士，外号“长毛”，他的长发及常穿的“切·瓦拉”衬衫成为了他的招牌。他原属的压力团体“四五行动”，经常在香港各大小示威活动出现。然而，他鲜明的形像却成为香港的标志，并记载于外地的香港旅游指南中。因此，一些游港的外籍人士会刻意到兰桂坊寻找这位狂热分子，与他论尽天下事。长毛在金文泰中学毕业，他自幼随母加入左派工会，中学时代参加“毛派”学生运动。毕业后他曾担任酒保、地盘工人等基层职业，体会到基层人士的生活。他政治立场的形成与少时的经历有很大关系。2004年通过地区直接选举当选立法会议员，但他在立法会宣誓前，大声狂呼口号，并拒绝在誓辞上签名。2006年10月，梁国雄在社会民主连线第一届行政委员会选举中当选行政委员会常委。2007年12月底，梁国雄、陶君行两人于全国人大常委会副秘书长乔晓阳访港到礼宾府演讲时，在门外烧车胎抗议，受干预时推撞两名警员，造成警察轻伤。2008年1月中旬，梁国雄，陶君行被裁定袭警的案件，在东区裁判法院宣判。梁国雄被判120小时社会服务令，陶君行被判100小时社会服务令。

黄毓民和李伟仪（九龙西）、陶君行（九龙东）及曾健成（港岛区）。最后陈伟业、梁国雄成功连任，黄毓民也以高票首次进入立法会。2008年10月，黄毓民与梁国雄、陈伟业及社民连两位党员陶君行、李伟仪组成立法会党团。

社民连的最新动态是黄毓民退党，由此引发社民连最大的分裂危机。2011年1月，社民连创党主席黄毓民宣布会联同立法会议员陈伟业双双退党，更号召一班支持者共同进退。但据悉，陈伟业早前已联同选民力量、前线及神州青年服务社等3个组织组成“人民力量”，目的是在11月区议会选举中狙击民主党。人民力量于4月举行造势大会。自从陶君行2010年2月接任党主席后，社民连一直陷于内斗，近来更因多宗细微事件，例如陈伟业是否缺席党团会议、有人为社民连作公司注册是否获得授权等，引发激烈斗争，终在黄毓民牵头下爆发大型退党潮。黄毓民及陈伟业于2011年1月23日在荔枝角社区会堂举行集思会，原本只能容纳450人的会堂，座无虚席，主办单位表示有逾600人参加，其中近2/3是党员。两人即席宣布退党，并询问会员是否跟随，全场差不多都举手示意，更多次高喊“退党退党”。因涉嫌强奸而久未露脸的“维园阿哥”任亮宪亦有现身，但没回应记者提问。会后，黄毓民阐释退党有三大导火线：其一，与陶君行就区议会选举是否狙击民主党，立场出现极大分歧；其二，副主席吴文远未经党大会通过，私下注册“社会民主连线”及“新社会民主连线”两家有限公司，但至今未有合理解释；其三，不满任亮宪涉嫌强奸一案上，党内出现“未审先判”，但陶君行未有阻止。黄毓民更在会上向支持者道歉，声称自己有眼无珠找错接班人。陶君行晚上发表声明，不点名指责有人把区选部署、有限公司注册等问题“上纲上线，动辄抹黑”，使双方都失去信任。①

---

① “黄毓民倒戈 社民连分裂伙 陈伟业牵头退党 长毛未有决定”，http：//news.hk.msn.com/local/highlight_article.aspx?cp-documentid=4833147，登陆时间：2011年2月1日。

(五) 民主党 (新)

2006年公民党、社民连的成立，外部政治生态的演变使民主党在争取中产阶级及激进支持者的支持中遇上强劲对手。民主党通过与前线的合并，壮大了自身的实力。2008年10月9日，民主党中常委罗致光回应《明报》询问时，承认民主党中委会通过合并前线的决定，将于2008年12月实行，而两党在10月12日举行记者会，并由民主党主席何俊仁及前线召集人刘慧卿共同宣布进入合并程序，两党合并将会在11月完成，而民主党将邀请全体前线成员加入，并成为基本党员。香港民主党与前线先后于11月6日与23日表决通过合并，两党随即于12月初进行领导层改组。主席何俊仁以93%的信任票连任，新加盟的前线召集人刘慧卿则高票当选副主席，她也成为民主党历史上第一位女性副主席。由于两党合并后民主党的议席将会增加到9席，有分析认为，这将会增加两党的民意基础以及两党在立法会的实力。但外界普遍相信，这一"合并"是民主党对仅有110多人的前线的一次吞并，前线极可能如当年的汇点一样淹没在民主党中。民主党与前线的合并，成为香港反对派政党自香港特别行政区成立后最大规模的整合活动，新民主党成为反对派阵营中的第一大党。

民主党在香港政坛最新、最轰动的动作是支持政府的2012年政改方案，保证政改方案在立法会顺利通过。经过三个月的广泛咨询，香港特别行政区政府在2010年4月14日发表了"2012年行政长官及立法会产生办法建议方案"，并定于6月23日将2012年政改方案提交立法会表决。香港特别行政区政府建议2012年立法会选举增加10个议席，其中新增及原有共6个区议会功能组别议席，将由民选区议员以"比例代表制"互选产生；选举特首的选委会人数将由800人增至1200人，而政界新增的100个选委席位中，民选区议员占7成半。港府并计划在政改建议方案基础上，按各界意见做出适当调整。民主党对此政改方案提出建议，立法会新增的5个功能界别议席由民选的区议员提名，然后由目前在功能界别没有投票权的登记选民一人一票选出。按照这种安排，每名选民在立法会选举中都有两票，一票投地区直选议席，一票投功能界别议席。香港行政长官曾荫权在2010年6月21日出席行政会议特别会议后宣布，行政会议已接纳民主党提出的政改改良方案。民主党在6月21日晚举行会员大会，以大比数通过支持政改方案。民主党在6月22日发表《致全港市民书》，阐述了对政府新修订的2012政改方案投支持票的理由：第一，民主党和广大市民要矢志继续争取2017和2020落实真正的双普选，包括在取消功能组别的同时，也不要放弃取得阶段性的实质进步成果。2012修订方案使立法会扩大了民主成份，可使香港突破现时的政治僵局，使未来的民主抗争有更大的空间和更有利的条件。第二，倘若一再否决政改方案，只靠街头抗争不见得会有其他的出路。再困在僵局中面对不断恶化的社会撕裂，只会使支持民主的主流社会群众感到无奈和厌倦，从而舍弃对民主的长期支持。这对香港的长远民主发展是不利的。第三，新增的5大功能组别会否合理和美化功能组别制度呢？绝对不会。首先，任何形式的功能组别只是向2020年普选立法会的过渡安排。这是香港政府对联合国人权委员会的承诺。其次，这5大组别从320万人中选出5位代表，更彰显了现时从几百人中选出或经常自动当选的功能组别的不公。市民的眼睛是雪亮的，要信任市民。第四，他们和广大市民在民主抗争的道路上已走了20多年了，大家风雨并肩、互相扶持，寸土必争，一步一个脚印地把民主空间逼了出来。在未来的日子里，要更坚定和团结地利用社会抗争、议会压力和对话谈判的途径继续争取民主。民主派之间策略的分歧不应造成分裂，判断的不同也不会破坏整体的团结和互相的尊重。因民主党在政改问题上与政府合作，从而保证立法会议员对政改方案投赞成票总数超过40人。香港特区立法会分别在6月24、25日均以超过全体议员总数2/3的多数票赞成，先后通过了关于2012年行政长官和立法会产生办法的修订议案，从而通过了香港2012年政改方案。

还需要提及的是民主党的何俊仁、刘慧卿及张文光三名核心要员，在2010年5月24日就政改问题与中联办副主任李刚会面，此事被媒体称为历史性的“破冰之旅”。这是20多年来首次有民主派成员与中央官员作正式接触。会面长达两个多小时，李刚会后举行记者会介绍与民主党见面的情况，这也是回归以来的首次。民主党这次之所以鼎力支持政改方案，中央政府与民主党之间的关系得到改善应是十分重要的因素。

民主党内部对支持政府的政改也存在分歧，不支持政府政改方案的郑家富宣布退党，结束了16年的民主党党员生涯。香港民主党部分现任及前任成员在2010年10月2日成立新民主同盟，争取“真普选”。新民主同盟成员在民主党内时，多为被视作“改革派”人士，多数也不同意民主党对2010年政改方案的立场，并认为民主党当初应该参与“五区公投”运动。不过，他们称这并不等同于民主党改革派成员集体退党的行动。而事实上，民主党个别成员自行成立社会运动组织，并身兼多个组织身份的情况并不罕见。起初，他们称自已将继续留在党内，维持党内的多元声音和民主包容的文化。民主党主席何俊仁对此公开回应，说只要党员不严重违反党纪，会接受包容。但在新民主同盟正式进行社团注册后，民主党将新民主同盟视作政党组织，并且不接受党内成员同时为新民主同盟成员。同年12月18日，有多达30名民主党改革派成员宣布于翌日退党，其中包括新民主同盟除林少忠外所有的区议员，及民主党前副主席陈竟明等人。

(六）新民党（New People's Party）

2011年1月9日，香港新民党正式成立，党主席由立法会议员叶刘淑仪担任，新民党副主席为不久前退出自由党的田北辰和“汇贤智库”的副主席史泰祖。新民党的组织基础是汇贤智库。汇贤智库是由一群曾在或仍在美国留学或工作、却心系香港的港人在2006年创办。曾经旅居海外的香港人都体验到，他们在异地生活最大的乐趣，就是与香港友人聚首一堂，一边吃香港菜，一边谈香港事，畅所欲言。智库的诞生，源自于他们一个强烈的愿望——把他们在彼邦所学及累积得来的宝贵经验用于香港，使港人的生活更加美好。汇贤智库的萌芽始于叶刘淑仪和陈岳鹏两位公共政策热爱者对香港政制和未来路向的热切讨论。

新民党党徽以英文名New People's Party的首个字母N为主体，强调新民党锐意革故求新，期望能为香港带来一片新气象。N字形似石柱，象征新民党致力于扎好深厚根基。他们以博大精深的中国文化为基础，揉合中西，放眼世界，推动香港社会进步，并以服务香港市民、为他们争取更理想的生活为长远目标。党徽中心的图案由两片红色的紫荆花瓣交迭而成。紫荆花是香港的标志，代表新民党扎根香港。花瓣形似两团火焰，有薪火相传、生生不息之意。两片花瓣亦犹如紧紧相握的一双手，寓意新民党会抓紧社会脉搏，亲近民心，与市民大众同步向前。新民党的党徽体现了其“亲近民心，革故求新”的口号。

新民黨
New People's Party

新民党党徽

新民党的政策纲领明确宣布，该党的三大宗旨之首是，为香港建设“健全的民主制度”。新民党建议全面普选，采用“一人两票”模式，建议由执政联盟组成特区政府，并增设副政务司长辅助协调政策局。香港新民党以香港商人及前高官为基础。党主席叶刘淑仪表示，新民党在筹组初期希望以中产阶层选民及公务员为服务对象，但随着党组织的扩大，希望将服务范围扩大到社会各阶层。叶刘淑仪说，新民党将派出8—10人参加年底的区议会选举，并积极参与立法会选举，但她本人不会参选区议员，暂时也没有竞逐行政长官的念头，但不排除新民党将来转为执政党或参与执政联盟。在新民党的成立典礼上，多名现任港府高官及前政务司长陈方安生等人到场致贺。叶刘淑仪女士在新民党成立典礼上披露，促使她组党的动因是2012年政改方案通过，她明白未来参政必须以政治团体为依托。她也曾说，2010年下半年，汇贤智库代表与公民党成员角逐香港岛南区一个区议员空缺失利，使她明白以政党面目出来竞选会较有利。

第二章

香港政党演进的特性

香港政党的产生和发展是经济、政治、文化、社会等多种因素作用的结果。就经济因素而言，从 20 世纪 60 年代以来，香港经济保持高速的发展水平，这促使香港的城市化、工业化、教育、文化和大众传媒达到较高水平，而这些都有益于民主的滋生。[①] 随着香港经济的发展，港人为了保护和扩大已有的利益，提高自身的社会地位，希望有组织的政治力量能够在政治发展过程中代表或反映自身的利益要求。[②] 就政治因素而言，香港政党的产生和发展是中英双方关于香港未来的谈判、英国推行"非殖民化"等引起香港政治生态变化的结果。香港回归中国，激发港人政治参与热情。英国推行"非殖民化"，搞代议制选举，为政党的组建提供了契机。就文化因素而言，香港居民的文化水平整体来说比较高，很多人接受西式高等教育，有的港人在西方国家学习、工作过，对西方政党政治的运作比较熟悉，易于接受西式政党文化。刘兆佳先生的调查也表明："教育水平较高的被访者，较为赞同香港人组织政党、较为愿意参加或支持政党的活动、较不认为政党之争会引致社会不稳定"[③]。在 20 世

---

① Alvin Y. SO，*Hong Kong's Embattled Democracy*：*A Societal Analysis*，The Johns Hopkins University Press，1999，Introduction.

② 张定淮：《面向二〇〇七年的香港政治发展》，（香港）大公报出版有限公司，2007 年版，第 149 页。

③ 刘兆佳：《过渡时期香港政治》，（香港）广角镜出版社有限公司，1996 年版，第 289 页。

纪 80 年代中期有关学者对香港居民“政治文化”的研究也显示，民众对政府的态度已出现明显变化，对政府的要求大为提高，相信政府在解决个人所遇到的困难和问题方面有不可推卸的责任，这与过去反求诸己，或反求诸家庭的态度不同。[①] 就社会因素而言，经济的转型[②]促进香港以专业界人士为主体的中产阶级[③]的迅速成长、崛起，中产阶级是“智力阶级”，政治参与能力较强，特别是其中的教师、学者、社会工作者等服务性的专业人士倾向民主，[④] 并成为香港政党产生和发展的主要组织力量。

经济、政治、文化和社会等因素对政党的产生和发展都起到重要作用，而其中政治性因素是主要的。香港在 20 世纪 80 年代初出现政团、在 90 年代出现政党，这是港英搞“非殖民化”策略作用于香港社会的结果。香港政党的产生不仅有香港社会内因起着决定性作用，还有来自香港社会以外的因素起着激发作用。这种外部因素，不仅来自英国，也来自中国大陆。“中国政府初期对于在香港成立政党有所保留，但随后中国政府的态度开始软化，个中原因是中国政府认为需要扶植一些支持北京和爱国的政党，协助团结港人，并以之抗衡声势日大的民主派。”[⑤] 在来自内外部各种因素影响下，香港政党的演进呈现以下几方面的特性。

---

① 雷竞璇：《香港政治与政制初探》，香港商务印书馆，1987 年版，第 17 页。

② 香港经济在 20 世纪 70 年代逐步从以劳动密集型为主的中小型加工制造业发展到重视资本、技术和管理的多元企业化的转变过程。到 20 世纪 90 年代，香港已发展成为国际金融、贸易、运输、资讯和旅游中心，服务业成为香港经济的支柱。

③ 中产阶级的定位问题一直没有定论。香港的中产阶级可以定位为介于掌握社会主要权力、财富的官商阶级和劳工阶级之间的一个多元化社会组合，包括专业人员、行政人员、政府中下级雇员、高级技术人员和中小企业主等。

④ 香港的中产阶级分为服务性的专业人士（例如教师和社会工作者）和公司的专业人士（例如经理和会计）。前者倾向民主，但后者中的大部分人反对民主。See Alvin Y. SO，*Hong Kong's Embattled Democracy*：*A Societal Analysis*，The Johns Hopkins University Press，1999，preface.

⑤ 卢兆兴：“宪制大会及宪法惯例与政治改革”，陆恭蕙及思汇政策研究所：《创建民主：缔造一个优良的香港特区政府》，香港大学出版社，2003 年版，第 67 页。

一、香港政党产生背景的外部性

香港居民具有政治冷漠的特点，这在很大程度上是“难民心态”作用的结果。这种政治冷漠其实包含着“政治过敏症”的相反原因，是对政治过度敏感，以至敏感到完全拒绝政治的程度。① 此外，香港居民大多来自广东等内地省份，移居香港的华人事先就知道自己在香港的身份是被殖民管治的对象，这也是造成香港居民对政治冷漠的重要原因。中英两国在 1984 年签署《中英联合声明》确定香港主权回归中国的事实，激起香港居民政治参与的热情，对香港政党的产生起到催生作用。

中英两国关于香港问题的谈判历时两年之久，经过双方激烈较量和共同努力后，终于达成了协议。1984 年 9 月 26 日，《中英联合声明》先由两国代表团团长周南和伊文思草签。1984 年 12 月 19 日，《中英联合声明》正式签字仪式在北京人民大会堂隆重举行，由百余人组成的香港各界人士观礼团应邀出席。中国总理赵紫阳和英国首相撒切尔夫人分别代表本国政府在《中英联合声明》上郑重签字，然后交换文本。1985 年 5 月 27 日，中国外交部副部长周南和英国驻华大使伊文思各自代表本国政府在北京交换了中英两国对《中英联合声明》及其附件的批准书，签署了互换批准书的证书。自这一天起，《中英联合声明》正式生效。《中英联合声明》确定中国在 1997 年 7 月 1 日收回香港、中国在香港设立享有高度自治权的特别行政区、特别行政区政府由当地人组成等内容。《中英联合声明》的签署，在“一国两制”下实行“港人治港”、高度自治的前景，使港人逐渐摆脱“难民”意识，香港居民第一次感受到作为独立主权国家公民的荣耀，由此产生了参与政治的冲动和热情。“中英协议减低了港人对中国政府，将来会禁止本港社会逐渐走向民主化的忧虑。于一

---

① 鲁凡之：《走向民主自治的“港人治港”》，香港北辰社·集贤社，1985 年版，第 173 页。

定程度上，这个协议是有鼓励政治团体成立的积极作用。”①

为保障国家对香港的基本方针政策的实施，1985 年 4 月，全国人民代表大会决定成立香港特别行政区基本法起草委员会，负责基本法的起草工作。起草委员会在 1985 年 7 月 1 日召开第一次会议，并决定尽量吸取香港市民的意见，决定在香港成立一个具有广泛代表性的基本法咨询委员会，并委托在港起草委员发起筹组该咨询委员会。咨询委员会于 1985 年 12 月 18 日成立，委员共 180 人，由香港居民组成。《香港基本法》的制定工作历时 5 年，1990 年由七届全国人大三次会议通过。在《香港基本法》制定过程中，很多港人参与其中，提出意见和建议，表现出高度的参与热情。《香港基本法》以法律形式确定了中央与香港特别行政区之间的关系、香港的政治经济文化等制度，确认了香港特别行政区居民中的中国公民依法参与国家事务的管理②，还确认香港居民享有比大陆居民更为广泛的权利③。《香港基本法》中关于香港居民民主权利和自由的规定，切实促使香港居民摒弃臣民观念、树立公民意识。关于香港政制发展问题，《香港基本法》第 45 条第 2 款中规定：“行政长官的产生办法根据香港特别行政区的实际情况和循序渐进的原则而规定，最终达至由一个有广泛代表性的提名委员会按民主程序提名后普选产生的目

① 郑宇硕：《香港政制及政治》，（香港）天地图书有限公司，1987 年版，第 282 页。

② 《香港基本法》第 21 条规定：“香港特别行政区居民中的中国公民依法参与国家事务的管理。根据全国人民代表大会确定的名额和代表产生办法，由香港特别行政区居民中的中国公民在香港选出香港特别行政区的全国人民代表大会代表，参加最高国家权力机关的工作。”

③ 《香港基本法》第 27 条规定：“香港居民享有言论、新闻、出版的自由，结社、集会、游行、示威的自由，组织和参加工会、罢工的权利和自由。”第 31 条规定：“香港居民有在香港特别行政区境内迁徙的自由，有移居其他国家和地区的自由。香港居民有旅行和出入境的自由。有效旅行证件的持有人，除非受到法律制止，可自由离开香港特别行政区，无需特别批准。”第 32 条规定：“香港居民有信仰的自由。香港居民有宗教信仰的自由，有公开传教和举行、参加宗教活动的自由”。第 37 条规定：“香港居民的婚姻自由和自愿生育的权利受法律保护。”第 39 条规定：“《公民权利和政治权力国际公约》、《经济、社会与文化权利的国际公约》和国际劳工公约适用于香港的有关规定继续有效，通过香港特别行政区的法律予以实施。”

标。”《香港基本法》第68条规定：“立法会的产生办法根据香港特别行政区的实际情况和循序渐进的原则而规定，最终达至全部议员由普选产生的目标。”也就是说，行政长官、立法会的产生最终将走向普选制，这就是港人所说的“双普选”。《香港基本法》对香港未来政制民主化的规划，使香港居民更真切地看到香港政治发展的美好前景，深受鼓舞的港人积极地投身于选举、结社等政治实践。

毋庸讳言，香港政党的产生和发展与部分香港居民因香港将要回归中国而产生的对未来前途的忧虑心理密切相关。“当时刚刚草签了《中英联合声明》，撒切尔夫人在楼梯上跌倒了，不知道为什么摔倒了。那个画面让很多港人都很害怕。”① 英国殖民统治将在1997年终结，“公众对香港前途的忧虑，及人们对共产主义的恐惧，也促使部分香港人采取政治行动以作回应”②。回应的措施有两种：其一是采取消极移民的办法。“1984年3月28号（英国）怡和（洋行）突然宣布迁册百慕大，在香港引起了强烈的震荡。到1990年年底，有1/3的上市公司都已经迁册海外。在香港中环繁华的街道上到处可以见到负责办理海外移民的机构。而在黑市上，去美国的护照甚至已经炒到了50万美金一张，香港人以每年6万的速度外流。”③ 在这样的背景下，美国《财富》杂志发表封面故事，标题是“香港之死”。《纽约时报》连续刊登报道，对香港回归持相当悲观的看法。美国《时代》周刊报道说：“香港虽未寿终正寝，但已流血不止。”④ 其二是积极参与政治。这是香港政党产生的政治因素，同时也是香港政党产生的心理因素。刘兆佳先生的调查显示，对中国政府的态度影响他们对政党的看法。赞成与中国政府进行对抗的被访者（只有11.3%）比较支持成立政党。⑤ “香港人希望政党能够在中国政府面前扮

---

① “香港：回望十年”，http：//www.sohu.com，登陆时间：2009年11月15日。

② 刘兆佳：《过渡时期香港政治》，（香港）广角镜出版社有限公司，1996年版，第283页。

③ “香港：回望十年”，http：//www.sohu.com，登陆时间：2009年11月15日。

④ “《财富》认错：噢！香港死不了”，http：//www.wenweipo.com，登陆时间：2009年11月12日。

⑤ 刘兆佳：《过渡时期香港政治》，（香港）广角镜出版社有限公司，1996年版，第292页。

演一些保卫香港利益的角色。”[1] 他们很可能是期望通过政党来增强与中国政府对抗的实力。香港政党成立的这个心理因素也可以解释为何香港政坛上与中央政府对立的政党一直占大多数，与中央政府友好的政党占少数。香港先有民主同盟等与中央政府立场相左的激进派政党纷纷成立，为了与民主同盟等政党抗衡，传统左派组织也起来成立了民建联等与中央政府立场一致的政党。香港政党产生、发展的历史与西方国家大体相同，先是激进力量组织起来，成立政团并发展为政党，这使保守力量感到威胁，不能不组织起来并渐次强化，于是政党和政党政治就在你追我赶的过程中，相当“不情愿”地发展起来。[2]

二、香港政党生成契机的本土性

香港一直没有政党组织，故有学者认为在港英时期对一般港人来说，香港只有自由，但没有民主。[3] 在港英绝大部分时期，香港的权力体系是封闭的，港督一直是由英国委派，代表英国统治香港。港督一直是行政局主席，并兼立法局主席（截止到 1993 年）。政府的主要官员都是由总督委任，向总督负责。行政局是协助总督决策的咨询机构，其成员也由总督委任。立法局在相当长时期内是协助总督立法的机构，自 1917 年修订《英皇制诰》起，立法局成为总督控制的立法机关一部分，[4] 但在 140 多年时间内，立法局议员都是由总督委任。港英长期采行的“行政吸纳政治”统治术在一定程度上弥补了缺乏民主的缺陷，“香港的重大创新在

---

① 刘兆佳：《过渡时期香港政治》，（香港）广角镜出版社有限公司，1996 年版，第 293 页。

② 雷竞璇：《香港政治与政制初探》，香港商务印书馆，1987 年版，第 67 页。

③ 其实在港英时期，这种自由也是有限的，很多华人小贩经常受到英国人的压迫，甚至作为华人黑社会组织的“三合会”也欺负华人。

④ 1917 年修订《英皇制诰》起文本于“在取得立法局的意见”之后加入“及同意”等重要字眼。这使立法局的性质由原来总督立法的咨询机构，变为香港立法机关必不可少的重要组成部分。

乎其周详的咨询程序，这才是本港政制的真正特色。政府深入征询民意，巨细靡遗，并在取得意见后付诸实行”①。在“行政吸纳政治”的统治术下，香港居民没有参政的权利，特别是华人基本上被排除在管治群体之外。虽然学界对政党的内涵理解不同，但都不否认政党是连接政权体系与社会大众的桥梁，具有利益表达、政治动员、遴选政治精英等功能。港英政府统治的绝大部分时期里，权力运行体系是封闭的，没有向香港社会开放，封闭的政权体系不需要政党来发挥连接社会的作用。同时，专制的殖民统治者为了便于自己的统治，也不愿港人组织起来成立政党。在20世纪80年代以前，在港英政权体系内不存在一丝一毫的民主。唯一存在选举的地方是市政局，市政局是香港首个有民选议员参与决策的公共机构，但其只是提供食物卫生、清洁街道、文娱康乐设施、管理食肆等市政服务的机构，不是政权机关。

香港的政治生态在20世纪80年代初发生了明显的变化，出现了新香港学会、汇点、太平山学会、香港论坛、港人协会等政治团体。20世纪80年代中后期，又产生香港励进会、民协等政治团体，出现政治团体产生的热潮。这些政治团体起初只是论政团体，后因参加立法局等选举而成为参政团体，有的在参选过程中逐步向政党转化而成为政党。香港的政治生态之所以在20世纪80年代初发生了明显的变化，由此掀起政治团体产生发展热潮，并最终出现政党，重要原因是英国考虑到要把香港归还中国而推行“非殖民化”、搞代议制民主，这为香港政党的成立提供了契机。

第二次世界大战后，在世界范围内掀起了一股强大的争取民族独立和解放的浪潮。在战争中元气大伤的英国，在世界上的政治、经济和军事地位都大为削弱，更难以维持其殖民体系。以1947年印度独立为开端，许多殖民地纷纷独立，大英帝国迅速瓦解。但是，英国毕竟是个老牌殖民帝国，有丰富的统治经验和政治手腕。它在不得不允许每个殖民地独立时，几乎无一例外都作了周详的计划和精心部署，或是打着“民主化”的幌子，推行代议制改革，扶植亲英势力；或是玩弄“分而治之”

① 祈理士：“香港政制：繁荣之所系”，《香港1983年：1982年的回顾》，香港政府印务局，1983年版，第12页。

的手腕，制造矛盾，挑起这些国家的民族、宗教和政党冲突。这些策略和手法，总称为“非殖民化”（decolonization）。英国对要从香港撤退早有思想准备。在国民政府时期，蒋介石曾命令顾维均向丘吉尔试探解决香港问题。中华人民共和国成立后，对清政府所签订的不平等条约也是一概不予以承认。1963年，针对国外有人对中国港澳政策提出的责难（如有人说社会主义国家竟然允许殖民地存在），中国首次公开声明，香港、澳门这类问题，属于历史上遗留下来的帝国主义强加于中国的一系列不平等条约造成的问题；对于这类问题，中国政府一贯主张在条件成熟的时候，经过谈判和平解决，在未解决以前维持现状。1971年，周恩来总理与英国东南亚专员唐纳会见时就指出，香港岛和九龙如果没有“新界”便不能存在，香港岛和九龙半岛是清政府在不平等条约下割让给英国的。中国无意在“新界”租约到期前收回香港，在“新界”租约到期后如期收回“新界”和香港，自然是不言而喻的事。周恩来向英方传递了中国政府将在26年后收回香港的信息，英方有足够的时间为从香港撤退作准备。1979年3月，香港总督麦理浩访问北京。邓小平在接见麦理浩时郑重指出，香港系中国的一部分，但我们把香港作为一个特殊地区、特殊问题来处理，到了1997年，香港问题不管如何解决，香港的特殊地位都可以得到保证，就是在本世纪和下世纪初相当长的时期内，香港可以搞它的资本主义，我们搞我们的社会主义，因此请各国投资者放心。“这次机密会谈使英政府清楚意识到九七之后不能再统治香港了”①，于是决定在香港推行“非殖民化”。1980年6月，港英政府发表《地方行政的模式》绿皮书，提出在市区及“新界”设立若干区议会，区议会中将设有民选议席，这标志着港英政府正式开始在香港推行“非殖民化”。1981年港英政府公布《地方行政白皮书》和《区议会条例》，对地区施政作出重大改革，设立地区管理委员会，把地区咨询委员会改为区议会。“以设立地区管理委员会和区议会为主要内容的香港地方行政计划，是英国自香港撤退前推行的‘非殖民化’计划的第一步，为以后推行‘代议制’改

① 陈弘毅：《法治、启蒙与现代法的精神》，中国政法大学出版社，1998年版，第287—288页。

革铺设了道路。"[①] 1982年9月英国首相撒切尔夫人访华，中英两国开始关于香港问题的正式谈判。在同中国总理赵紫阳的会谈中，撒切尔夫人阐述了英国的立场。她坚持认为英国与清政府签定的那三个关于香港的条约仍然有效，只可以通过协商加以修订，不能单方面废除。她还提出，如果英中两国政府能就香港未来的管治达成令英国议会满意和港人信任的安排，英国政府便会考虑主权问题。赵紫阳拒绝了撒切尔夫人的上述主张，并声明：中国政府决定于1997年"新界"租约届满之时收回整个香港地区。在与邓小平的会谈中，撒切尔夫人重申了英国政府的立场。对此，邓小平指出，我们对香港问题的基本立场是明确的，这里主要有三个问题，即主权问题、1997年后中国采取什么方式来管理香港和中英两国要妥善商谈如何使香港从现在到1997年的15年中不出现大的波动。关于主权问题，中国没有任何回旋余地，这不是一个可以讨论的问题。中国政府不是清政府，如果到1997年还不收回香港，就无法向中国人民和世界人民交代。关于1997年后如何管理香港，邓小平阐述了"一国两制"的构想，并指出中国政府会制定出收回香港后实行的、能为香港人民和在香港的其他投资者首先是英国所接受的政策。关于在过渡时期香港是否出现大的波动，邓小平说，如果中英两国抱着合作的态度来解决这个问题，就能避免大的波动。如果在过渡时期内香港发生了严重的波动，中国政府将被迫不得不对收回的时间和方式另作考虑。如果说宣布要收回香港就会"带来灾难性的影响"，那么中国政府要勇敢地面对这个灾难，作出决策。中国政府在香港主权问题上的坚定立场，使英国政府不得不有所退让，但英国人并不愿轻易善罢甘休。1983年3月，撒切尔夫人致函中国总理说，英国不反对中国以其对香港拥有主权的立场进行谈判，只要两国政府能就确保香港未来繁荣和稳定的行政安排达成协议，并能为英国议会、香港人民和中国政府所接受，她愿意向议会建议：整个香港的主权应交回中国。在同意把香港主权交还中国以前，撒切尔夫人已经有充分的准备。她在1983年1月的日记中写到，她自己已经对英国政府的目标作过一些根本性的考虑。鉴于中英官员之间的磋商缺少进

① 周建华：《香港政团发展与选举（1949—1997）》，香港迷思达蕾科艺公司，2003年版，第29页。

展，英国一定要发展香港的民主架构，以在短期内完成独立或自治的目标，就像曾在新加坡所做的那样。①

从1983年7月开始，历时14个月，到1984年9月，中英两国共举行了22轮谈判。撒切尔夫人于1984年1月在首相府确定了争取“香港最大程度的自治”作为英方谈判的主要目标，企图把香港变成不受北京影响的某种独立或半独立的政治实体，使香港在政制和法律条文上有能力抗衡中国的干预。为此，英方决定与中方就香港的政制、人事、司法、警务、审判、财政、金融、货币、税务、经贸、教育、出入境管制等方面的运作进行详细的讨论，要求同中方签订一份详细的协议，以确保香港现有的政治制度、法律制度延续下去。同时，英方决定利用香港年轻一代要求民主的善良愿望，加快推行代议制，建立一个由亲英人士为主导的治港班子，以便于英国在1997年后继续保持自己在香港的影响力，维护英国的利益。不可置疑，代议制度是人类社会发展的必然选择，但历史总是那么诡异，在香港提出实施“代议政制”，竟是由殖民统治的英国政府提出的。② 1984年5月15日，英国外交大臣杰佛里·豪在议会下院宣布：今后10年，香港政府将不断发展代议制。同年7月18日，港英政府发表《代议政制在香港的进一步发展》绿皮书。绿皮书在引言中指出，主要目标是要“逐步建立一个政制，使其权力稳固地立根于香港，有充分权威代表港人的意见，同时更能直接向港人负责”。为了达到上述目标，绿皮书建议在未来数年间对立法局、行政局的职能和产生方式进行一系列改革。在同年11月公布的代议政制白皮书，确认了绿皮书提出的政制改革的目标和方向，并建议非官守议员从按社会功能划分的组别中甄选出来的办法发展成一个正式的代议制度，以便从每个按社会功能划分的选民组别中选出一名或多名代表，出任立法局议员。“英方抢先在中国制定《香港基本法》之前迈出了代议政制的第一步，使代议政制的发展开了头，便不容易停下来。而且就算日后

① （英）玛格丽特·撒切尔：《唐宁街岁月》，李宏强译，远方出版社，1997年版，第488页。

② 陈鉴林：“实施‘代议政制’要顾及的问题”，http://www.wenweipo.com，登陆时间：2009年9月12日。

再出现什么变化、立法局由于增加了民选成分，使中央集权的政治制度开始受到冲击，对英方来说，1984年的代议制‘开步’可说收获丰富，而往后两年的代议政制发展进一步印证这项政治工程的巧妙之处。”①根据1984年的代议制改革计划，香港立法局在1985年首次进行了选举，包括选举团选举和功能组别选举。1985年立法局选举，“是香港开埠以来首次的立法局选举，虽然它只是部分实行间接选举，但它毕竟是立法局引入选举成分的开始，其意义是非常重大的。不仅开创了香港政制发展历史的新篇章，而且也成为了香港‘代议政制’发展的新里程碑”②。香港的政治团体就是通过1985年的立法局选举正式进入香港政制内部。

《中英联合声明》的签署和生效，促使港英政府加快推行代议制的步伐。港英政府在1987年进行了政制检讨，公布了《1987年代议制发展检讨绿皮书》，提出1988年立法局引入直接选举的建议。20世纪80年代后期的代议制改革，是在80年代前期改革的基础上更进一步，完善了功能组别的判断准则，确定了社会组织或团体与功能组别的关系。1991年9月的立法局选举引入直选机制，在60名议员中有直选议员18人。政团（政党）不仅参与了功能组别选举，还参加了直接选举。在分区直选中，候选人为54人，其中有政团（政党）背景的为37人，当选的18位议员中有政团背景的有16人。“在1991年的立法局直选前后，香港出现了一大批政党，这一时期也就成为了香港政党的形成期。”③历史表明，香港的政党不是社会自然发展的结果，而是具有强烈的人为色彩的产物。虽然港英代议制改革在主观上很大程度上是港英政府要推行“非殖民化”以维护英国的根本利益，但在客观上顺应了塞缪尔·菲利普斯·亨廷顿（Samuel Phillips Huntington）所说的“第三波”民主

① 卢子健：《谁来经理香港》，（香港）广角镜出版社有限公司，1987年版，第20页。

② 周建华：《香港政团发展与选举（1949—1997）》，香港迷思达蕾科艺公司，2003年版，第71页。

③ 周平：《香港政治发展》，中国社会科学出版社，2006年版，第147页。

化潮流[①]，“使港英政制逐步由封闭走向开放、由权力独裁走向权力制约、由不民主走向民主”[②]。港英政府推行代议制改革，促进了香港社会的政治化，为香港政团参政提供了组织化渠道，也为香港本土政党的产生提供了契机。

三、香港政党形成方式的多样性

香港政党众多，政党形成的方式也不完全相同，呈现多样性。根据政党形成是否有组织基础，香港政党的形成方式分为“演化型”和“新生型”。所谓的“演化型”，即政党由政治团体（简称“政团”）转化而来，如民主党、公民党。所谓的“新生型”，即政党没有组织基础，直接产生，如民建联、社会民主连线。根据政党是否在立法机关产生，香港政党的形成方式分为“内生型”和“外生型”，众所皆知，前者是在立法机关内部产生，后者是在立法机关外部产生，香港政党绝大部分是“外生型”政党，但自由党是个例外。虽然香港政党的形成方式多样，但其形成的基本方式是“演化型”，即香港政党基本上是从政治团体转化

① “第三波”民主化浪潮由美国的塞缪尔·亨廷顿的《第三波》一书而得名。亨廷顿提出，民主化浪潮在经历第一波（1828—1926年，约有33个国家建立民主制度）、第二波（1943—1962年，约40个国家建立民主制度）后，在20世纪晚期展现了前所未有的巨大能量，掀起了空前规模的第三次民主化浪潮。从1974年到1990年的15年中，民主化的波涛横扫南欧，席卷了南美，横贯拉丁美洲，波及亚洲，冲垮了苏联集团的专制政权。香港的民主化是在港英政府主导下进行的，是否受到“第三波”的影响，笔者对此没有研究，但至少在客观上顺应了“第三波”民主化潮流。亨廷顿认为“第三波”民主转型的模式分为：“变革”（掌权者在威权政权向民主体制转化过程中扮演主要角色）、“置换”（强大的反对派推翻原来的威权政府，或原来的政府自身崩溃，从而开始民主化）和“转移”（民主化转变是通过执政者与反对派的妥协谈判来实现）。在港英政府统治时期，香港的民主化是在坚持总督殖民统治下的有限民主，与“第三波”波及国家的民主化有实质的区别，但就民主化的模式而言，香港的模式接近亨廷顿所说的“变革”。

② 周平：《香港政治发展》，中国社会科学出版社，2006年版，第12页。

而来。

有些人坚持认为香港只有政团，没有政党。这种看法早已不符合香港社会的实际。政党与政团有密切关系，政党可以说是属于宽泛意义上政团的一种类型，但与一般意义上的政团相比，政党有众多不同于政团的地方。首先，从组织自身的情况来说，政党有明确的指导思想，意识形态色彩浓厚；政团一般没有明确的指导思想，即使有也没有政党那样明显。政党一般有健全的组织体系，并有地区分支机构，有严格的纪律；而政团的组织机构未必健全，缺乏组织纪律性。其次，从与政权的关系来说，政党对政权十分渴求，企图通过夺取政权或参与政权来实现自己的宗旨，因此积极参与选举以进入政权体系，成为执政党或“执政联盟”成员；而政团是通过从政权体系外部对政权施加影响来达到自己的诉求，执掌政权不是政团的直接目的。台湾有学者指出：“政党与一般社会团体及利益团体最大不同之处在于，政党可以提名候选人参与选举。”① 国外理论界也认为：“政党不同于其他社会构成，如利益集团（或根据韦伯著名的定义所言之，阶级或地位集团），因为政党不仅仅谋求对合法的立宪权力机构施加影响，而且还谋求占据其中的职位。”② 再次，从与社会的关系来说，政党一般有明确的阶级、阶层特征，一个人同时加入不同政党的现象不乏存在，但不是普遍现象，一个政党只代表特定的阶级、阶层的利益要求；而政团没有明确的阶级、阶层特征，一个人同时加入不同的政团不是个别现象，政团只代表本团体成员的利益要求。

香港的政治团体可以分为三种类型，即压力政治团体、论政政治团体（简称“论政团体”）和参政政治团体（简称“参政团体”）。

压力政治团体是具有政治性的压力团体（或称“利益集团”）。香港的压力政治团体是由压力团体转化而来。压力团体“是指那些非政党组织而企图藉着行动影响政府政策的团体”。③ 香港的压力团体出现于20世

---

① 王业立：《比较选举制度》（第5版），（台北）五南图书出版股份有限公司，2008年版，第122页。

② 《布莱克维尔政治学百科全书》，中国政法大学出版社，1992年版，第512页。

③ 杨森：“香港压力团体与政治团体的政治角色”，郑宇硕：《香港政制及及政治》，（香港）天地图书公司，1987年版，第276页。

纪70年代，为何在此时出现，杨森认为有内外两方面原因[1]：外因是20世纪60年代西方特别是美国的民权运动和反建制（anti-establishment）运动，对香港社会运动起着一定的影响。内因包括政治和经济两个方面，就政治因素而言，香港封闭的、缺乏监察的政制受到关心社会的知识分子的挑战，他们对政府有较高的期望；就经济因素而言，香港经济在20世纪60年代末开始蓬勃发展，但收入分配极度不均，贫富差距拉大，社会矛盾突出。

香港在20世纪70年代出现压力团体，同时一些传统的社会组织也采取向政府施加压力的方式来争取和维护相应的利益，从而具有压力团体的性质。当时的压力团体主要有以下几种类型：1. 工会的形式，如教育专业人员协会。这类压力团体由从事相同职业的人士组成，以保障会员的利益为首要任务，同时强调参加社会事务，维持社会公益；2. 社区组织形式，如香港社区组织协会。这类压力团体强调组织基层群众，解决社区问题，建立邻居精神，争取社区利益；3. 政策倡议形式，如教育行动组织。这类压力团体着重鼓吹有关的社会改革政策，进行政策辩论，倡议社会行动，并把矛头直接指向政府[2]。

在压力团体对政府施压的过程中，发生了一些重要的变化和趋向。一是逐渐产生合作的要求和趋向。这基于两个方面的原因：一方面，压力团体的组织规模不大，大多资源有限，这些弱势团体要向政府施加压力，基本上都以“社会行动”的形式进行抗争，在客观上有联合起来壮大力量的要求；另一方面，“社会行动”的抗争手法，是将事件社会化，以舆论和一般市民的支持作为谈判的本钱。尽管各类压力团体背景不同，但基于面对共同的“敌人”，从而造成在抗争组织之间建立了相近的行动

---

① 杨森：“香港压力团体与政治团体的政治角色”，郑宇硕：《香港政制及及政治》，（香港）天地图书公司，1987年版，第278页。

② 政府之所以成为攻击的对象，一方面与政府逐步扩展服务，在港督麦理浩任内，积极通过地方行政和社会服务，推动社区建设的政策，试图建立一个“互动”的社会。政府直接或间接地承担更多满足社会服务的责任，给市民提供各种社会服务，它便不可避免地成为市民的谈论对象；另一方面，由于港英殖民政府实行封闭的政治制度，港人的利益表达渠道缺乏。这导致港人往往采用发传单、静坐、游行、请愿等对抗性的方式向政府提出要求。

取向，并进而成为合作的基础。二是压力团体的合作，提升了它们“共识”层次，促使它们所关注的问题不仅局限于个别团体的局部利益，而且也扩展到一般的社会问题。三是压力团体向政治团体转变。压力团体起初是利益团体，仅就某方面的利益要求向政府施压。在有限的政治空间里与政府进行抗争，不可避免要面对政治及社会控制的问题。在反殖民主义情绪影响下，有的压力团体挑战殖民政制，出现“压力团体政治”，从而这些压力团体就演变成为压力政治团体。

论政团体，是就政府实施的政策发表评论的政治团体。香港的政治团体起初基本都是论政团体，如香港励进会、香港观察社、港人协会、汇点、太平山学会、新香港学会、香港论坛、香港政策透视、公共政策研究中心、民主公义协会等。之所以在20世纪80年代出现大量论政团体，[1] 这与港人关注香港前途存在密切关系。1982年中英关于香港问题的谈判，引发香港居民关心香港前途的热潮，很多港人利用各种途径发表对香港前途的意见。同时，经过20世纪70年代专业化的发展，香港培养了一批专业技术人员，他们是拥有较高社会地位的中产阶级人士，对整个社会有一定的归属感和责任感，这些社会精英为了实现理想或维护自身利益，就根据自身条件和社会关系组织起来，对时事发表自己的意见和看法。其中，新香港学会的大部分成员还在1983年初到北京，与有关方面交流对香港前途的看法，并提交了一份4万多字的意见书，内容涉及民主政治改革、经济财政自主及高度地方自治等方面。

参政团体，是以参与政事（主要通过选举）为目的的政治团体。论政团体是只“动口”（即发表评论、意见和建议），不“动手”（不参与选举，也不企图通过委任进入区议会、立法局和行政局、行政会议及政府），而参政团体往往是既“动口”，又“动手”。[2] 参政团体，一般都有比较多的资金、人才等资源，研究政策的范围比较广，涉及政治、法律、

① 杨森：“香港压力团体与政治团体的政治角色”，郑宇硕：《香港政制及及政治》，（香港）天地图书公司，1987年版，第281—282页。

② 随着政制改革的推进，有些原来主张只“动口”不“动手”的论政团体，也向参政方向发展。

经济、文化等方面。与论政团体一样，参政团体所关注的问题往往是全港性的，所持的立场观点往往是从香港社会整体出发。在 20 世纪八九十年代，代表性的参政团体有民协、启联资源中心。

压力政治团体及论政政治团体都是港英殖民政制架构以外的力量，它们要争取获得在政制架构内政治参与的空间。20 世纪 80 年代及以后的政制改革，为压力政治团体、论政政治团体参政提供了机会。在政制改革所打开的新的政治环境里，压力政治团体、论政政治团体及其领袖人物可以通过参政而重新找到政治位置。于是它们改变了从外部影响政府决策的方式，逐步转向主要通过选举进入政治体系内部来影响政府的决策。在 20 世纪八九十年代，一些政治团体在参与区议会、市政局和立法局选举的过程中，为凝聚力量、扩大影响，它们加强了组织化，提出自己的纲领，甚至打出意识形态的旗帜，制定候选人的提名程序，推出自己的候选人，并对候选人进行必要的约束，对候选人提供财政支持，推动选民登记。经过改造，这些政治团体在 1991 年前后转变为政党，如民协、新香港联盟①等。

香港政党形成的基本方式是由政治团体向政党转化，这主要体现在 20 世纪。香港政党演进的这一特点在 21 世纪也有所体现，如 2006 年 3 月成立的公民党，作为其前身的“基本法 45 条关注组”就是有影响的政治团体。

在香港政党形成过程中，一些压力团体和论政团体因保持论政团体特色，没有顺应潮流及时参与选举而退出政治舞台，如太平山学会的分裂与淡出、港人协会的衰败等。

太平山学会一直坚持论政团体的定位，在 1986 年成立两周年大会上，内部对于该组织是论政还是参政进行过激烈的争论，出现了明显的分歧，但在论政还是参政的方向选择上仍然没有定论。因内部潜藏着矛盾，最终造成分裂，一些积极支持参政的核心成员于 1990 年参加了香港民主同盟，严重削弱学会的实力，使其影响力大减。受到 1991 年立法局

① 该组织成立于 1989 年 3 月，主要由香港基本法咨询委员会内的工商界人士组成，成立时以论政团体面目出现，在 1991 年参加立法局直接选举，后向政党化方向发展，明确支持“一国两制”，拥护《香港基本法》。

直接选举的刺激，太平山学会又活跃起来，选出新干事会作为领导班子，重新确立论政的路线。因太平山学会没有适应当时政治生态的变化而积极主动向参政转化，到20世纪90年代中期后，该组织随着活动减少而逐渐沉寂下去。

港人协会是一个论政团体，其主要活动是参与讨论基本法。在香港政治发展问题上，主张循序渐进，采用小变与渐变的方式，赞成保留一定成分的间接选举，反对1998年全面直选。该政治组织只重视论政，并不注意组织发展，在20世纪90年代后，该政治组织的活动逐渐减少，趋于沉寂。

四、香港政党分合关系的新异性

香港政党发展过程中属于相同政治光谱的政党之间多次出现组合与分裂，政党间的分合关系具有不同一般的性质，即新异性。此特性具体体现为“两个超越”——香港政党之间的组合超越阶级、香港政党之间的分裂超越传统。

（一）香港政党之间的组合超越阶级

香港政党发展过程中多次出现政党之间的组合，自由民主联盟与香港协进联盟在1997年合并、民建联与港进联在2005年合并，以及前线与民主党在2009年合并。

自由民主联盟与香港协进联盟合并是容易理解的，这两个政党相同点较多。首先，两个政党的阶级基础相同，都是建基于工商资产阶级；其次，两党的政治光谱相同，同属于建制派，与政府关系较好；其三，两党关于香港政制发展的立场相同，都主张循序渐进地推进民主政治。与自由民主联盟与香港协进联盟合并相比，前线与民主党的合并就更容易理解。前线与民主党不仅在阶级基础、政治光谱和对政制发展的立场等方面基本相同，而且两党还有历史渊源关系。就阶级基础而言，前线与民主党都建基于专业界等中产阶级；就政治光谱而言，前线与民主党都是政府的反对派；在政制发展的立场上，两党都反对立法会的功能组别选举和行政长官的“小圈子选举”，主张早日实现普选，都属于泛民主派。之所以说民主党与前线存在历史渊源关系，是因为前线中的一些人士就是从民主党分裂出去的。退出民主党的冯智活、陈国梁等在 2001 年 1 月组织社会民主论坛，参与社会民主论坛的 10 多名少壮派党员包括陶君行、梁永权、徐百弟等在 2002 年 4 月正式退党转投前线。民主党副主席刘慧卿作为前线的召集人，透露了前线与民主党合并的原因——前线没有自己完整的党纲和政党组织架构，接受民主党的邀请加入其中，以加强合作、壮大民主运动。[①]

与以上两组政党的合并相比，民建联与港进联的合并有些令人费解。众所周知，民建联是建基于劳工等草根阶级的政党，而港进联是建基于工商、专业界人士为主的政党，两党的阶级基础存在很大的差异——劳工与资本家在经济利益上是对立的关系。经济利益具有对立性的政党却合并在一起，确实不易理解。马克思主义政党理论历来是以政党的阶级基础来判断政党的性质，分属不同阶级、甚至经济利益存在对立性的民建联、港进联却合并在一起，体现了香港政党组合的超越性，即政党组合超越了阶级。进一步探讨两个政党之所以能够组合在一起的原因，主要是因为它们的政治基础相同。与民建联一样，港进联也属于建制派，在政制发展问题上立场也与政府保持一致，成员中也有多名全国人大代表、全国政协委员。从民建联与港进联合并一事来审视马克思主义政党理论，好像它在实际中“失灵”了。民建联与港进联合并确实是超越了阶级的利益，但这种超越只是超越了两党在香港范围内获取的部分利益，而两党通过合并在更大的中国范围内能够获得更多的利益。

---

① 刘慧卿：“政改风云的个人感想”，（香港）《明报》，2010 年第 8 期，第 36 页。

（二）香港政党之间的分裂超越传统

因对香港民主发展进程意见不同、与政府关系亲疏不同，香港的政党可以分为建制派和反对派两大阵营。公民党、社会民主连线等反对派一直与政府作对，在民生、政治等问题上故意与政府“唱反调”，甚至“为了反对而反对”。例如在2005年反对派议员联手否定政府提出的政改方案，即使那个方案无疑会推进香港的民主进程。值得注意的是，反对派在2012年政改问题上出现了分歧，民主党、民协超越过去在政改问题上与其他反对派政党保持一致的传统，支持政府提出的政改方案，使得政改方案高票通过。

香港特区政府于2010年4月提出2012年政改方案，并定于6月23日将该方案提交立法会表决。政府建议2012年立法会选举增加10个议席，其中新增及原有共6个区议会功能组别议席，将由民选区议员以“比例代表制”互选产生。民主党对该方案提出修正意见，立法会新增的5个功能界别议席由民选的区议员提名，然后由目前在功能界别没有投票权的登记选民一人一票选出。按照这个安排，每位选民在立法会选举中都有两票，一票投地区直选议席，一票投功能界别议席。5月24日，中联办有关领导会见民主党领袖何俊仁、刘慧卿和张文光，讨论香港政制改革问题。民主党就政改事宜与政府合作，政府最后接受了民主党的修正方案，这其中梁爱诗起到重要作用。起初梁爱诗因多次离开香港不知民主党提出的“全民直选”不包括已有功能组别投票权的选民在内，故她认为此方案不符合全国人大常委会就香港政制发展所作出的决定。当她知道民主党改良方案中区议会议席的选民不包括原有功能组别的选民后，她致电何俊仁求证，并认为在此情况下民主党的建议不违反全国人大常委会的决定，因为这6席并不违反直选和功能组别各占一半的规定。2010年6月1日，梁爱诗上书中央有关部门解释以前发表的意见有错误并说明理由，并表示支持民主党的方案。[①] 民主党在2010年6月19日召

① 梁爱诗：“我们该怎样向前走？”，（香港）《明报》，2010年第8期，第34页。

开中委会，以决定该党立法会议员的投票取向，结果中委会以23票赞成、3票反对、1票弃权通过了若港府接纳民主党建议的立法会新功能组别改良方案，将支持港府政改方案的决议。民主党在6月21日晚举行会员大会，以大比数通过支持政改方案。香港行政长官曾荫权在2010年6月21日出席行政会议特别会议后宣布，行政会议已接纳民主党提出的政改改良方案。他认为，此方案增加了民主成份，有助于推动香港民主向前走。在民主党和民建联、自由党等建制派政党议员的支持下，香港特区立法会分别在6月24、25日均以超过全体议员总数2/3的多数票赞成（支持票为46票），先后通过了关于2012年行政长官和立法会产生办法的修订议案，从而通过了香港2012年政改方案。

在立法会表决政改方案以前，民主党曾建议所有泛民主派组织接受该方案。但公民党党魁余若薇坦言，“多数不支持”改良方案，一是新方案太仓促提出，市民无从消化讨论；二是方案细节如新增区议会议席的提名门槛欠奉；三是方案只会合理化功能组别，令民主进程方向错了。① 民主党与公民党的分歧并不是在2012年政改问题上才开始的，而是自2009年“五区公投”时就出现了。社会民主连线在2009年提出“五区总辞职”倡议，公民党响应，两党5名议员辞职，但民主党没有参与其中。2009年12月13日，民主党以召开会员大会的形式来作出不参加“五区总辞”的决定。有分析人士认为民主党不参加“五区总辞”，其根源在于民主党内的情况及其维护泛民主派自身利益所致。民主党对社会民主连线的嚣张气焰普遍不满，认为社民连是为了抢风头，企图通过此事件提高自己的声望，使自己成为泛民主派的领头羊，与民主党争夺香港民主发展的领导权。民主党内普遍认为，如果在这种情况下盲目参加“五区总辞”，实际上就是为社民连作嫁衣裳，民主党的地位肯定会因此而大大下降，社民连会更加嚣张。知情人士还称，民主党高层还担心“五区总辞”后的补选成为泛民主派的独角戏，建制派不会加以理会，使补选流于形式、冷冷清清，不能达到变相公投的目的，并使香港的民主运动严

① “港民主党有条件支持政府2012政改方案”，（新加坡）《联合早报》，2010年6月21日。

重倒退。[①] 在“五区总辞”问题上，民主党与社民连、公民党分道扬镳，确实体现出理性和睿智。“五区总辞”除了浪费了1.5亿港元补选经费外，没有任何意义，港人的投票率很低，只有17.1%。

民主党在政改问题上支持政府，也标志着反对派阵营发生分裂——温和反对派和激进反对派。公民党、社民连对民主党的表现非常不满，认为民主党被“统战”，是“出卖香港人的党”。反对派阵营发生分裂，是在建制派和反对派两大阵营格局之下，立法会政党议员分为建制派、温和反对派和激进反对派三大类别，使香港的政治生态向多样化方向发展。

① 星星：“民主党决定不参加五区总辞职之谜”，（香港）《镜报》，2010年第1期，第54页。

第三章

香港政党参政的路径及特点

在民主宪政体制下，选举是政党竞争、获取政权的主要渠道。在20世纪80年代以前，除了“新界”乡议局选举[①]和市政局选举[②]外，香港没有任何选举。对此，“英国政府的借口是，实行选举会破坏香港的稳定”[③]。但自20世纪80年代开始，港英政府搞起地方行政改革。港英政府在1980年6月发表《香港地方行政模式绿皮书》，1981年又发表《香港地方行政白皮书》，推行地方行政改革，确立地方行政的三级架构[④]。港英政府推行的地方行政改革，只不过是预见殖民统治将要完结而为延

① 香港乡议局的设立起因于“新界”原居民与港英政府有关土地权利的纠纷。“新界”原居民以务农为主，他们对土地有强烈的感情。港英政府先以“官批”的形式限制土地的用途，随后又以“公用”理由征用土地而不给补偿，从而引起“新界”居民的抗争。港英政府为安抚“新界”居民，同意“新界”乡议局的设立和选举。乡议局正式成立于1926年5月。

② 市政局选举对选举人和被选举人都有严格的限制，而且规定必须是英籍人士。

③ 杜叶锡恩：《我眼中的殖民时代香港》，中国青年出版社，2006年版，第237页。

④ 《地方行政白皮书》规划的香港地方行政体系共分为三级：第一级行政机构是全港原先的行政局及立法局；第二级行政机构是市区原有的市政局及在“新界”区设一个行政机构；第三级行政机构是区议会及地区管理委员会，“新界”区的区议会设立要早于区域市政局。

续其影响力的政治安排。[1] 但地方行政改革丰富了香港的选举民主（electoral democracy）应用范围，除了市政局和区域市政局选举外，区议会和立法局也引进选举。香港回归中国后，香港的民主建设得到实质性的提升，除了有区议会选举、立法会选举外，还有行政长官选举及全国人大代表选举。这些选举形式，为香港政党参政提供了主要路径。港英当局为维护自己的统治，从来没有在香港推行代议制民主，行政局、立法局议员都是由委任产生，政府主要官员也全部由总督委任，总督是由英国委任。100多年来，港英政府在香港推行的是类似基尔摩·奥唐奈所说的"委任制民主"（delegative democracy）[2]。委任制在回归以后有一定的保留，除了区议会少数议员由委任产生外，政府主要官员都是由行政长官委任（经中央政府任命）产生，委任制继续成为香港政党参政的路径。得益于香港回归，香港政党在参政的方式、参政的广度和参政的深度上都有显著的变化，呈现不同以往的特点。

一、香港政党参与非政权机构选举

香港的区议会和市政机构具有一定的公共管理职能，但不是政权机构。香港政党参与区议会选举是从1991年开始的，但香港政治团体作为香港政党的前身参与区议会选举的时间可追溯到1982年，1982年区议会选举是香港历史上的第一次选举。香港政党参与市政机构选举是从1991年开始的，但政治团体参与市政机构选举的时间可追溯到1983年。

① 史深良：《香港政制纵横谈》，三联书店（香港）有限公司，1992年版，第193页。

② （阿根廷）基尔摩·奥唐奈："论委任制民主"，刘军宁：《民主与民主化》，商务印书馆，1999年版，第47页。

(一) 参与区议会选举

区议会（District Board）虽然是香港议会制度的一部分，但并不具有现代议会最重要的两项权力：立法和审批政府公共开支的权力，因为香港并没有区域性的法律及税收。只有在立法会个别授权下才有部分立法权。区议会的主要职责是就市民日常生活事务向政府提供意见，以及在区内推动文娱活动和环境改善工作①。

1. 1982年区议会选举

在1982年，香港地方政制成立之初，港英政府将全港划分为18个区，每个区设一个区议会，共18个区议会②。观塘区议会是全香港首个区议会，于1982年1月成立。1982年3月，“新界”区议会首先进行分区选举，全“新界”分为元朗、屯门、沙田等8个选区，投票人数近10万人，选出56名民选议员，其中36名由“单议席单票”选区产生，20名由“双议席双票”选区产生。9月，市区的10个区议会举行分区直选，选出76名议员，完全由“双议席双票”选区产生。公民协会、革新会、香港观察社等政团参与了选举，在区议会132名民选议员中，有16名议员是来自政治团体。“自1982年第一届区议会选举开始，地方选举主要是民主派政团与地区保守势力的对垒，可以说是后来政党政治的先锋。”③

---

① 香港回归后，1999年3月立法会通过的《区议会条例》，对区议会的职能作出明确规定：1. 就影响地区人士的福利的事宜、区内公共设施及服务的提供和使用、政府为各区制定的计划是否足够及施行的先后次序、各区就地区公共工程和小区活动获得的拨款的运用等事务向政府提供意见；2. 在就有关目的获得拨款的情况下，承担区内的环境改善事务、促进区内文娱康乐活动、区内小区活动的举办等工作。

② 18个区议会分别是香港岛4区：中西区、东区、南区及湾仔区；九龙6区：九龙城区、观塘区、深水埗区、黄大仙区、油尖区及旺角区（其中油尖区及旺角区以登打士街为界，其余区界与现时油尖旺区区界一样）；“新界”8区：离岛区、北区、西贡区、沙田区、大埔区、荃湾区（包括现时葵青区的范围）、屯门区、元朗区。

③ 马岳、蔡子强：《选举制度的政治效果——港式比例代表制的经验》，香港城市大学出版社，2003年版，第12页。

2. 1985 年区议会选举

1985 年区议会选举，所有官员不再出任区议会议员，各区区议会主席由本区议员互选产生。直选产生议员 237 名，其中 53 名由“单议席单票”选区产生，184 名由“双议席双票”选区产生。“80 年代的地区选举是香港政党政治和民主选举政治的摇篮”①，许多政治团体积极参与其中，在选举政治中锤炼和成长。港人协会、革新会、公民协会、汇点、太平山学会、新香港学会、香港观察社、公共政策研究中心等政团都派人参与选举，并取得不菲成绩。在 501 名候选人中，有 84 人来自于各政团，而民选的 237 个议席中，有政团背景者达 66 人，来自政团的候选人当选率约 78%。②

3. 1988 年区议会选举

1988 年第三届区议会选举，由直选产生议员 264 名，其中 50 名由“单议席单票”选区产生，214 名由“双议席双票”选区产生。在 493 名候选人中，有政团背景者达 164 人，结果近 100 人当选，占民选议员总数的 38%。其中汇点 17 人、太平山学社 16 人、民协 27 人、革新会 2 人、公民协会 15 人、励进会 10 多人、工联会 2 人。③

4. 1991 年区议会选举

因 1989 年市政局议员将停止出任区议会当然议员，故在 1991 年区议会人员构成中，只有在“新界”区议会中有由 27 个乡事委员会主席充任的当然议席，这次直选产生议员 274 名，选区分为“单议席单票”、“双议席双票”两种。1991 年是香港政治生态发展变化最关键的一年，就

---

① 马岳、蔡子强：《选举制度的政治效果——港式比例代表制的经验》，香港城市大学出版社，2003 年版，第 3 页。

② 周建华：《香港政团发展与选举（1949—1979）》，香港迷思达雷科艺公司出版，2003 年版，第 68 页。

③ 周建华：《香港政团发展与选举（1949—1979）》，香港迷思达雷科艺公司出版，2003 年版，第 78 页。

是在该年香港的很多政治组织实现了由政团向政党的转化。香港政坛各路人马积极参加选举，特别是新成立的多个政党（政团）积极投入，并取得颇好成绩。1990年刚成立的港同盟派出72名会员的强大阵容参选，提出针对社会治安、房屋政策、政制改革等10点参选政纲，结果是51人当选（其中2人不以港同盟名义参选）。也是在1990年成立的香港自由民主联盟还允许成员以独立候选人身份参选，基于香港一些居民对政团比较敏感的事实。1989年成立的香港民主促进会对参选会员予以财力支持，资助一半竞选经费，在7个参选人中，3人胜出。主要政党（政团）在1991年区议会选举中取得的成绩，见表3.1。

表3.1　主要政党（政团）在1991年区议会选举中的成绩①

团体	参选人数	当选数目	占当选人数比例
港同盟	72	*51（70%）	18.75%
自民联	89	50（56%）	18.24%
汇点	11	10（90%）	3.65%
民主会	7	3（43%）	1.09%
民协	17	14（82%）	5.1%
公民协会	30	17（57%）	6.2%
工联会	3	3（100%）	1.09%
革新会	2	1（50%）	0.36%
街坊工友	1	1（100%）	0.36%
合计	262	*172（63.3%）	60.58%

*港同盟有2名议员不代表该会出选；公民协会有6名议员是双重会籍，故当选数目要减去这些数字，实际是166人，占当选人数比例60.58%。

① 周建华：《香港政团发展与选举（1949—1997）》（修订版），香港大公报出版有限公司，2007年版，第123页。

5. 1994年区议会选举

港督彭定康推行的政制改革方案放弃行使委任议员制度，改为进行全面直选，除27名乡事委员会主席保留“新界”区议会当然议席①外，373名议员几乎全部均由地方选区以“单议席单票”方式选出。彭定康政改废除“双议席双票制”，使两大阵营的竞争更加激烈。因为在“双议席双票制”下，选民可以选择选票投给不同的候选人，两阵营可以平分议席。“双议席双票制”也允许对立阵营作出协调，双方可以各派一名候选人而在没有挑战者的情况下自动当选。② 选民最低年龄也由21岁降低至18岁。民主党共有133人参选，75人当选，在346个直选议席中占21.7%，成为区议会第一大党。民建联打出爱国爱港的旗号，第一次全面参与香港的区议会选举，派出83人参选，获得37席，占直选议席总数的10.7%，成为区议会的第二大党。自由党派出89人参选，共获得18议席，当选率在主要政党中排行倒数第二，仅高于港进联，“成为区选的最大输家”③。民协共派出40人参选，结果29人当选，成为区议会的第三大党。民协之所以能够取得重大胜利，在于其扎根基层、长期经营，此外，民协区别于其他反对派的重要特点是强调与中方沟通。此次选举最大的赢家是公民力量，派出的9个候选人全部当选。政党在此次区议会选举中大显身手，并取得累累硕果，在选举出的364名议员中233人有政党身份④。

---

① 民主同盟主席李柱铭在1994年立法局辩论彭定康法案时，提出废除乡事委员会的27个当然议席，但此意见终遭否决。

② 马岳、蔡子强：《选举制度的政治效果——港式比例代表制的经验》，香港城市大学出版社，2003年版，第12页。

③ 周建华：《香港政团发展与选举（1949—1979）》，香港迷思达雷科艺公司出版，2003年版，第249页。周建华教授分析自由党选举失利的原因主要是走中间路线，政治取向不清晰，使选民无所适从。加上自由党自恃清高，不愿与别人协调。还有自由党内部组织松散，基层组织动员能力有限。

④ 袁求实：《香港回归大事记1979—1997》，三联书店（香港）有限公司，1997年版，第194页。

6. 1997 年临时区议会选举

由于港英当局单方面推行“政改方案”，违反了《中英联合声明》、违反了与《香港基本法》相衔接的原则、违反了中英双方已达成的有关协议和谅解。1993 年 8 月，全国人大常委会通过决定规定，港英最后一届区议会于 1997 年 6 月 30 日终止，香港特别行政区的区域组织的职权和组成方法由香港特别行政区的法律规定。1997 年 2 月，香港特别行政区筹委会通过了设立香港特别行政区临时区议会的决定，并规定由香港特别行政区政府负责筹组。香港原有 363 名区议员获许全体过渡，香港特别行政区行政长官办公室在 6 月 16 日公布临时区议会委任议员名单，委任 96 名议员。由上可见，临时区议会的产生没有经过选举。

7. 1999 年第一届区议会选举

第一届区议会任期是 2000 年 1 月 1 日至 2003 年 12 月 31 日，第一届区议员选举在 1999 年 11 月进行。自 1999 年起，区议会选举都采用“单议席单票制”。同时，恢复委任议员，在“新界”各区议会仍然由 27 个乡事委员会主席担任当然议员。关于恢复委任议员问题，在 1999 年 3 月 11 日，立法会经过 14 小时辩论，三读通过《区议会条例草案》，为同年 11 月区议会选举恢复委任议席。政府称此举目的是为平衡区议会，让少数社群也能进入区议会，确保他们的声音得到反映；同时可以吸纳多元界别人士进入区议会。港府设定每个选区的人口约为 1.7 万人，即每个民选议席平均代表 1.7 万名市民，基本上解决了长期存在的居民选举权不公平的问题①，即赵心树先生所说的“差比困局”②。

---

① 香港区议会选举的选区划分在 1994 年以前一直以社区完整性为最主要考虑因素，因此选举的人口数目相差极大，导致居民选举权不公平问题。如 1985 年区议会选举中，最小的选区为西贡北，仅有 857 名选民，而观唐区蓝田南选区却有 1.3552 万名选民。前者每名选民的选举权相当于后者每名选民选举权的约 17 倍。

② 赵心树先生把由于“人口/代表”比例的差异所造成的不公平被称为“差比困局”。参见赵心树：《选举的困境——民选制度及宪政改革批判》（修订版），四川出版集团，2008 年版，第 205 页。

此次选举主要是民建联与民主党的争夺，民建联派出 176 人参选，最后 83 人当选，得票率为 45.35%。而民主党也派出约 170 人的比较强大参选阵容，结果约 77 人当选。民协、自由党、港进联等也都参与此次选举。①

8. 2003 年第二届区议会选举

第二届区议会议员共 529 名，履职期限是从 2004 年 1 月 1 日至 2007 年 12 月 31 日，其中 400 名民选议员，27 名当然议员（“新界”各乡事委员会主席），102 名政府委任议员。第二届区议会的议员选举在 2003 年 11 月进行。香港政府在 2000 年进行区域组织改革，取消原有的市政局、区域市政局及两个市政总署。当时政府承诺向区议会增拨资源、增加其职责，以鼓励市民参与地区公共事务。因此，区议会英文名称由原来的“District Board”改为“District Council”，以示区议会享有“立法议会”(Council) 的地位。

此次选举主要也是民建联与民主党的对垒，由于受到“七一事态”的影响，民建联选绩不理想，共派出 206 人参选，但只有 62 人当选。民建联在全港总共获得 24 万票，但得票率仅 38.69%。整个反对派方面，在 400 个民选议席中，共派出 226 人参选，151 人当选。其中，民主党有 95 人当选，民协有 25 人当选。

9. 2007 年第三届区议会选举

香港区议会选举在多次实践后，选举制度进一步完善，其中包括选举开支额度问题，《选举开支最高限额（区议会选举）规例》（2007 年 9 月 1 日）规定，在选举中可由 1 名候选人或由他人代该名候选人招致的选举开支的最高限额为 4.8 万港元。2007 年选举重选香港 18 区区议会共 405 个民选的议席。

这次选举整体选民基数大幅上升至 295 万多人，整体投票人数达 114

① 叶天生：《香港选举资料汇编（1996—2000）》，香港中文大学香港亚太研究所，2001 年版，第 62—113 页。

万人，是历年来投票人数最多的一次，也是直选议员最多的一次（具体见表3.2）。可能是区议会权力的增长[①]，同时此次区议会选举的成败对2008年立法会选举有相当的影响[②]，各政党各方对选举更加重视。反对派加强合作，2007年8月21日，激进民主派的成员召开会议，宣布激进民主派在每个选区只会派出一名成员来参选，以免票源分散。结果仍然有7个选区出现激进民主派对激进民主派的情况，尤其是公民党对社民连，但这是自1980年代以来民主派对民主派最少的一次。民建联副主席刘江华表示已与友党沟通，避免在同一选区竞争。民建联派出177人参加区议会选举，获117席，为历史最高（后经补选达118席）；自由党派56人参选，获14席（议席增加，但当选率由上届的48%大幅滑落到25%）；工联会派32人参选（其中4人只以工联会名义出选，2人不以工联会名义，其余候选人均以民建联及工联会名义出选），结果是只以工联会名义参选的候选人得1席，没有以工联会名义参选的候选人也得1席，16人是同时以民建联、工联会身份当选；公民力量派20人参选，得18席，当选率为90%，当选率最高。反对派方面，公民党派出42人参选，

表3.2　1982年以来区议会议席变化[③]

议席	1982年	1985年	1988年	1991年	1994年	1999年	2003年	2007年
官守	165	—	—	—	—	—	—	—
当然	57	57	27	27	27	27	27	27
委任	135	132	141	140	—	102	102	102
地区直选	132	237	264	274	346	390	400	405
总数	489	426	432	441	373	519	529	534

① 早在2005年10月，行政长官曾荫权在他任内首份的施政报告中宣布，将会增加区议会的权力，让他们负责管理区内的文娱康乐设施，如图书馆、社区会堂、游泳池等。此改革会在2007年在屯门、湾仔、黄大仙和西贡四区首先试行。

② 维基百科，“2007年香港区议会选举”词条，此次区议会选举数据皆来源于该词条内容。

③ 维基百科，“香港区议会”词条。

获 8 席；民主党派出 109 人参选（其中 1 人不以民主党名义），获 59 席；社民连派 31 人参选，获 6 席；民协派 38 人参选，获 19 席；前线派 15 人参选（其中 1 人不以前线名义），获 3 席。

（二）参与市政机构选举

市政局的前身是成立于 1883 年负责环境问题的洁净局，1935 年，洁净局职权扩大改名为市政局。1973 年，市政局被赋予财政和行政独立权。1986 年，负有财政和行政独立权的区域市政局成立，以负责“新界”市政事务。随着港英政府推行代议制改革，1982 年放宽市政局选举的选民资格，居民选举权得以普及。

1. 1983 年市政局和区域市政局选举

“1981 年前，市政局的民主选举是有限制的，能参与的不多，市民对之兴趣不大。它却代表了香港选举政治的整个面貌，因为市政局选举就等于香港政治选举，这是市政局在香港选举史上的位置。”① 进入 20 世纪 80 年代，随着香港地方行政改革的推进，市政局选举有重大进展。根据 1981 年的《白皮书：香港地方行政》，市政局议员名额增加到 30 人，其中 15 名议员由分区直接选举产生。1983 年 3 月，市政局举行第一次分区直选，直选产生的 15 名议员，与 15 名委任议员共同组成新一届市政局。公民协会、革新会、公屋评议会等资深政团派人参与了选举，在市政局 15 个民选议员中有 9 个是来自政团，初步显示了政团的影响力。

2. 1986 年市政局和区域市政局选举

为发展由三个级别的议会组成的完整代议政制架构，香港政府于 1985 年 4 月在“新界”地区成立临时区域市政局，其职权和市政局相同，并在 1986 年 4 月 1 日成立正式区域市政局。区域市政局则由 36 名议员组

① 范振汝：《香港特别行政区的选举制度》，三联书店（香港）有限公司，2006 年版，第 42 页。

成，包括12位由分区直接选举产生的民选议员。1986年3月市政局进行第二次分区直选，选民参与热情高涨，21.8573万人投票。汇点、公民协会、太平山学会、励进会、革新会等政治团体都派人参与其中。

3. 1989年市政局和区域市政局选举

1989年选举是在香港1987—1988年的政制检讨之后举行的，市政局的组成有所变化，除原来的15个民选议席和15个委任议席外，新增10个议席，由市区的10个区议会分别推选1名代表担任（间接选举）。区域市政局的组成则没有变化。仍然由12个民选议席、12个委任议席、“新界”区9个区议会推选的代表以及“新界”乡议局主席和两名副主席一共3位当然议员组成。汇点、民协、公民协会、革新会、公屋评议会、励进会等都派人参与两个市政局选举。此次选举参选候选人为53人，其中20人有政团背景，当选议员27人中15人有政团背景。

4. 1991年市政局和区域市政局选举

此届市政局和区域市政局的组成与上届相比都没有变化。市政局选举选区分为15个，每选区选出1名议员。区域市政局选区分为12个，每选区选出1名议员。在27位民选议员中，有23位有政党（政团）背景，主要政党（政团）参选1991年两个市政局情况见表3.3。

5. 1995年市政局和区域市政局选举

在1995年市政局选举中，市政局共有41名议员，其中32名是由地方选区选出，间选议席由上届的10席降至9席（因油尖区议会和旺角区议会在1994年合并），所有委任议席被取消。虽然民主同盟主席李柱铭在1994年立法局辩论彭定康法案时提出废除当然议席，但此意见最终遭否决①，区域市政局3个当然议席得以继续保留，把直选议员席数增加到27人，间接选举议员9位数量不变。在这次选举中，除区议会代表外，所有地方选区议员均以“单议席单票制”和“票数领先者取胜”的选举

① 《立法局议事记录》，1994年2月23日。

办法选出。选民最低年龄也由 21 岁降低至 18 岁。

表 3.3　主要政党（政团）在 1991 年两个市政局选举中的成绩①

团体	参选人数	当选数目	占当选人比例
港同盟	15	11（73%）	40.7%
自民联	7	3（42%）	11%
民协	2	2（100%）	7.4%
汇点	1	1（100%）	3.7%
公民协会	5	1（20%）	3.7%
革新会	2	2（100%）	7.4%
稳定香港协会	2	2（100%）	7.4%
青关组	1	1（100%）	3.7%
合计	35	*23（65.7%）	77.7%

*由于有 2 名议员是双重会籍，故当选议员数要减去 2 席，实为 21 席。

民主党共派出 36 人参选两个市政局，取得 23 个席位（市政局 12 个、区域市政局 11 个），当选率为 63.9%，成为两个市政局最大的政党。民建联派出 17 人参与两个市政局的地区选举，夺得 8 个席位（市政局 5 个、区域市政局 3 个），当选率为 47.1%。此外，民建联在间接选举中获得 2 席，总席位为 10 个，成为第二大党。民协派出 9 人参选，其中 8 人当选（市政局 5 个、区域市政局 3 个），当选率最高。自由党派出 3 名候选人，结果只有 1 人胜出。

1997 年香港主权回归中华人民共和国，因中英两国政府无法就议员过渡问题达成共识，导致原市政局解散，由行政长官委任全体原有议员及一些新议员组成临时市政局。2000 年 1 月 1 日，行政长官董建华推行市政服务改革，市政局与负责“新界”地区市政服务的同类机构区域市政局一同解散，两局服务经统合后由康乐及文化事务署和食物环境卫生

① 周建华：《香港政团发展与选举（1949—1997）》（修订版），香港大公报出版有限公司，2007 年版，第 123—124 页。

署取代。由以上可知，香港各政党在 1997 年后就没有再参与市政局和区域市政局选举。

二、香港政党参与政权机构选举

香港政党参与政权机构选举是从 1991 年立法局选举开始的，此前香港政治团体已两次参与立法局选举。香港回归极大地丰富了香港政党的参政路径，香港政党不仅参与立法会的选举，还参与行政长官的选举，并利用香港特别行政区这个单独的选举单位参加全国人大代表选举。

（一）参与立法局（会）选举

1. 1985 年立法局选举

1984 年 7 月 18 日，港英政府发表《代议政制在香港的进一步发展》绿皮书。绿皮书在引言中指出，主要目标是要“逐步建立一个政制，使其权力稳固地立根于香港，有充分权威代表港人的意见，同时更能直接向港人负责”。为了达到上述目标，绿皮书建议在未来数年间对立法局、行政局的职能和产生方式进行一系列改革。同年 11 月公布的代议政制白皮书，确认了绿皮书提出的政制改革的目标和方向。代议政制白皮书的主要内容集中在 1985 年立法局选举部分议员由间接选举（功能团体选举和选举委员会选举）产生，并把民选议员人数由绿皮书规定的 6 席增加到 24 席。

功能团体分为 9 组，产生 12 个议席。① 功能组别投票方式是“按选

① 其中商界、工业界和劳工界各 2 席，金融界、社会服务界、医学界、教育界、法律界、工程师及有关专业界各 1 席。

择次序合计选票办法”（preferential addition voting system）。[①] 候选人有 25 名，其中 3 人有政团背景，他们是工联会的谭耀宗、公民协会的高家裕、邹伟雄，最后结果是谭耀宗当选。实践证明，功能团体的间接选举对香港政党政治起到弱化作用。因为代表功能的议员往往不需要大规模的动员，甚至不需要全港性的政纲，只要获得界别内主要利益团体支持就可当选，从而界别议员没有加入政党的紧迫性。功能界别中的政党身份议员，因对政党的依赖度低，在面对界别利益与政党立场冲突的问题时，往往会放弃政党立场以迁就界别利益。如后来成立的、作为主要由功能团体议员组成的自由党，就急于设立“豁免”条款，准许其议员在界别利益与政党立场冲突时，可以不跟政党投票，因此被媒体称为“自由党非常自由”。[②]

1985 年立法局选举团选举产生 12 个议席，[③] 采用的投票方式是“多轮淘汰制”（multiple ballot run-off system）。在选举团选举出的 39 名候选人中，有政团背景的 10 名，励进会、公民协会、港九工团联合会、工会联合会、汇点和革新会等政团派人参与角逐，其中 3 名政团人士当选。

2. 1988 年立法局选举

港英政府在 1987 年进行了政制检讨，公布了《1987 年代议制发展检讨绿皮书》，提出 1988 年立法局引入直接选举的建议，引发了一场是否进行“八八直选”的争论。

1988 年 2 月 10 日推出《代议政制今后的发展白皮书》，肯定功能组别选举。在参加 1988 年立法局功能组别选举的 20 名候选人中，有政团背景的 3 人，最后有 2 人当选。

此次选举保留了 12 个选举团议席，但投票方法由“多轮淘汰制”改

---

① 选民在选票上在其本人首选的候选人姓名右边写上“1”，在次选的候选人姓名右边写上“2”，以此类推。

② 马岳、蔡子强：《选举制度的政治效果——港式比例代表制的经验》，香港城市大学出版社，2003 年版，第 55—56 页。

③ 在选举团选举中，10 席由区议会议员选出，当时的 18 个区议会组成港岛东、港岛西、九龙城、观塘、深水埗、黄大仙、九龙南、“新界”东、“新界”西和“新界”南等 10 个组，各组占 1 席，另外 2 席由市政局及区域市政局各分 1 席。

为“按选择次序淘汰制”（alternative vote）[①]。改变投票方法，是基于对“多轮淘汰制”的耗时、易使候选人之间积怨等弊端充分认识的结果[②]。在“按选择次序淘汰制”下，选民可以根据自己喜好在选票中排列候选人的顺序，在点票时，如果有候选人获得第一选择票超过半数，即可当选。如果没有人过半数，则不需要进行第二轮投票，而是把最少票数的候选人淘汰，并把他的支持票按其票上的第二选择，分别转移给其他还没被淘汰的候选人，再看看是否有候选人可获得半数票而当选。如果没有的话，就再重复以上程序，一直到有人过半数票为止。“按选择次序淘汰制”切实克服了“多轮淘汰制”的弊端，也能比较精确地反映民意，是比较先进的选举制度。但这种“按选择次序淘汰制”的“下行剔除”，在某些情况下会“剔除和谐型候选人”而“任命分化型候选人”，违背了选举的“合民意”标准。[③] 在选举团 26 名候选人中，有政团背景者达 14 名，最后有 4 人成功当选。

3. 1991 年立法局选举

此次选举第一次设置直选议席，分区直选采用“双议席双票制”，全港分成 9 个选区，每区选出 2 席，即总共有 18 席。每名选民最多可选择 2 名候选人，采用“简单多数决制”，每区获得最高票数的 2 位候选人当选。香港政府把此次立法局选举定为“双议席双票制”的理由是在以前的区议会选举中，在采用了双议席的选区中，有部分选民把一票投给民主派的候选人，而把另一票则投给保守派候选人，较少出现民主派全拿 2 席的情况，以保持立法局内激进、保守两大政治势力的均衡。但民主派

① 美国人称这种选举制度为“instant runoff”，澳大利亚人称之为“preferential voting”，赵心树先生称这种选举制度为“即可复选制”。参见赵心树：《选举的困境——民选制度及宪政改革批判》（修订版），四川出版集团，2008 年版，第 355 页。

② 港府在 1987 年对此投票制检讨时指出：该制度在有多名候选人竞选的选区需要很长时间才能得出结论，候选人在小圈子选举大致可以洞察每次投票的情形，知道投票人支持哪一位候选人，有时使候选人之间积怨难消。参见港府《一九八七代议政制发展检讨绿皮书》。

③ 赵心树：《选举的困境——民选制度及宪政改革批判》（修订版），四川出版集团，2008 年版，第 364—365 页。

政党港同盟与汇点在这次选举中联手，加上“1989年春夏之交发生的政治风波”事件的效应，在直选的18席中夺得14席，而且在其中6个选区中全拿2席。当时社会就这个结果分析认为是因为联票效应（coat-tail effect）的出现。即一位强大的候选人带着一位较弱的候选人，呼吁支持自己的选民把第二票投给较弱者，使较弱的搭挡击败其他对手。其中较突出的包括港岛东的文世昌（得票中有95％是与李柱铭的联票）、港岛西的黄震遐（85％为与杨森联票）、九龙中的琳炬成（82％为与刘千石联票）、九龙东的李华明（85％为司徒华联票）等。① 也有学者认为：“1991年的‘联票效应’事实上是‘政党效应’的显现，选民投联合参选的人的全票，代表他们支持这个政党的全部候选人；知名度较逊的候选人纵使没有政治明星的‘提携’，只要背上政党或政治明星推荐的标签，仍然可吸引到相当的选票”。② 这个问题不可能是单方面因素作用的结果，“联票效应”、“政党效应”共同发挥了作用。在参加此次直选的54名候选人中，37人有政党（政团）背景。在当选的18名议员中，16人有政党（政团）背景。在分区直选中，18个议席，16位当选者有政党（政团）背景。各方当选情况是：香港民主同盟12席，汇点3席，民协1席，稳定香港协会1席（由于当选人涉嫌伪造文件欺诈案，被迫在立法局议员宣誓前辞职，其议席空缺由汇点成员在补选中获得）。关于各政党（政团）得票等情况，见表3.4。

18个功能组别角逐21个议席，投票方法继续采用“按选择次序淘汰制”。各政党（政团）对功能组别选举也十分重视并取得突出成绩，在当选的21名议员中，13人有政党（政团）背景。各方当选情况是：自民联3席，港同盟2席，香港工商专业联会2席，香港民主促进会2席，工联会、工团、稳定香港协会和新香港联盟各1席。

① 雷竞璇、冯荣锦：“探讨双票制中的‘联票’问题”，郑宇硕、雷竞璇《香港政治与选举》，（香港）牛津大学出版社，1995年版，第287—294页。

② 马岳、蔡子强：《选举制度的政治效果——港式比例代表制的经验》，香港城市大学出版社，2003年版，第20页。

表 3.4　主要政党（政团）在 1991 年立法局直接选举得票情况①

名称	候选人数	议席	得票数	占总票数%	占投票人数%	占登记选民%	占合资格选民%
港同盟	14	12	618209	45.1	82.4	32.2	16.98
汇点	3	2	98588	7.2	13.1	5.1	2.7
民协	3	1	60770	4.4	8.1	3.2	1.7
自民联	5	0	70688	5.2	9.4	3.7	1.9
港人论坛	1	0	29902	2.18	3.98	1.56	0.82
新港盟	2	0	11934	0.87	1.59	0.6	0.3
公民协会	1	0	14145	1	1.88	0.7	0.38
革新会	1	0	8257	0.6	1.1	0.4	0.2
工联会	1	0	44894	3.27	5.98	2.3	1.2

4. 1995 年立法局选举

彭定康在 1992 年任港督之后，在当年的首份施政报告中就推出政改方案，对立法局改革的内容涉及立法局的组成、选举方法等。一是改变功能组别中的法人团体投票，在“新九组”选举中，选民资格包括所有在业人员，并实行一人一票。这实际上是把功能组别由原来的间接选举搞成直接选举；二是取消官守及委任议席，设置选举委员会并负责选出 10 名立法局议员，选举委员会成员的大部分或全部由直接选举产生的区议员组成；三是分区直选实行“单议席单票制”，采用“相对多数制”，这种选举制度安排，有促进政党聚合的作用，易形成两党制，立法局也容易被大党掌控。②

1995 年立法局选举地方直选议席数为 20 个，全港分为 20 个选区。在投票方法上，早在 1992 年立法局对 1991 年选举进行检讨时，因港同

① 周建华：《香港政团发展与选举（1949—1997）》（修订版），香港大公报出版有限公司，2007 年版，第 131 页。

② 范振汝：《香港特别行政区的选举制度》，三联书店（香港）有限公司，2006 年版，第 55 页。

盟等政党是“双议席双票制”的受益者，它们主张继续坚持此选举制度。而启联资源中心（自由党前身）、自由民主联盟等政党（政团）主张采用“多议席单票制”，希望该制度使少数派得到的议席增加。由于港同盟等激进派在专责委员会是少数，选举专责委员会的报告最后建议采纳“多议席单票制”为1995年立法会选举制度。但在1992年7月立法局辩论选举专责委员会时，激进派议员在最后关头与一些政见温和的政团及部分委任议员达成协议，共同支持“单议席单票制”，并在立法局成功通过。①

此次功能组别选举废除各种形式的法团投票，除了市政局、区域市政局和乡议局等3个选民基数较小的组别继续采用“按选择次序淘汰制”外，其他功能组别都改为“票数领先者当选制”（劳工界别因有2席，故保留“双议席双票制”，其他组别都采用“单议席单票制”）。此次功能组别选举与以往最大的不同之处，就是“新九组”的选举方法。任何在1991年人口普查中申报从事其中一个行业的在职人士，都会自动成为“新九组”其中一组的选民，当时的选举事务委员会还选用了“在职人士多一票”作为宣传口号。因为“新九组”都是一人一票产生的，而选民数目高达106万，所以这9个议席变相成了直选议席。

在彭定康的政改方案中，选举委员会选举采用“单一可转移票制”(single transferable vote)。选民可在候选人名单上按喜好顺序填画上第一到第十的选择。候选人如果获得多于当选基数②所得的选票便当选。当选后的候选人的余票，按第二选择分配给其他候选人。在票数转移后，如果当选的人数仍少于所需选出议席数目，就会开始淘汰得票最少的候选人，然后把其得票按第二选择票转移，直到有足够人数当选为止。

1991年立法局引进直接选举机制，进一步催生了香港的政党，以致在1995年的立法局选举中，政党、政团的参与度达到历史新高，约七成

① 马岳、蔡子强：《选举制度的政治效果——港式比例代表制的经验》，香港城市大学出版社，2003年版，第20—21页。

② 当选基数，即“黑尔基数”(Hare Quota)，只要有关候选人或候选名单每取得数额一倍的票数，便能获分配一个议席。黑尔数额的计算方法，是将总有效票数除以议席数目。名称源自其发明者：英国大律师托马斯·黑尔（Thomas Hare)。1995年立法局选举委员会选举10名议员，故“黑尔基数”为总选票的1/10。

半的当选者有政党、政团背景（主要政党选举情况见表 3.5）。由于 1995 年立法局“单议席单票制”对建制派政党的消极影响，建制派政党的成绩并不理想。在 1995 年立法局选举中，建制派政党往往成为该制度的牺牲品。除了自由党外，建制派政党在直选中所得议席比例都低于选票率。①

表 3.5　主要政党在 1995 年立法局得票情况②

	民主党	民协	民建联	自由党
地区直选得票	385，428	87，072	141，801	15，126
地区直选得票率	41.9%	9.5%	15.4%	1.6%
地区直选议席	12	2	2	1
功能组别议席	5	1	2	9
选举委员会议席	2	1	2	0
所得议席	19	4	6	10

5. 1996 年临时立法会选举

在后过渡时期（《香港基本法》制定之后），由于英方在香港回归前后立法机关“直通车”问题上不合作，中国政府被迫依法组建临时立法会。1996 年 3 月 24 日，全国人大香港特别行政区筹委会第二次全体会议通过了《全国人大香港特别行政区筹委会关于设立香港特别行政区临时立法会的决定》，该决定规定临时立法会由 60 名议员组成，由第一届特别行政区政府推选委员会全体委员选举产生，工作时间到特别行政区第一届立法会产生为止，不超过 1998 年 6 月 30 日。1996 年 10 月 5 日，香港特别行政区筹委会第 5 次会议通过《中华人民共和国香港特别行政区临时立法会的产生办法》。该办法第 5 条规定，临时立法会议员的候选人，由推选委员会委员从香港社会各阶级、各界别符合资格的人中提名

① 马岳、蔡子强：《选举制度的政治效果——港式比例代表制的经验》，香港城市大学出版社，2003 年版，第 23 页。

② 维基百科，“1995 年香港立法局选举”词条。

产生。每10名推选委员会委员可联合提名一位候选人，每名推选委员会委员参与联合提名的次数不得超过5次。第7条规定，临时立法会议员由推选委员会委员以不记名投票的方式选举产生。推选委员会委员推选监票人负责监票。所投选票等于或少于投票人总数，投票有效；所投选票多于投票人总数，投票无效，须重新进行投票。每名推选委员会委员在候选人名单的范围内，有权投60人的票。所选人数多于60人的选票或所选非中国籍的候选人和在外国有居留权的候选人多于12人的选票为无效票。候选人按得票多少排列次序，得票数名列前60名者当选，在当选者中，非中国籍的候选人或在外国有居留权的候选人不得超过12人。如果得票名列前60名的非中国籍的候选人或在外国有居留权的候选人超过12人，则在此类候选人中得票排名在第13和其后者不得当选；由在外国无居留权的中国籍候选人按得票多少依次当选。如果最后出现2人或2人以上票数相等的情况，而无法确定最后一名当选者，应由推选委员会委员对票数相等的候选人再次投票，票数多者当选。第9条规定，临时立法会议席如出现空缺，由在选举中未当选的候选人按得票多少次序依次递补，但非中国籍的议员和在外国有居留权的议员在临时立法会中所占比例不得超过全体议员总数的20%。

1996年12月，400名推选委员会委员在深圳举行临时立法会选举。选举以无记名投票举行，在130名候选人中选出60名议员，34名现任议员中有33人当选。

民主党、前线等反对派政党认为临时立法会缺乏法理依据，拒绝参加选举，反对派政党中只有民协参加临时立法会的选举，并获得4个席位。参加此次选举的主要是民建联、港进联、自由党、自民联等建制党派，其中民建联有11人当选，港进联有8人当选，自由党有10人当选，自民联有3人当选。

6. 1998年第一届立法会选举

第一届立法会由功能组别、分区直选和选举委员会三种方式选举产生。此次选举投票制度有较大的改变。《1998年立法会选举活动指引》第一章第七部分（投票制度）中对立法会选举制度有详尽的解释。在地方选区选举中，基于对“单议席单票制”弊端的充分认识，实行“比例代表名单”投票制。在《立法会条例》附表1中第1—2部指明的6个特别功能界别①选举中，实行“按选择次序淘汰”投票制；在《立法会条例》附表1第3部指明的22个功能界别②、选举委员会选举中，实行“得票最多者当选”的投票制。

香港立法会分区直接选举实行“黑尔基数”（Hare quota）下的“最大余数法”（the largest remainder method）的“比例代表制”。在这种制度下，候选人必须以选举管理委员会指定的提名表格，按名单形式提名一名或多于一名候选人的组合。选民有权投单票给予某一名单，而没有权投票给予任何个别候选人。各地方选区选举的选票基数，会以有效选票的总和除以议席空缺计算出来。任何一份名单得票达到基数时，即有一名候选人当选为议员，如有空缺，则会由有效余票（扣除选票基数后）最多的名单余下的候选人当选。“比例代表制”的好处有：一是公正，很少有废票；二是反映选民的真实构成；三是不会有“选区地理学”，即不会为选举胜利而在选区划分上作文章；四是能够容纳专家；五是有利于新的政治力量发展和组织新的政党；六是防止政治上的突变，保持社会稳定。③ 还可以防止在立法会议席被大党所控制。但也有人认为“比例代表制”存在弊端④：一是政党不能健康发展，反而在公众眼中产生“成事不足、败事有余”的形象；二是立法会四分五裂，无法发挥代表社会利益、影响政府决策、监督行政机关的角色；三是行政与立法之间关系紧张，导致立法工作和公共资源使用方面的虚耗；四是行政高层虽号称“主导”，但因缺乏民意基础、立法会稳定多数的支持和广泛社会组织合作，经常是“议而不决、决而不行”。

---

① 指市政局、区域市政局、乡议局、渔农界、保险界和航运交通界。

② 指教育界，法律界，会计界，医学界，卫生服务界，工程界，建筑、测量及都市规划界，劳工界，社会福利界，地产及建造界，旅游界，商界（第一），商界（第二），工业界（第一），工业界（第二），金融界，金融服务界，教育、演艺、文化及出版界，进出口界，纺织及制衣界，批发及零售界和资讯科技界。

③ 甘超英：“香港民主政治的里程碑”，肖蔚云：《香港基本法的成功实践》，北京大学出版社，2000年版，第98页。

④ 关信基：“序言”，马岳、蔡子强：《选举制度的政治效果——港式比例代表制的经验》，香港城市大学出版社，2003年版。

直选投票制度由“单议席单票制”向“比例代表制”的改变无疑将对香港政治发展产生影响，即会促进香港政党政治的发展。姬士(R. Katz)认为，在“比例代表制”下，候选人倾向以政纲为卖点，而在“单议席单票制”下，则以单一议题特别是候选人个人品格操守及地区事务为卖点。姬士还认为，在“比例代表制”下，选民是“选党”而不是“选人”，故此政党形象比个人形象重要。古沙（D. Farrell）对此认为，“比例代表制”由于选区较大，选举工程的成本增加，故此政党内的候选人会更依赖政党支付选举开支，而且大党往往可获得某些席位，保障了某些候选人的当选和他们政治生涯的稳定性，故此候选人会较为服从政党，选举工程因而会以政党为中心。[①] 此外，“比例代表制”下的“封闭名单法”也加强了政党的权力，增强政党的凝聚力[②]，促进候选人对所在政党的依赖。“比例代表制”对政党政治的进一步影响是，有利于多党制的形成。根据杜瓦杰定律（Duverger's Law），“相对多数制”（relative majority system）更容易产生两党制，而“比例代表制”（proportional representation system）则倾向于产生多党制。理由是小党与其“玉碎”，不如“瓦全”，依附于更接近于自己诉求的大党。而大党的压力也很大，为了增强与对手竞争的实力，倾向于吸收尽可能多的小党。“比例代表制”则鼓励多党的存在，为小党进入议会提供可能，易形成多党制。其实，这种选举制度并非完全对小党有利，因为在香港每个选区只能选出3—5名议员，起码要得到一成选票才有机会当选。在1998年香港立法局选举中，民协主席冯检基在九龙西区获得19.2%选票，但仍然落选。[③]

市政局等6界别选举采用的投票方法是“按选择次序淘汰制”。《立法会条例》第50条规定，在这一类功能界别中，选民有权投单票。该票可在获得提名参选的候选人之间转移，选民必须在选票上按递降次序就

① 马岳、蔡子强：《选举制度的政治效果——港式比例代表制的经验》，香港城市大学出版社，2003年版，第85页。

② “比例代表制”能够增强政党的凝聚力是一般情况，如果候选人因内部排名问题发生争议反而会分化政党凝聚力，法国1986年大选就是例证。香港政党选举也发生类似问题。

③ 马岳、蔡子强：《选举制度的政治效果——港式比例代表制的经验》，香港城市大学出版社，2003年版，第31页。

一名或多名候选人填画一项或多于一项的选择次序。候选人必须获得绝大多数票才可以当选。如果没有候选人在点票的某阶段获得绝大多数票，则得票最少的一名候选人必须在该阶段被淘汰，该名被淘汰候选人的得票必须按照选票上填画的下一项可用选择转移给余下的候选人。这项程序必须继续到有一名候选人相比余下另一名候选人或其他候选人获得绝对多数票为止。这种投票方法比较高效，选民只投一次票即可。同时这种方法还能最大程度反映选民对每个候选人的认可程度。

选举委员会投票方式改为“全票制”（block vote），选民可投票选取的候选人数必须少于或等于议席空缺的数目，取得最多票数的候选人当选为议员，然后依次按得票多少定出第二位当选者，以此类推，直到选出所有议席为止。这种制度通常有“胜者全胜”（winner-takes-all）的性质，有利于多数派。选举委员会选举结果是民建联等建制派政党尽揽10个议席，而民主党等反对派政党一无所获。

香港主要政党在1998年立法会选举具体得票等情况，见表3.6。

表3.6　1998年立法会选举各政党的选票及议席比例①

	民主党	民建联	民协	前线	自由党	民权党
总投票	634635	373428	59034	148507	50335	41633
得票比例	42.8%	25.2%	4.0%	10.0%	3.4%	2.8%
直选所得议席	9/20	5/20	0/20	3/20	0/20	1/20
直选议席所得比例	45%	25%	0%	15%	0%	5%

7.2000年第二届立法会选举

第二届立法会仍然是由60名议员组成，由功能团体选举产生议员数

① 马岳、蔡子强：《选举制度的政治效果——港式比例代表制的经验》，香港城市大学出版社，2003年版，第31页。

不变，选举委员会选举产生的议员数量由上届的10名减少到6名，分区直选议员数由原来的20名增加到24名。

选举委员会选举采用“全票制”。每名选举委员会委员必须选出6名候选人，并把候选人姓名左边的椭圆圈用投票站提供的黑笔填满。计票方法十分简单，当选者是得票数排在前6名者。

功能组别选举制度有所调整：劳工界别（3个议席）采用“得票最多者当选制”，每位选民使用投票站提供的印章最多可以投3票。选民较少的乡议局、渔农界、保险界和航运交通界四个界别采用“按选举次序淘汰制”，选民必须选择最少一名候选人，并在第一候选人姓名右边的圆圈内用笔填上“1”，第二选择填上“2”，以此类推。其他23个功能界别采用“得票最多者当选制度”，每名选民都有权投一票，他们要在所选择候选人姓名旁的圆圈内使用投票站提供的印章盖上“√”号。

地区选举沿用名单投票制，每位选民都有权在所属地区内投票，只需在选票上选择他们所看好的一份候选人名单，然后使用投票站提供的印章在名单旁边的圆圈内盖上“√”号，并以“最大余额法”计算出选举结果。

在“比例代表制”下，与采用“基本汉狄法”① 比较，采用“最大余额法”计票对大党不利，1998年立法会港岛议员选举采用不同计票方法导致的议席分配不同就是例证。

地区直选采用“封闭名单法”，即选民只能投票支持整份候选名单，而不可就名单内的个别候选人作出选择，候选人能否当选主要取决于他（她）在名单中的位置。封闭名单法有利于政党对党员的控制，但不利于选民表达对候选人的好恶，即在选民不喜欢的人排在名单首部、而喜欢的人排在名单底部的情况下，选民的投票一般反而促成前者当选、对后者却无济于事，除非整个名单上的候选人都当选。于是，香港有人主张

---

① “汉狄法”为“比例代表制”选举形式之一。基本规则为：每一党派所取得票数，除以1给第一候选人，除以2给第二候选人，除以3给第三候选人。然后各党派所有候选人得票最多者（与议席数目比较）为胜。在澳门，不论是直接或间接选举，都采用“改良汉狄法”，即一组别取得票数除以1给第一候选人，除以2给第二候选人，除以1（而非一般汉狄法的除以3）给第三候选人，以几何级数除之分配给同组各候选人。此法首次应用在1992年选举中。

实行“开放名单法”，即选民在把票投给某名单时，可同时在名单上显示其支持的候选人。在分配议席时，首先计算该名单的总得票，按比例分配议席，得票较多者当选，而不是排在名单前列者当选。“开放名单法”也不是十全十美，在没有政党法的情况下，无法防止几个政见差异很大的独立候选人组成一张联合名单参选，造成不合理的“联票效应”；该制度鼓励独立候选人组成名单参选，对政党抢夺议席不利，政党内部也可能各自为战，不利于政党内部强化纪律和整合，从而阻碍政党发展和民主进程。

同一政党内部或友党之间减少在同一选区的竞争是应对这种投票方法的策略。为此，建制派阵营加强内部协调，民建联与港进联在港岛、“新界”西组成联合参选名单，避免了选票分化，提高了当选率。联合参选、集中选票，可以提高当选率，但这只是一般情况，也存在特例。在1998年立法会选举中，前线的李卓人和梁耀忠因名单排名发生纠纷，最后只好以两份名单参选，结果是两人都当选。如果两人在同一张名单上，反而仅是一人当选。李卓人和梁耀忠各自为战胜出的经历激励了反对派政党对拆分名单参选的热情，拆分名单一时成为讨论的热点议题，曾健成还因拆分名单参选要求未被党中央满足而退出民主党。民主党在2000年立法会“新界”西选举中，就拆分了3张名单参选，在“新界”东拆分了2张名单参选。与拆分名单选举相配套的选举工作是“配票”（vote-equalization or vote division），民主党采用划分选区的配票方法。因选区分配问题，候选人之间及候选人与党中央之间也发生争议。

民主党在此次立法会选举中获得12席，前线、职工盟都获得2席，民协和街工各取得1席。建制派是此次选举的大赢家，民建联取得11席，自由党、早餐派各取得8席，港进联取得5席，工联会和劳联各取得1席。

8. 2004年第三届立法会选举

香港第三届立法会取消选举委员会选举，地区直选则增加6席，总数为30席，另外30席由功能组别产生。间接选举议员的减少、直接选举议员的增加，切实体现了香港民主得到循序渐进的发展。

功能界别选举，除劳工界有3席外，其余界别均各有1席。乡议局、渔农界、保险界及航运交通界采用按“选择次序淘汰制”；劳工界采用“全票制”；其余功能界别采用“单票制”。工业界、商界等实行团体票或公司票为基础，没有个人资格的选民。有人建议实行从业人员的一人一票，学习彭定康的“新九组案”。其实，团体选举是针对公司（法人）的平等，不是针对选民（自然人）的平等。如果职业界别实现一人一票，加上分区的一人一票，则在职人员就是一人两票。这对非在职人员就不公平，也违反了普选要求平等的精神。

选举在2004年9月12日举行，投票人数达178.4131万人，是历届之冠；投票率为55.64%，打破了1998年53.29%的纪录。

此次选举，民建联占12议席，是拥有最多席位的政党。自由党占10席，而民主党占9席，“基本法45条关注”（公民党前身）获得4席，“泛联盟”[①] 取得4席，工联会2席，前线、民协和街工各1席。这次选举为立法会大换血，其中18人为新任议员，占议员总数的30%。

9. 2008年第四届立法会选举

2008年立法会，由功能界别的选举和分区直选各产生30名议员组成。此次立法会选举凸现出以下几个方面的特点：

一是两大阵营参选的主打牌相同。香港政治势力的分野不是以社会成分来定位，而是以与特别行政区政府的关系来定位。长期以来在选举政纲方面，建制派的主打牌是民生问题，而反对派的主打牌是民

① “泛联盟”(The Alliance)，即新“早餐派”。“早餐派”是因李家祥、何钟泰几位独立议员1996年通常在吃早餐时讨论政事而得名。2004年10月，“早餐派”改组，成员包括陈智思、吕明华、石礼谦、何钟泰，连同首次晋身立法会的刘秀成决定重组组织后，正式定名为泛联盟。以“United In Diversity（和而不同）”为口号，各人投票取向会统一，联盟也设有发言人制度。“泛联盟”秘书长是石礼谦。“泛联盟”议员虽然表明他们不是亲政府派，也不是民主派，会站在香港整体利益的立场审议各项政策。不过，其政治立场其实比较倾向政府，而对政府政策也甚少投反对票。“泛联盟”在立法会不是一个政党，成员都是无党派背景。组织只是某几位议员在政见上的一个结盟，而对各议员的投票意向均没有约束力。2008年第四届立法会成立后，“泛联盟”改组兼改名，现叫“专业会议”(Professional Forum)。

主问题。由于近年民生矛盾尖锐，港人对民生问题十分关注。民生议题压倒性地成为这次立法会选举的主要诉求，参选各方对民生问题都十分重视。建制派一如既往地关注民生。民建联以“您我同心，香港可以更好”为口号，以“关爱共享、融合创新、绿色发展、理性向前”为政纲；工联会在争取劳工权益与基层利益方面，成绩斐然，而成为民调中的“最佳政党”。就是代表资本家参政的自由党也关注民生，关注发展边境禁区带动就业、畅顺交通。为在选举中获得更多选票，反对派政党转变参选策略，也以民生牌为主打牌。民主党以“有事都是要找民主党”为选举口号，表明要做实事的心迹，选举政纲是在高通货膨胀下纾解民困，特别提出青年政策和妇女政策，还有更具体的保育政策。民协以表述正面的“务实拼搏”作为民生政策路线，继续关注中下阶级市民，以争取最低工资、长者生活保障，以及监察油商、改善运输业界生活作为竞选政纲。职工盟以“天下为工”为口号，强调做实事，帮打工仔争取权益。反对派虽以民生牌为主打牌，但对民主牌依然很重视，继续利用政制问题吸引港人眼球。反对派向选民宣传要在立法会保持“关键少数”议席（至少20个议席），以保持在政改中讨价还价的能力。

二是香港政治生态的政党化色彩浓重。[①] 仅就立法会人员的政治背景而言，在新选出本届立法会的60名议员中，具有政党身份者有44人，占议员总数的73%。特别是地区直接选举产生的议员，具有政党身份者达27人之多，占地区直接选举议员总数的90%。此次立法会选举结果显示更多的政党人士进入立法会，表明政党在香港政治生活中的影响力。其实自港英立法局引进直选机制以来，立法局（会）议员中政党人士就逐步增加，立法局（会）被政党人士掌控程度越来越高，具体情况见表3.7。

---

① 政党理念在这次功能界别选举中遭到较强的抵制，因专业人士对政党的负面观感仍然存在，选民明显不希望太多政党关系牵涉入界别之中。在功能界别选举中，有政党身份、试图以政党为卖点的候选人，除了个别担任多年业界议员者外，大部分新秀成绩并不理想。

表 3.7　立法局/立法会内具政党/政团背景的议员统计表①

年份	具政党/政团背景人数	比率
1991	31	50%
1995	39	65%
1998	39	65%
2000	41	68%
2004	41	68%
2008	44	73%

三是建基于社会基层的政党与建基于工商界的政党选绩悬殊。这次香港立法会选举，代表基层利益的社民连在分区直选中取得 3 席，令人侧目。而标榜工商界参政的自由党，参加直选的候选人全军覆没，连党主席也没有胜出。自由党在地区直选失利的原因是多方面的。与其他国家、地区的财团对选举的影响有很大不同，香港工商界参加地方选举力量一直比较薄弱，其参政代表在立法机关的议席，从港英政府时期以来主要是靠政府委任和功能团体选举。② 香港建基于社会基层的政党的崛起成为不可逆转的客观事实，为防止民粹主义的盛行，香港的立法会选举不能不需要功能界别选举。作为工商界参政的自由党在新一届立法会的议席全部由功能团体选举产生，充分说明功能团体的间接选举是工商界参政的主要途径。香港民主党、公民党等反对派政党一直有早日进行立法会普选的要求，希望直接取消功能界别，全面进行地区性的直选。其

① 冷夏、吴文涛：《论香港立法会议员的专职化》，三联书店（香港）有限公司，2009 年版，第 43 页。

② 建基于工商资产阶级的香港自由民主联盟，在 1991、1995 年的立法局选举中，参加直选的候选人全部败北。自由党长期以来极少参加立法局（会）地区直选，其议员一般靠委任或功能组别等间接选举。这些情况都表明作为社会上层的香港资本家政党（政团），在港民中缺乏足够的认同。

实，普选不等于是直选，直选仅是实现普选的一种方式或手段。“普选，没有一个放诸全球皆准的模式，《公民权利和政治权利国际公约》也没有规定普选的模式，每个国家都可以按照自己的国情去制定选举的方式，只要符合普及而平等的原则，便是普选。一人一票地区直选并不是唯一的普选方式。”① 普选是强调选举权的普遍性和平等性，而直选强调的是选民直接选出公权力的行使者，它是普选的一种方式，也是非普选的一种方式。今天美国总统选举仍然是间接选举，而没有实现直选，但我们不能因此说美国在总统选举问题上没有实现普选。如果将香港的分区直选议席部分比同英国的平民下院或美国的众议院，则它的主要功能是代表各方民意，功能组别的作用可以比作英国的贵族上院或美国的参议院，它起保守、稳定的作用，以平衡平民院过激的行为。② 借鉴西方主要国家议会设计理念和技术角度，考虑到香港社会阶级结构状况和相互关系，以及各阶级政治参与、利益表达的实际需要，香港立法会议员的主体结构必须与香港社会阶级结构相适应，立法会中应有一定数量的社会中上层人士。

（二）参与行政长官选举

关于行政长官的产生办法，《香港基本法》第 45 条和附件一作了规定。此外，《全国人大关于香港特别行政区第一届政府和立法会产生办法的决定》（以下简称《决定》）也对第一任行政长官的产生办法作了具体规定。

《香港基本法》第 45 条规定：“香港特别行政区行政长官在当地通过选举或协商产生，由中央人民政府任命。行政长官的产生办法根据香港特别行政区的实际情况和循序渐进的原则而规定，最终达至由一个有广泛代表性的提名委员会按民主程序提名后普选产生的目标。行政长官产

---

① 梁爱诗：“序”，冷夏、吴文涛：《论香港立法会议员的专职化》，三联书店（香港）有限公司，2009 年版，第 3 页。

② 范振汝：《香港特别行政区的选举制度》，三联书店（香港）有限公司，2006 年版，第 146 页。

生的具体办法由附件一《香港特别行政区行政长官的产生办法》规定。”《香港基本法》附件一明确规定：1. 行政长官由一个具有广泛代表性的选举委员会根据本法选出，由中央人民政府任命。2. 选举委员会委员共800人，由下列各界人士组成：工商、金融界200人，专业界200人，劳工、社会服务、宗教等界200人，立法会议员、区域性组织代表、香港地区全国人大代表、香港地区全国政协委员的代表200人，选举委员会每届任期5年。3. 各个界别的划分，以及每个界别中何种组织可以产生选举委员的名额，由香港特别行政区根据民主、开放的原则制定选举法加以规定。各界别法定团体根据选举法规定的分配名额和选举办法自行选出选举委员会委员。选举委员以个人身份投票。4. 不少于100名的选举委员可联合提名行政长官候选人。每名委员只可提出一名候选人。5. 选举委员会根据提名的名单，经一人一票无记名投票选出行政长官候任人。具体选举办法由选举法规定。6. 第一任行政长官按照《全国人民代表大会关于香港特别行政区第一届政府和立法会产生办法的决定》产生。7. 2007年以后各任行政长官的产生办法如需修改，须经立法会全体议员2/3多数通过，行政长官同意，并报全国人民代表大会常务委员会批准。

《决定》中关于行政长官选举的内容有：在1996年内，全国人民代表大会设立香港特别行政区筹备委员会，负责筹备成立香港特别行政区的有关事宜，香港特别行政区筹备委员会负责筹组香港特别行政区第一届政府推选委员会，推选委员会全部由香港永久性居民组成，必须具有广泛代表性，推选委员会由400人组成，① 比例如下：工商、金融界25％，专业界25％，劳工、基层、宗教等界25％，原政界人士、香港地区全国人大代表、香港地区全国政协委员的代表25％。推选委员会在当地以协商方式、或协商后提名选举，推举第一任行政长官人选，报中央人民政府任命。第一任行政长官的任期与正常任期相同。

虽然《香港基本法》规定行政长官可由协商或选举产生，但是香港

---

① 此后的行政长官选举委员会都是由800人组成，社会人员构成及比例保持不变。香港特别行政区政府2012年政改方案规定选举委员会人数由800人增至1200人，该方案在2010年6月24日经立法会2/3多数通过。

各任行政长官都是由选举产生。1996 年 11 月 15 日，行政长官推选委员会举行第一次全体会议，提名产生没有任何政党（政团）背景的董建华、杨铁梁、吴光正 3 名行政长官候选人。3 名候选人在 11 月 27 日召开的第二次全体会议上向推选委员会介绍本人情况和施政主张，并回答记者提问。12 月 11 日，推选委员会第三次全体会议进行选举，400 名推选委员会委员全部出席，发出选票 400 张，收回 400 张，其中一张废票，一张弃权票，有效票 398 张。董建华得 320 票、杨铁梁得 42 票、吴光正得 36 票。

香港立法会就行政长官选举问题，在 2001 年 7 月专门制定了《行政长官选举条例》，对选举进行具体规制。关于行政长官选举的投票制度，《行政长官选举条例》采用的是“绝对多数制”及两轮投票法（two-round run-off system）。每名选民可投一票，投票方式是利用有“√”号的印章填画选票，以显示其所选择的候选人。任何候选人如在第一轮投票中，从所投的有效票总数中取得过半票数（即绝对多数票），则当选。如果没有人在第一轮投票中获得绝对多数，那么只有得票最多的两位候选人可以进入第二轮角逐，所有其他候选人均会被淘汰。未被淘汰的候选人将进入下一轮投票，直至有一名候选人取得绝对多数票胜出为止。两轮投票制对在选举委员会内占多数的建制派有利，这“在制度上多加一重保障，令少数派难以突袭成功”①。

在 2002 年行政长官选举中，因在提名期结束时只有一名候选人（董建华）的提名有效（714 名选举委员会委员提名），董建华自动当选。

香港行政长官选举对政党（政团）背景是有严格限制的。1996 年 10 月香港特别行政区筹委会通过的《第一任行政长官人选的产生办法》第 4 条规定：“有意参选第一任行政长官的人应以个人身份接受提名。具有政党或政治团体身份的人在表明参选意愿前必须退出政治团体。”②《行政长官选举条例》第 31 条规定，在选举中胜出的候选人必须在宣布当选的 7 个工作日内表示他不是任何政党成员，也不会成为任何政党的

① 马岳、蔡子强：《选举制度的政治效果——港式比例代表制的经验》，香港城市大学出版社，2003 年版，第 74 页。

② http：//www.gov.hk，登陆时间：2009 年 11 月 12 日。

成员。

香港政党参与行政长官选举是从 2007 年开始的。在第三届行政长官选举中，公民党派出梁家杰参选。梁家杰获得由 800 人组成的选举委员会中 132 名委员的提名，拿到了参选行政长官的“入场券”，与曾荫权角逐行政长官人选。对于公民党参加行政长官选举，反对派政党内部有不同的看法。社民连反对“小圈子选举”，不支持梁家杰参选，并在反对派举行的游行中与其他反对派爆发骂战，指责梁家杰不应该一方面反对，一方面参与这个“小圈子选举”。顶着来自社民连的压力，梁家杰继续参选，最后获得 123 票，输给得 649 票的曾荫权。

（三）参与港区全国人大代表选举

香港在主权移交前后在全国人大都有代表成员（当时是广东省代表）。港区全国人大代表选举工作开始于 1978 年第五届全国人大，当时港区全国人大代表是由广东省人大选出。自香港回归以来，香港特别行政区作为单独的选举单位选举产生九届、十届和十一届全国人大代表，参加最高国家权力机关工作，在港区人大代表中就不乏香港政党成员。

1997 年 3 月 14 日第八届全国人大第五次会议通过了《中华人民共和国香港特别行政区选举第九届全国人民代表大会代表的办法》。该选举办法第 2 条规定，香港特别行政区选举第九届全国人民代表大会代表由全国人民代表大会常务委员会主持。第 3 条规定，香港特别行政区应选第九届全国人民代表大会代表的名额为 36 名。第 4 条规定，香港特别行政区选举的全国人民代表大会代表必须是香港特别行政区居民中的中国公民。第 5 条规定，香港特别行政区成立第九届全国人民代表大会代表选举会议。选举会议由《全国人民代表大会关于香港特别行政区第一届政府和立法会产生办法的决定》中规定的第一届政府推选委员会委员中的中国公民，以及不是推选委员会委员的香港特别行政区居民中的中国人民政治协商会议第八届全国委员会委员和香港特别行政区临时立法会议员中的中国公民组成。但本人提出不愿参加的除外。第 7 条规定，选举会议成员 10 名以上联名，可以提出代表候选人。每一名成员参加联名提出的代表候选人不得超过应选名额。第 9 条规定，选举会议选举第九届全国人民代表大会代表采用无记名投票的方式。选举会议进行选举时，所投的票数多于投票人数的无效，等于或者少于投票人数的有效。每一选票所选的人数，多于应选人数的作废，等于或者少于应选人数的有效。第 10 条规定，代表候选人以得票多的当选。如遇票数相等不能确定当选人时，应对票数相等的候选人再次投票，以得票多的当选。此次选举有 72 人得到 10 或 10 名以上选举会议成员的联合提名成为代表候选人。12 月 6 日举行预选，选出 54 名候选人，并在 12 月 8 日举行正式选举，选出 36 名全国人大代表。

2002 年 3 月 15 日第九届全国人大第五次会议通过《中华人民共和国香港特别行政区选举第十届全国人民代表大会代表的办法》。该办法很多内容与上届选举办法相同，需要强调的有：第 5 条规定，香港特别行政区选举第十届全国人大代表的选举会议的组成人员为——参加过香港特别行政区第九届全国人大代表选举会议的人员，以及不是上述人员的香港特别行政区居民中的第九届全国政协委员和香港特别行政区第二任行政长官选举委员会委员中的中国公民。但本人提出不愿意参加的除外。香港特别行政区行政长官为选举会议成员。第 6 条规定，由全国人大常委会委员长会议向选举会议提出，再由全国人大常委会召集的选举会议第一次会议上推选产生。第 8 条规定，选举会议成员以个人身份参加选举会议，并以个人身份履行职责。成员不得直接或间接地以利益影响他人在选举中对参选人和候选人所持的立场。① 第 17 条规定，代表候选人获得参加投票的选举会议成员过半数的选票时，始得当选。如获得过半数选票的当选代表的人数少于应选代表的名额，不足的名额在没有当选的代表候选人中另行选举。另行选举时，代表候选人获得参加投票的选举会议成员过半数的选票，始得当选。此次选举有 78 人得到 10 或 10 名以上选举会议成员的联合提名成为代表候选人。11 月 29 日举行预选，选出 54 名候选人，并在 12 月 3 日举行正式选举，选出 36 名全国人大代表。

2007 年 3 月第十届全国人民代表大会第五次会议通过的《中华人民

① 这些规定无疑会淡化政党在选举中的作用。

共和国香港特别行政区选举第十一届全国人民代表大会代表的办法》，该选举办法与上届选举办法大同小异。需要强调的是：该办法第15条规定，每一选票所选的人数，等于应选代表名额的有效，多于或者少于应选代表名额的作废。第18条规定，在选举日不得进行拉票活动。此外，未再规定预选程序，不实行预选。全国人大常委会副委员长、秘书长盛华仁对此解释说："草案未再规定预选程序，这是总结香港、澳门前两届选举全国人大代表的实践经验而作出的新规定，有利于简化选举程序，符合港澳的选举习惯。"① 关于这个问题，上届选举时有人提出设计预选目的是打压民主派。② 香港特别行政区第十一届全国人大代表选举会议成员有1234人，与上届选举会议成员956人相比，增加了约1/3。2008年1月20日选举会议主席团第二次会议经过审查，确认送交登记表的50人符合代表候选人条件，为香港特别行政区第十一届全国人民代表大会代表候选人。1月25日，选举会议第二次全体会议在香港举行，出席会议的1169位选举会议成员以无记名投票方式，选出了36名香港特别行政区第十一届全国人大代表。

按照宪法规定，全国人民代表大会代表必须模范地遵守宪法和法律；香港特别行政区的全国人大代表应当拥护《宪法》和《香港基本法》，拥护"一国两制"。虽然选举会议有李柱铭等反对派政党人士，但他们毕竟仅占极少数，无力使他们的人当选。1997年底，民主党派出3名党员参选港区人大代表，结果全部落选。③ 而民建联、自由党等建制派政党一直有成员担任全国人大代表职务。在第十一届全国人大中，民建联有9位代表，自由党有2位代表（原有4位，但梁君彦、梁刘柔芬已退出自由党）。

---

① 盛华仁："香港澳门选举第十一届全国人大代表的办法（草案）的说明"，http://www.xinhuanet.com，登陆时间：2009年11月2日。

② 范振汝：《香港特别行政区的选举制度》，三联书店（香港）有限公司，2006年版，第127页。

③ 孟庆顺：《"一国两制"与香港回归后的政治发展》，香港社会科学出版社有限公司，2003年版，第161页。

三、香港政党通过委任进入政治体系[①]

香港政党参政路径还包括经委任进入香港的政权机构和咨询架构。正如港人论坛主席程介南认为："参政是一个相当广义的界定，参加选举是其中的一个重要部分；此外，争取进入咨询架构，争取在社会政策制订方面不同层面的发言权，监察政府运作等，都是参政范畴。"[②] 香港政党人士获得委任的机构有：区议会[③]、市政机构（市政局和区域市政局[④]）、立法局[⑤]、政府（行政会议[⑥]、行政长官办公室[⑦]和行政机关）。此外，香港政党人士担任全国政协和地方政协的委员也是委任的重要形式。

委任制拓展了香港政党人士参政的渠道，也有利于以行政长官为核心的政府加强与政党的关系。但曾担任汇点主席的刘迺强先生对此有自

① 根据政治学的一般分析原理，政治体系可以分为政府政治体系（即国家和政府政治体系）和非政府政治体系（即由市民社会、政党、社团和个体公民组成的社会政治体系）。参见燕继荣：《政治学十五讲》，北京大学出版社，2004 年版，第 299—300 页。这里的政治体系仅指政府政治体系。

② 周建华：《香港政团发展与选举（1949—1979）》，香港迷思达雷科艺公司，2003 年版，第 101 页。

③ 从 1982 年开始区议会就有委任议员，1994 取消委任议员。1997 年 2 月，香港特别行政区筹委会通过了设立香港特别行政区临时区议会的决定，香港原有 363 名区议员获许全体过渡，香港特别行政区行政长官委任 96 名议员。从此，恢复区议员的委任。

④ 1995 年取消委任议员，1997 年香港主权回归，原市政局解散，由行政长官委任全体原有议员及一些新议员组成临时市政局。1999 年特别行政区政府撤销市政局和区域市政局。

⑤ 立法局议员在 1985 年以前都是委任，1985 年开始有部分议员由选举产生，到 1992 彭定康推行政改宣布取消委任议员。

⑥ 在董建华任行政长官时就有一些政党领袖被委任进行政会议，曾荫权任行政长官后扩大行政会议的规模，并把夏佳理、张炳良等原政党领袖吸收进行政会议。

⑦ 民建联成员陈克勤 2006 年经委任进行政长官办公室担任特别助理。

己的看法，认为增加问责官员不利政党发展。他以陈克勤入行政长官办公室为例，阐述增加问责官员对政党政治的发展是一个很大的打击。原因是在一个政党内，约40岁左右的成员数目少之又少，而在这小部分年轻的党员中，有才能又有从政经验的就更为罕有；若被政府全数吸纳进去，因为政府的待遇远远高于在政党内的待遇，他们就一去无回头的了。因此政府通过新增问责官员职位后，天下英雄将尽入政府中，这对政党而言是十分不利的。[①] 刘迺强先生言重了，香港政党不会因政府新增20多名政治委任官员而受到多大影响。其实，政党人士经委任进入政府任职对他们来说也是难得的锻炼机会，这可以理解为在客观上政府为政党培养人才。

四、香港政党参政的特点

香港政党参政的特点，从不同的角度着眼应有所不同。从香港政党参政的方式、参政的广度和参政的深度三方面来探讨这个问题，香港政党参政体现出如下特点。

（一）香港政党参政方式逐步丰富：从委任到选举

港英政府统治时期香港没有什么民主可言，统治者通过“行政吸纳政治”的咨询政治形式把一些工商资产阶级等人士吸收进行政会议和立法局，港人没有政治参与的正式路径，华人更是被排除在外，一直到1880年伍廷芳被委任为立法局议员，从而结束香港立法局无华人议员的历史。封闭的政制难以产生政党，也不需要政党。随着20世纪80年代代议制改革的推进，到1991年立法局引进直选机制前后，香港政党应运而生。香港政党在很大程度上是代议制选举的产物，但并没有随着选举

① 刘迺强在全民党2006年8月19日午餐会上的讲演。

政治的发展而脱离对委任的依赖。如前所述，香港政党通过委任进入政府政治体系，包括港英时期的区议会、市政机构、立法局、行政局，特别行政区时期的区议会、行政会议、行政机关等。就港英时期立法局的委任而言，到1991年立法局引进直选机制时，还有18名议员是来自总督的委任。就是在选举政治比较成熟的特别行政区时代，香港政党人士要进入政府任职也得靠行政长官的委任（当然主要官员得经中央政府批准）。随着政治委任制的推行，现在更多的政党人士在政府担任要职。行政长官曾荫权在2007年3月把香港自由党主席田北俊吸收进政府，委任其为旅游发展局局长。由2008年4月1日起，特别行政区政府开设11个副局长和13个政治助理的职位。在现时的政治委任制度下，不论是司长、局长、副局长或是政治助理的职位，都可吸纳具政党身份的人士。目前，在副局长和政治助理这一层职位，有几位就具政党身份。

与委任制相比，选举是香港政党参政的主要方式。随着香港政制开放程度的提高，香港政党通过选举参政的方式也日益丰富起来，香港政党不仅可以通过参与选举把自己的党员送进区议会、立法会当议员，甚至还可以通过选举把自己的党员推上行政长官的宝座。1996年10月香港特别行政区筹委会通过的《第一任行政长官人选的产生办法》第4条规定："有意参选第一任行政长官的人应以个人身份接受提名。具有政党或政治团体身份的人在表明参选意愿前必须退出政治团体。"2001年7月香港立法会通过的《行政长官选举条例》第31条（Cap. 569 Sect. 31）的标题是"胜出的候选人须声明他不是政党的成员"，其第1款是这样表述的：根据第28条获宣布在选举中当选的人，须在该项宣布作出后的7个工作日内：1. 公开作出一项法定声明，表明他不是任何政党的成员；2. 向选举主任提交一份书面承诺，表明他如获任命为行政长官，则在他担任行政长官的任期内，他不会成为任何政党的成员，及他不会作出具有使他受到任何政党党纪约束的任何作为。新的规定虽然在政党身份问题上显然是放宽了条件，即由原来参选行政长官的消极条件变成当选行政长官的消极条件。2007年，公民党派出梁家杰参选第三届行政长官，开启香港政党参与行政长官选举之先河。

（二）香港政党参政的广度不断拓展：从香港到中央

香港的回归使港人彻底摆脱臣民身份，不仅成为香港真正的主人，广泛参与香港本地公共事务的决策和管理，还广泛参与国家事务的决策和管理。《香港基本法》第21条第2款规定，根据全国人大确定的名额和代表产生办法，由香港居民中的中国公民在香港选出香港的全国人大代表，参加最高国家权力机关的工作。自香港回归以来，香港特别行政区就作为单独的选举单位选举自己的全国人大代表，全国人大在此方面已有比较完善的选举制度。香港政党利用港区全国人大代表选举机制，把自己的党员推送进全国人大，从而大大拓展参政的广度。当然，全国人大代表中的香港政党党员不是以所在政党名义当选，而是以港区居民身份当选，在全国人大中也没有港区政党的党团组织。在中国目前政治生态下，这是很正常的。因为就是中国大陆的各个民主党派党员在各级人大担任副委员长（副主任）、常委和代表等职，也不是以他们所在政党的名义，而是以普通公民的身份，各民主党派在各级人大中也没有自己的党团组织。但我们无法否定的是大陆民主党派成员之所以当选副委员长（副主任）、常委和代表等职，与他们的党派背景有直接的关系。与此类似，香港一些政党的成员之所以当选全国人大代表、甚至常委，与他们的政党背景也有直接的关系。

香港政党参政的广度不断拓展还体现在一些政党人士通过委任成为全国政协的委员、甚至常委，在地方政协中也有一些来自香港的人士，其中就有香港政党的成员。人民政协的性质是中国共产党领导的统一战线组织，是多党合作的重要机构，是发扬社会主义民主的重要形式，具有政治协商、民主监督和参政议政三大职能。民建联、自由党等建制派政党的一些成员就担任全国政协或地方政协的委员、甚至常委，人民政协也成为他们参政议政的重要平台。人民政协本来是大陆多党合作的机构，香港政党成员参加人民政协不是属于政协内的政党界别，而是归于特邀或经济等界别。目前中国的多党合作还限于大陆范围内中国共产党与8个民主党派的合作，随着“一国两制”实践的深入及两制间差异的逐步缩小，中国多党合作的格局将来会有重大变化，即香港的有些政党和两岸统一后台湾的一些政党将成为多党合作的新主体，仅限于大陆范围内的多党合作也必然发展到“一国两制”下的多党合作。适应“一国两制”下的多党合作的需要，人民政协内应设立香港政党界别、甚至台湾政党界别。用李瑞环的话说，人民政协宜“官”宜“民”、地位超脱，因此，人民政协在促进“一国两制”下的多党合作方面将大有可为，有巨大潜能可挖。

（三）香港政党参政的深度持续加大：从政制外围到政制核心

政治团体作为香港政党的前身在20世纪80年代初就参与香港政务，但那时只参与市政机构和区议会。市政机构和区议会，不是政权机关，因此，那时的参政深度是十分有限的，即限于政制的外围。从1985年开始，香港政治团体参与了立法局的选举。虽然立法局只是香港立法机关的一部分（港英时期的立法机关由总督和立法局共同组成），但它毕竟是政权机关，标志着政治团体在参政深度上有质的变化。从20世纪90年代起，特别是自香港回归以来，香港政制开放程度不断扩大，政党进入政治体系的渠道更为宽广，香港政党参政的深度有新的飞跃。一方面，立法机关直选议席的增多为政党参政提供更多空间。香港回归中国后，在中央政府的主导下，香港民主有序推进。香港政党积极参与立法会的间接选举（选举委员会选举、功能组别选举），而分区直选更是政党角逐的主战场。回归以来，随着香港政治发展的逐步推进，香港立法会直选议员数额逐步增加。到2008年第4届立法会，约90%的直选议席被政党人士占据，约70%的议席为政党人士占据。另一方面，随着政府与政党关系的增强，政党人士进入政府的渠道逐步得以拓展。港府已经推行政治委任制度，由2008年4月1日起，开设11个副局长和13个政治助理的职位。政府也在2008年5月公布委任首批8位副局长和9位政治助理。政制及内地事务局局长林瑞麟于2009年6月在立法会的致辞中进一步指出，在现时的政治委任制度下，不论是司长、局长、副局长或是政治助理的职位，都可吸纳具政党身份的人士。在2008年5月公布委任的首批8位副局长中，就有民建联副主席苏锦梁任商务及经济发展局副局长；在政府此次委任的9位政治助理中，有民建联2位党员、自由党1位党员。

香港政党人士现在不仅可以通过委任进入行政机关担任要职，将来还很可能在参选行政长官中获得成功。2001 年香港立法会通过的《行政长官选举条例》关于行政长官非政党身份的规定比原来的有关规定要宽松得多。随着香港政党影响力的增强，在不久的将来，建制派政党成员就极可能当选香港行政长官。香港政党与政府的关系也就会“百尺竿头，更进一步”，从而形成香港特色的“政党政府”。虽然香港政党人士当选行政长官后必须退出他（她）所在的政党，但这不能割断行政长官与原来所在政党之间千丝万缕的联系。为保证依法施政，行政长官必然要任命他（她）原所在政党的一些人士、甚至政治光谱相近的其他政党人士进入政府担任要职。这样香港政党就在实质上获得最核心的权力——行政权，也标志着香港政党参政深度达到政制的核心。

第四章

香港政党与香港政制的关系

政制，从狭义上理解，就是政府体制（governmental structure），相当于通常所说的“政体”。广义上的政制，是以政府体制为核心的政治体制（political structure）。政党体制，就是各政党之间、政党与政权之间的关系结构。[①] 关于政党体制的分类，最有代表性的观点是G. 萨托利教授根据政党的数目把政党体制分为7个不同的类别，分别是“一党制、霸权党制、主导党制、两党制、有限多党制、极端多党制、粉碎型体制”[②]。笔者在此把政党体制分为两大类型，即“单一政党体制”和“复合政党体制”。其中“单一政党体制”包括萨托利所说的一党制、主导党制和霸权党制等；“复合政党体制”包括两党制和多党制。政党体制与政制具有密切的关系，一国（地区）的政制决定了应选择的政党体制，政党体制应与政制相适应，是公认的一般原理。香港政制是由《香港基本法》确定的，在实行资本主义自由、民主的香港，虽然政党产生的历史不长，但政党发展迅速，并形成与香港政制相适应的政党体制。

---

① 王长江：《政党论》，人民出版社，2009年版，第130页。

② （意）G. 萨托利：《政党与政党体制》，王明进译，商务印书馆，2006年版，第178页。

一、香港政党体制与政制的关系

一国（地区）的政制决定了应选择的政党体制。香港政制的特征既包括分权，也包含行政主导，这决定了香港的政党体制近似为多党制。根据杜瓦杰定律（Duverger's Law），“比例代表制”是香港政党体制的制度支撑。

（一）香港政制的特征

关于香港政制的特征一直有两种争论不休的意见：一种意见认为香港政治体制是行政主导制，否认三权分立制；[①] 另一种意见认为香港政治体制是三权分立制，否认行政主导制。[②] 笔者认为，香港政制既属于三权分立体制，又属于行政主导体制，是两者的高度统一。

分权是现代国家政制设计的基本理念，法国在其《人权宣言》中明确提出：“权力没有分立和人权没有保障就没有宪法”。现代意义上的三权分立有两项要求，其一是分权，其二是制衡。分权是前提，制衡是目的（这是分权的直接目的，间接目的是保护自由）。人们通常把依照三权分立原则所构建的政体称为三权分立体制，以区别于以民主集中制为原则建立起来的议行合一体制。三权分立的体制并不意味着三权一定要完

---

① 如肖蔚云指出：“香港特别行政区的政治体制是‘一国两制’下的新的政治体制，是历史上没有先例的，它不是从别处抄来的、搬来的，它不是内地实行的人民代表大会制，也不是美国式的‘三权分立’制，也不是香港原有的总督制，而是一种新的以行政为主导的政治体制，也就是行政长官制。”参见肖蔚云：《香港基本法》，北京大学出版社，2003 年版，第 829 页。

② 如香港学者陈祖为认为：“《基本法》的设计，是一个三权分立的制度，而不是有的人士所认为的行政主导的制度。”《中国评论》，2007 年 7 月号，第 1 页。http：//www.chinareviewnews.com，登陆时间：2008 年 9 月 12 日。

全独立，体制内的行政、立法和司法三部分，只要能独立行使一定的权力，三者之间的一些互动机制，如否决权和推翻否决权，并不影响三权分立这一基本性质。① 在司法独立（中立）的情况下，三权之间的制衡主要体现为行政权与立法权的制衡。香港虽然实行资本主义制度，但它不是一个国家，也不是独立的政治实体，而是中国主权国管辖下的特别行政区，香港的行政长官及主要官员皆由中央任命。因此在严格意义上讲，香港不能与世界上的国家或独立政治实体的政体模式相提并论。但撇开此因素，我们仍然可研究香港的政体模式，通过分析其行政、立法、司法之间的关系（主要是前两者之间的关系），来探究其政体特征。之所以说香港政体属于三权分立体制，是因为这种政体符合分权、制衡两项要求。香港的管治权来源于中央政府的授予，根据《香港基本法》第四章“政治体制”的有关规定，香港的管治权分为行政、立法和司法三个方面，此三权分别由行政长官为首的政府、立法会和法院行使。在司法独立（中立）的情况下，行政与立法之间相互制衡。一方面，行政能够制约立法。根据《香港基本法》第 48 条第 3 项的规定，行政长官签署立法会通过的法案，公布法律，立法会通过的法案必须经行政长官签署、公布，方能生效；根据《香港基本法》第 49 条的规定，行政长官对立法会通过的法律有相对否决权；根据《香港基本法》第 50 条的规定，在两种情况下行政长官可以解散立法会。另一方面，立法也能够制约行政。根据《香港基本法》第 64 条的规定，特别行政区政府向立法会负责，执行立法会通过并已生效的法律，定期向立法会作施政报告，答复立法会议员的质询，征税和公共开支须经立法会批准；根据《香港基本法》第 73 条第 9 项的规定，立法会可以弹劾行政长官。其实在制定《香港基本法》的讨论中，“委员们同意应原则上采用‘三权分立’的模式，使行政机关和立法机关既互相制衡又互相配合”②。由此可见，香港基本法起草委员会政治体制专题小组关于香港政体设计

① 邵善波：“基本法下行政与立法关系”，中央人民政府驻香港特别行政区联络办公室编：《关于“一国两制”和香港问题的理论文集》，第 214 页。

② 《中华人民共和国香港特别行政区基本法起草委员会第三次全体会议文件汇编》，1986 年版，第 35—36 页。

模式就是三权分立，《香港基本法》第四章“政治体制”的内容也鲜明地体现了三权分立的特点。但“三权分立”一词最后没有在基本法草案说明中出现，以及中国大陆有的知名宪法学学者否认香港政体属于三权分立体制，这可能与领导人的意见有关。邓小平在1987年4月会见基本法起草委员会委员时明确指出：“香港的制度不能完全西化，不能照搬西方的一套。香港现在就不是实行英国的制度、美国的制度，这样也过了一个半世纪了。现在如果完全照搬，比如搞三权分立，搞英美的议会制度，并以此来判断是否民主，恐怕不适宜。”① 他在1988年6月会见“九十年代的中国与世界”国际会议全体与会记者时，又指出：“西方的三权分立，互相制衡以防止专权的制度不是合适的选择，故此不在特别行政区实施。”②

香港政制的最显著特征是行政主导，这主要体现在以下几个方面：其一，行政长官权高位重。行政长官具有双重身份，他既是香港特别行政区的首长，对外代表特别行政区；又是特别行政区政府的首长，领导特别行政区政府。《香港基本法》赋予行政长官广泛的权力：行政长官决定政府政策和发布行政命令；提名并报请中央人民政府任命香港主要官员；签署法案、公布法律；依照法定程序任免各级法院法官；执行中央政府的命令；在特定情况下解散立法会；以及代表特别行政区处理中央授权的对外事务等。其二，行政在立法中处于主动地位。政府拟订并提出法案、议案，由行政长官向立法会提出，政府拥有的立法创议权是行政主导的一大体现；政府提出的法案、议案应当优先列入立法会议程，体现了行政优先；立法会议员不能提出涉及公共开支、政治体制及政府运作的法案、议案，这方面的法案、议案只能由政府提出；立法会通过的法案须经行政长官签署、公布，方能生效，行政长官有权拒绝签署法案，发回立法会重议。《香港基本法》附件二还为立法会规定了一个独特

① 《邓小平文选》（第三卷），人民出版社，1993年版，第220页。

② 《邓小平文选》（第三卷），人民出版社，1993年版，第267页。

的投票机制,[①] 这种“一院两组”的制度安排不仅有利于政府法案的通过，而且很容易阻止反政府法案的通过。其三,《香港基本法》对立法会及其议员权力的行使作出了严格规定，降低了立法会对政府的制约力度。这些受限的权力有：提出动议权[②]、提案权[③]、质询权[④]和弹劾权[⑤]。我们对香港行政主导制需要正确理解，行政主导不是“行政主宰”，更不是“行政专制”。香港特别行政区的行政主导是在司法独立（中立）的情况下，政府的权力相对立法会的权力处于优势地位，并不是行政长官的权力高于立法权和司法权。在论述香港特别行政区的行政主导制时，有学者认为，香港实行的是“行政长官的权力高于行政、立法、司法三机关之上的行政主导体制”[⑥]。这是对香港行政主导制的误解。行政长官的法律地位明显高于行政机关、立法机关和司法机关是不争的事实，但不能因此说其权力高于立法机关和司法机关。理由有：其一，行政长官、立

---

① 根据《香港基本法》附件二第二部分的有关规定，政府提出的法案要求获得出席会议的全体议员的简单多数票通过，而由立法会成员个人提出的法案包括对政府法案的修改则需要功能团体选举产生的议员和分区直接选举、选举委员会选举产生的议员两部分出席会议议员分别以简单多数票通过。在单独表决制下，政府提出的法案明显比个人提出的法案容易通过。而对于一项个人提出的法案，即使得到大多数人的投票支持，也可能通不过。显然，单独表决制更有助于保证政府法案的通过。实际上，香港回归后仅有极少数个人提出的法案能在立法会中获得足够的支持。因为一项个人提出的法案想要在这样的制度下获得立法会的支持，是非常困难的。

② 根据《香港基本法》第 48 条第 10 项的规定，行政长官有权批准向立法会提出有关财政收入或支出的动议。

③ 根据《香港基本法》第 74 条的规定，凡涉及政府政策的法律草案，立法会议员在提出前必须得到行政长官的书面同意。

④ 根据《香港基本法》第 48 条第 11 项的规定，行政长官决定政府官员或其他负责政府公务的人员是否向立法会或其属下的委员会作证和提供证据。

⑤ 根据《香港基本法》第 73 条第 9 项的规定，立法会可以弹劾行政长官。但立法会只能提出弹劾案报中央政府批准，行政长官最终能否被弹劾掉是由中央政府决定的。此外，立法会弹劾对象仅限于行政长官，不包括政府主要官员。根据 2002 年确立的高官问责制，各司司长及所有的决策局局长成为问责官员，从而增强了行政长官对政府的领导力度，也提高了依法施政的效率。

⑥ 姚秀云：“香港行政主导体制的发展与变化”，《学习时报》，2007 年 6 月 25 日。

法机关和司法机关这三机关的权力之间没有产生与被产生的关系，而且三种权力是不同性质的权力，不具有可比性。其二，行政长官的权力、立法会的权力都来自中央的授予，两种权力在位阶上没有高低之分。如果行政长官的权力是高于立法机关的权力，那么在2005年立法会不通过政府提出的政改方案时，行政长官就可以命令立法会通过，事实上行政长官没有这样的权力，立法会也没有贯彻落实行政长官意旨的义务。正如王叔文先生所言，香港特别行政区“行政机关与立法机关是两个相互独立的部门，在它们之间不是谁压倒谁的问题，也不存在谁凌驾于谁之上的问题”。① 其三，行政长官的权力也不高于司法机关的权力。香港实行司法独立，司法活动不受任何机关、团体及个人的干涉，就是在港英时期总督也不能控制司法。根据《香港基本法》第88条，行政长官可以任命法官。根据《香港基本法》第89条，行政长官可以免去法官职务。但这些制度的设计，很多恰好是借鉴了三权分立最典型的美国的作法，而且法官的任命和免职主要是分别取决于由当地法官和法律界及其他方面知名人士组成的独立委员会的推荐和由当地法官组成的审议庭的建议。② 如果行政长官权力高于司法机关的权力，那么在针对如香港无证儿童案等涉及中央与特别行政区之间关系的重大案件时，行政长官就可以对终审法院的审判进行“个案监督”，就不需要通过国务院提请全国人大常委会释法来解决。

总之，“三权分立、行政主导是从不同角度对香港特区政体特征的描述，两者不是同一层面的事物，也不是割裂的关系，比较而言，三权分立更为基本，是行政主导的基础。如果全面概括香港特区政体的特征，应是三权分立基础上的行政主导制”。③ 如果把这香港政制的这两个特征分开描述，三权分立就是香港政制的最基本特征，而行政主导就是香港政制的最显著特征。

---

① 王叔文：《香港特别行政区基本法导论》，中共中央党校出版社，1990年版，第177页。

② 根据《香港基本法》第90条的规定，终审法院的法官和高等首席法官的任命或免职还须由行政长官征得立法会同意，并报全国人大常委会备案。

③ 胡锦光、朱世海：“三权分立抑或行政主导制——论香港特别行政区政体的特征”，《河南省政法管理干部学院学报》，2010年第2期，第41—42页。

（二）香港政党体制的属性

政党体制与政制具有密切的关系，一国（或地区）的政制决定了应选择的政党体制，政党体制应与其相适应，是公认的一般原理。对此原理有密切相联的两方面理解：一方面是政党体制的形成受到政制的左右，这主要是通过选举制度实现的。根据“杜瓦杰定律”（Duverger's Law），“相对多数制”容易产生两党制，因为小党与其为“玉碎”，不如为“瓦全”，依附于更接近于自己诉求的大党。而大党的压力也很大，为了增强与对手竞争的实力，倾向于吸收尽可能多的小党；而“比例代表制”则倾向于产生相互独立的多党，易形成多党制。因为“比例代表制”为小党进入议会提供可能，鼓励了多党的存在。另一方面是政党体制必须与政制相适应，政府才能稳定运行。如法国第四共和国时期的议会制结合多党制，使政府因为政党的离离合合而不断更换，局面极其不稳定。① 与集权政制相适应的政党体制是“单一政党体制”，这时政党体制与政制密不可分，甚至政党体制就是集权政制的重要组成部分。在集权政制下，执政党的地位得到宪法、法律的确认。没有其他政党存在，或虽有其他政党存在，但其他政党不可以“染指”执政地位。执政党组织与国家政权机关往往成为一体，党政不分，执政党甚至可以直接发号施令，执政党控制立法、行政、司法等所有国家机关，甚至还控制着整个社会。与分权政制相应的政党体制是“复合政党体制”，19 世纪末以来，实行分权政制的西方各国都出现了两党或多党轮流执政的政党政治。在“复合政党体制”下，政党通过联合执政或在野反对来加强对执政党的监督，防止因权力的集中而造成的暴政。在现代西方各国议会中，反对党都享有广泛的批评监督权。在议会制下，反对党可以发起针对执政党执政活动的调查委员会，甚至可以在议会中提出对政府的不信任案并最终达到代替执政党的目的。在总统制下，最大的在野党往往控制国会中的下院，形成“分立政府”（divided government）②，从而有力地遏制了行政权扩张

① 雷竞璇：《香港政治与政制初探》，香港商务印书馆，1987 年版，第 81 页。

② “分立政府”，指政府的行政部门与立法部门由不同政党控制。

对分权制衡体制所造成的威胁。

香港还没有执政党，香港的政党体制的属性不能严格按照西方政党体制的判断标准，只能依据政党在立法会获得议席的情况来大体判断。分权是香港政制的基本特点，与香港分权政制相适应的政党体制不能是“单一政党体制”，而应是“复合政党体制”，此道理很浅显，不证自明。

“复合政党体制”不仅是分权政制的内在要求，也是与香港行政主导制相适应的政党体制。与三权分立相比，香港政制的行政主导特征更为显著。《香港基本法》没有提到香港的政党，对香港未来政党的产生、政党体制的运作都无从涉及。就香港政党与政制的产生的时间而言，香港是先有了法律确定的政制，后来才有了政党。这有利于政府根据政制运作的需要来规划香港的选举制度，间接促进与政制运作相适应的政党体制的形成。《香港基本法》所设计的香港政制保留了行政主导的传统，确立了以行政长官为核心的行政主导制，这要求立法会不能处于强势，也不能为个别政党所控制，议席必须分散化。这决定了香港的政党体制不是复合政党体制中的两党制，而是多党制。经过 20 多年的探索，与香港政制相适应的政党体制已初步形成。香港政党体制分化度很高，根据香港 2008 年立法会选举结果来计算，政党体制分化度指数约为 0.9。根据赖因·塔格佩拉公式，目前香港政党体制中的有效政党数量约为 10 个。可见，香港的“复合政党体制”不是两党制，而是类似多党制的政党体制。

（三）香港政党体制的制度支撑

《香港基本法》确立的是以行政长官为核心的行政主导制，这要求立法会不能处于强势，立法会中不能出现超大型政党。有学者认为为了压抑政治化和政党发展，地区直选在“比例代表制”和“多数制”之间，应选择后者。因为前者有突出和强化政治组织、突出和强化意识形态分歧的效果，而后者有方法简单、便于计算、较能突出候选人素质的优点。[①] 有多种因素影响一国家（地区）的政党体制，但除了种族、文化、宗教、地域等这些难以改变的“先天性”因素外，选举制度应是影响政党政治发展最重要、也是最容易操控的“后天性”因素。[②] 香港的分区直选采用的是“比例代表制”，概括“比例代表制”的长处，应有以下几点：第一，“比例代表制”为小党进入议会提供可能，鼓励了多党的存在，有实力的小党在立法会中也有一席之地，甚至独立候选人在此种选举制度下都有理想的生存空间，这样就有效避免立法会被个别大党所掌控。“比例代表制”能够有效防止立法会被大政党掌控，减少了行政主导制运作来自立法会的威胁。如果实行“多数制”，以上情况正好相反。即立法会为大党所控制，行政长官如果不是该党成员，就很难与立法会沟通，施政会遇到重重阻碍，更不要说什么行政主导。“比例代表制”有利于保持行政机关相对于立法机关的优势地位，从而便于行政长官依法施政。第二，在“比例代表制”下，小党获得一定选票就有机会进入立法会，这有利于香港社会各界均衡参与政治，确保社会主要阶级在立法会中都有自己的利益表达主体，有效克服“多数制”下败者没有任何权力，易造成社会分裂的弊端。第三，在“比例代表制”下，大党为获得更多选票，拆分名单参选，“比例代表制”演化为“多议席单票制”。而在“多议席单票制”下，候选人的品行、个人接触和社区关系等因素起着决定性作用。选民往往不是在“选党”，而是在“选人”。香港的“比例代表制”无疑就弱化了政党在选举中的作用，降低了政党对香港社会的影响力，从而间接有利于行政主导制的运作。第四，香港的“比例代表制”采用“封闭名单法”，候选人在名单上排名的先后决定着当选的机会。因此，党员彼此竞争在有关名单中排名于较前列位置，往往会引发党内的争拗及派系利益冲突，甚至触发政党内部派系斗争以致分裂。与小党相比，这种分化作用对大党的影响要大得多，因为小党内重量级人物不多，

① 雷竞璇：《香港政治与政制初探》，香港商务印书馆，1987年版，第111页。

② 王业立：《比较选举制度》（第5版），（台北）五南图书出版股份有限公司，2008年版，第48页。

而大党内集中了许多政治明星，稍有不公，就会引起同室操戈、祸起萧墙。① 此外，根据国外学者的研究，“比例代表制”有利于形成良性的选举文化。因为在“比例代表制”下，易出现多党制，各政党都有机会参与组织联合政府，因此各政党在选举时要为日后留下合作余地，政党往往以正面态度对待对手。同时，在“比例代表制”下，各政党关心自己的得票率，它们的主要策略是划定自己的票源然后巩固票源，而不是着重以负面宣传攻击对手，因为对手受攻击后流失的票源不一定会落入自己手中，大力进行负面宣传可能影响形象，反而有可能开罪自己的支持者。②

在香港，不仅确定的选举制度对大党不利，而且确定的计票方法对大党也不利，从而有利于多党制的形成和保持。在“比例代表制”下的计票方法③上，与“基本汉狄法”比较，香港采用的“最大余数法”（the largest remainder method）下的“黑尔基数”（Hare quota）对大党不利，1998 年立法会港岛议员选举采用不同计票方法导致的议席分配不同就是

① 民主党内曾出现曾健成因不满参选排名而脱党的事件。此后，民主党对参选排名问题比较谨慎，先由各地区支部向党中央提交推荐名单，后再花费数十万进行大型民意调查，就党内有潜质的参选者各自受市民欢迎程度取得客观数据。还召开党员大会了解党内民意，最后才由党中央拍板决定最终参选名单。如果当事人有异议，仍可通过召开党员大会表决。民主党是通过这样的机制避免因排名而可能导致的党内分裂。

② 马岳、蔡子强：《选举制度的政治效果——港式比例代表制的经验》，香港城市大学出版社，2003 年版，第 86 页。

③ “比例代表制”下计票方法包括“最大余数法”、“基本汉狄法”和“改良汉狄法”。在“基本汉狄法”下，每一党派所取得票数，除以 1 给第一候选人，除以 2 给第二候选人，除以 3 给第三候选人，以此类推。然后各组党派所有候选人得票最多者（与议席数目比较）为胜。“改良汉狄法”有不同形式，如实行于北欧国家的“圣拉葛最高平均数法”（Sainte-Laguë highest average system），把每一党派所取得票数，除以 1 给第一候选人，除以 3 给第二候选人，除以 5 给第三候选人，第 n 个候选人的得票数为该党总得票数除以（2×n－1）。然后各党派所有候选人得票最多者（与议席数目比较）为胜。在澳门立法会选举也采用“改良汉狄法”，但与北欧国家不同，澳门情况是一组别取得票数除以 1 给第一候选人，除以 2 给第二候选人，除以 4（而非“基本汉狄法”的除以 3）给第三候选人，以几何级数除之分配给同组各候选人。

例证（具体见表4.1）。黑尔基数“最大余数法”的计算公式，可以简化为：（各政党的有效选票÷选区有效选票总数）×选区应选名额。此公式又称为“尼迈耶”（Niemeyer）最大余数法①。

表4.1　1998年立法会港岛议员选举采用“最大余数法”与“基本汉狄法”议席分配比较②

港岛 (a)“最大余数法”		议席数目：4 当选基数：25%			
政党名单	得票（%）	符合基数所得议席	扣除基数后票数余额	通过余额获得议席	总议席
民主党	46.61	1	21.61	1	2
民建联	29.22	1	4.22	0	1
陆恭蕙	12.72	0	12.72	1	1
庄陈有	4.22	0	4.22	0	0
(b)“基本汉狄法”		各候选人得票顺序以1/1，1/2，1/3计算			
政党名单	得票（%）	第一候选人得票（%）	第二候选人得票（%）	第三候选人得票（%）	总议席
民主党	46.61	**46.61**	**23.30**	**15.54**	3
民建联	29.22	**29.22**	14.61	—	1
陆恭蕙	12.72	12.72	—	—	0
庄陈有	4.22	4.22	—	—	0

注：粗体表示当选。

在“比例代表制”下，“最大余数法”（the largest remainder method）

① 王业立：《比较选举制度》（第5版），（台北）五南图书出版股份有限公司，2008年版，第21页。

② 马岳、蔡子强：《选举制度的政治效果——港式比例代表制的经验》，香港城市大学出版社，2003年版，第33页。

具体包括四种计票方法：1．“黑尔基数”（Hare quota）：以选区内的有效选票（V）除以应选名额（M）后，算出一个选举商数（Q），其公式为 Q＝V/M；2．“哈根巴哈基数”（Hagenbach-Bischoff quota）：选区应选名额先加 1，再除有效票总数，然后计算出选举商数，公式为 Q＝V/（M＋1）；3．“族普基数”（Droop quota）：将“哈根巴哈基数”再加 1，公式为 Q＝〔V/（M＋1）〕＋1；4．“因皮里亚立基数”（Imperiali quota）：以选区应选名额加 2，即（M＋2）为除数，除有效票总数，公式为 Q＝V/（M＋2）。与其他 3 种方法相比，在“黑尔基数法”中因除数最小，故所得到的基数就越大，这对大党显然不利，对小党相对有利（当然对实力过小的党也不利）。这种计票方法，既能达到议会不被大党操纵的目的，也能避免政党泛滥成灾。

众所周知，分权政制会促使政党组织松散、纪律松弛，[①] 政党的分裂更容易发展，从而也易造成多党并存的局面。香港政制的基本特征是权力分立，权力分立是香港整个政制设计的基础。香港政党可以直接与行政机关[②]，特别是立法机关产生关系，多元化的权力结构使政党之间的关

---

① 分权政制会促使政党组织松散、纪律松弛，这是学者们对多国政党与政制关系规律的总结，应属于政党与政制关系一般原理的重要内容。但此原理在具体实践中也有例外，英国虽然也是分立体制，但工党、保守党这最有影响力的两大政党却是组织严密、纪律严明。英国政党这种现象仍然是政制作用的结果，没有违背政党与政制关系的一般规律。在英国内阁制下，一方面，政党要成为执政党必须在议会选举中胜出，成为议会的多数党。故此，政党特别注重加强纪律，保证本党党员执行党的意志，不能反水。另一方面，政党成员要想进入内阁担任公职，靠具有高度权威和凝聚力（执政党的领袖担任内阁首相，反对党领袖担任“影子内阁”首相）的党中央的提名安排，对党组织的绝对服从是党员步入仕途的前提。在这样的情况下，显然有利于政党加强纪律。此外，英国政党与内阁的关系是间接的，是议会选举产生内阁。就政府产生途径而言，英国的分权是间接分权，不是美国那种直接分权，这种间接分权大大降低了分权政制会促使政党纪律松弛的一般原理在英国的效果。需要指出的是，造成英国政党纪律一般比较严明的原因，除了政制这个主要因素外，还应有文化因素，即英国人的严谨作风。

② 这里的行政机关是大行政概念，包括行政长官、行政长官办公室、行政会议及各行政部门。目前政党可以参与行政长官选举，但对任职有消极性限制，即当选人不得具有政党身份。政党人士还可以直接通过行政长官的委任进入行政会议、各政府部门担任领导职务。

系更为独立，易于出现松散多党制。就内部管理而言，“比例代表制”的“封闭名单法”一般是促进政党纪律的加强，① 但此一般规律在香港表现得并不理想。“比例代表制”的“封闭名单法”能否增强政党组织的凝聚力，与该党候选人的影响力有密切关系。候选人如果是在选民中有较大影响力的政治明星，就很可能不愿受到政党的束缚，如果对自己在名单中的位置不满，就可能出来成为独立候选人或另立山头组织新的政党。这不仅不利于政党加强纪律，还会造成政党的纠纷、甚至分裂。例如，在香港1998年区议会选举中，根据民意调查及民主党党员大会内的支持度，陈伟业排名都在第三，但民主党中委会却把他排在名单中的第四位，引起党内议论纷纷。对此不满的党员动议召开党员大会，最后党员大会议决把陈伟业排名位置调到第三，推翻了中委会的决议，才化解了一场党内纠纷。还有在香港2000年立法会选举中，民主党候选人曾健成为把自己在名单中的排名置于前列而提出拆分名单参选，此要求未被党中央满足，他就退出民主党，少壮派另一领袖陈国梁也退出民主党。香港政党形成、发展历史较短，总体来说还不成熟，政党的凝聚力、整合力欠佳，还难以有效控制有影响力的党员，在这样的大背景下，政党的分化组合自然难以避免。

此外，选区的划分对政党的发展也有重要影响。一般来说“小选区制”对大党特别有利。因为大党资源比较多，可以提出更多的候选人分布于各个选区，当选的比例就大。而小党没有那么多资源，仅能参与个别选区选举，当选的比例就小得多。故在“小选区制”下，议会容易被少数大党所控制。在“大选区制”下，虽然对大党也有利，但对小党来说，相对好一些，小党可以集中选举资源分得一杯羹。当然实力过于小的政党也没有机会获得议席，纵使是在“比例代表制”下，因为选区扩大对候选人的资金等资源提出严峻挑战。“大选区制”有助于打破两个阵营对立的趋势，使政治团体即使滋生的话，也会变得纷纭和具有多元性。

① 因为在“比例代表制”采用“封闭名单法”下，选民只能投票支持整份候选名单，而不可就名单内的个别候选人作出选择，候选人能否当选主要取决于他（她）在名单中的位置。“封闭名单法”有利于政党对党员的控制。

对政党的强化和发展就会产生一种拖后腿的作用。[①] 香港目前的立法会分区直选采用的就是“大选区制”，全港共分为香港岛、九龙西、九龙东、“新界”西和“新界”东，“选区规模”[②] 比较大。这种“大选区制”与“比例代表制”的结合，使大党的“席位能力”（strength in seat）受到一定的削弱，在很大程度上保障立法会不被个别政党所掌控，降低了政府来自立法会的压力，适应了行政主导制的运作，有利于行政长官依法施政。此外，在“大选区制”下，全港只有 5 个选区，与“小选区制”的 20 个选区相比，政党间竞争的压力大大增强，协调参选的难度很大，即使是属于同一阵营的政党在同一选区竞争，也很可能演变为相互厮杀的局面。

二、香港政党与政府的关系

政党与政府的关系是双向的，政府可以成为政党在国家中的桥头堡，而政党也可以成为政府在社会中的立足点。[③] 这是对实行政党政治国家（地区）政党与政府关系的一般描述，但香港的情况比较特殊，不是因为它仅是中国主权国管辖下的行政区域，而是因为香港还没有出现一般意义上的政党政治，[④] 政党与政府的关系还没有如此密切。在目前香港政制架构内和政治生态中，香港政党与政府的关系呈现不同一般的特点。

---

① 雷竞璇：《香港政治与政制初探》，香港商务印书馆，1987 年版，第 112 页。

② “选区规模”通常指的是平均规模，可以通过以选区数量除立法机关总议席计算得出。参见（美）阿伦·李帕特：《选举制度与政党制度——1945—1990 年 27 个国家的实证研究》，谢岳译，上海世纪出版集团，2008 年版，第 11 页。

③ （法）让·布隆代尔 等：《政党政府的性质——一种比较性的欧洲视角》，曾淼等译，北京大学出版社，2006 年版，序言第 Ⅳ 页。

④ 朱世海：“怎样看待香港政治新生态”，《瞭望》，2008 年第 41 期，第 64 页。

（一）行政长官非政党身份的规定，致使香港政党不能获取最高行政权

在西方国家，是否获得行政权是判断某政党是否执政的标准，也是关系政党能否获取最大资源实现自身诉求的关键。在实行行政主导制的香港，行政长官的权力相对于立法会的权力处于优势地位。因此，行政权对各政党就更具有吸引力。但现实中因受到有关条件的限制，目前香港行政长官任职者不得具有政党身份，此规定使香港有的政党企图成为执政党的夙愿成了不能实现的梦想。

基于香港政治社会条件不成熟等因素，“《基本法》宪制设计的一个潜藏议程，是不希望本港政党政治蓬勃发展，尤其是尽量减低执政党出现的机会”①。1996 年 10 月香港特别行政区筹委会通过的《第一任行政长官人选的产生办法》第 4 条规定：“有意参选第一任行政长官的人应以个人身份接受提名。具有政党或政治团体身份的人在表明参选意愿前必须退出政治团体。”2001 年 7 月香港立法会通过的《行政长官选举条例》第 31 条（Cap 569 SECT 31）的标题是，“胜出的候选人须声明他不是政党的成员”；其第 1 款是这样表述的——根据第 28 条获宣布在选举中当选的人，须在该项宣布作出后的 7 个工作日内：1. 公开作出一项法定声明，表明他不是任何政党的成员；2. 向选举主任提交一份书面承诺，表明他如获任命为行政长官，则在他担任行政长官的任期内，不会成为任何政党的成员，及他不会作出具有使他受到任何政党党纪约束的任何作为。新的规定虽然在政党身份问题上显然是放宽了条件，即由原来参选行政长官的消极条件变成当选行政长官的消极条件，但继续发挥着阻止香港出现执政党的作用。

对香港行政长官非政党身份的规定，香港民主党、公民党等反对派政党一直高调反对。民主党在 2001 年 6 月 19 日对《行政长官选举条例草案》提出的意见中指出：草案规定的参选行政长官选举须“以

① 马岳、蔡子强：《选举制度的政治效果——港式比例代表制的经验》，香港城市大学出版社，2003 年版，第 70 页。

个人身份参选”，及“胜出的候选人须声明他不是政党的成员”的内容，是矮化政党参政，不能接受。民主党要求草案删去以上内容。公民党在成立时就主张要成为香港的执政党，香港行政长官非政党身份的规定对它来说是“眼中钉”、“肉中刺”，上纲上线地提出该规定侵犯了公民权利。这个规定也没有打消公民党获取最高行政权的企图，在2007年行政长官选举中，公民党派出梁家杰参选，成为香港政党第一个“吃螃蟹”者。

在政党政治盛行的时代，香港却坚持行政长官非政党身份，这似乎不符合时代潮流。[①] 香港坚持此规定的原委，可能有以下几个方面：其一，根据《香港基本法》，行政长官代表特别行政区并作为行政机关首长拥有所有的行政权力，此重要职位必须由爱国爱港人士担任。而香港政党林立、鱼龙混杂，有的政党人士坚持反中反共立场，攻击中国共产党和中央政府；有的政党人士参与“台独”活动，与“台独”分子关系密切；还有的政党人士到美国参议院“告状”，要求美国对中国政府施加压力，请美国出面干预香港事务。在这种情况下，规定行政长官任职者不得具有政党身份，有力地排除了以上行为不检的政党人士攫取香港最高行政权的可能性。其二，香港特别行政区是中华人民共和国单一主权国管辖下的一个地方行政区域，特别行政区政府的一切权力都来自中央的授予，行政长官作为特别行政区的首长，要服从中央政府的领导；同时，他作为特别行政区的首长和特别行政区行政机关的负责人，要对特别行政区负责。在一定意义上说，行政长官是联系中央政府与香港特别行政区之间的桥梁：一方面，行政长官把香港市民的诉求向中央政府反映，为港人争取到更多的利益；另一方面，行政长官把中央政府的意志落实到香港特别行政区，实现国家整体利益。为实现这种双向“负责”，行政长官需要协调中央政府与香港特别行政区之间的关系，尽力保持与两者关系间的平衡。如果行政长官具有政党身份，那么他（她）难免受到所在政党党纪的约束，结果是行政长官受到香港政党的掣肘，而被迫“一

---

① 其实香港的作法也不是什么新鲜事物。当今在俄罗斯、白俄罗斯、吉尔吉斯斯坦、哈萨克斯坦、立陶宛、保加利亚等国家，都禁止总统具有政党身份，政党人士当选总统后必须退出所在政党，在任总统期间也不得加入任何政党。

边倒”，难以实现中央政府通过行政长官对香港特别行政区的领导。其三，香港社会异质性比较强，存在政治、阶级等众多分野。植根于香港社会这片土壤上的政党，受到社会状况极大的影响。因政治分野，香港政治生态一直没有实质性变化，政党分为对立的两大阵营，长期以来互不信任，并相互攻击。香港社会阶级分化明显，随着贫富分化的加剧，阶级矛盾加深。香港政党的利益表达有比较清晰的社会阶级定位，代表草根阶级利益的政党较多，参政热情高涨，但缺乏理性精神，民粹主义抬头，给香港社会的繁荣稳定带来威胁。在香港如此复杂的社会状况下，行政长官不具有政党身份，最大限度地减少港人认为行政长官是香港某个阶级、界别利益代表的嫌疑，使更多港人认识到行政长官施政是以整个香港各方面利益为依归。因为一个政府如果被认为只是代表某一个集团、某一个阶级或某个家庭的利益，那么，政府行为就只有局部的合法性（legitimacy），而不具有普遍的合法性。① 香港的这一做法能够有效提高行政长官施政的合法性，有利于行政长官依法施政。其四，贯彻落实《香港基本法》第 23 条，也要求行政长官不宜有政党身份。②《香港基本法》第 23 条是涉及国家安全的法律条文，其内容是：香港特别行政区应自行立法禁止任何叛国、分裂国家、煽动叛乱、颠覆中央人民政府及窃取国家机密的行为，禁止外国的政治性组织或团体在香港特别行政区进行政治活动，禁止香港特别行政区的政治性组织或团体与外国的政治性组织或团体建立联系。该法律条文明确“禁止香港特别行政区的政治性组织或团体与外国的政治性组织或团体建立联系”，而香港的行政长官和主要官员需要根据《香港基本法》的第 48 条和 62 条规定，经办中央政府授权的对外事务、接触外国政要，如果行政长官具有政党身份，那么他们就不便于经办中央政府授权的对外事务和接触外国政要。

① （美）塞缪尔·亨廷顿：《变革社会中的政治秩序》，李盛平等译，华夏出版社，1988 年版，第 25—26 页。

② 宋小庄：《中央与香港特区关系》，中国人民大学出版社，2003 年版，第 57 页。

（二）香港政党经常与政府唱“对台戏”，甚至出现“为了反对而反对”的现象

香港政党经常与政府唱“对台戏”，导致行政长官施政困难重重，行政主导举步维艰。我们对香港政党与政府“过不去”应有全面的认识，其中缘由至少有以下几点：第一，香港社会存在明显的官民分野，即因民众对政府某个行为或某项公共政策不满而产生的民众与政府之间的对抗。在官民分野背景下，政党属于“民”的范畴，从它们的行为整体来说也是从民意出发，以“民”为本。行政长官不是任何政党的成员，任何政党支持行政长官施政都名不正、言不顺，弄不好还被戴上“保皇”的帽子而被舆论谴责，并降低民意支持率。因为政党在香港目前政制架构下都不能成为执政党，批评、甚至攻击政府就成为一些政党的主要工作，而且做起这些事来可以肆无忌惮。这也可以说明，为什么香港政党队伍中，归属反对派阵营的政党居于多数。就是民建联等建制派政党，除了在重大政治议题上与政府保持一致外，在经济和民生等问题上，也不得不以各自代表的阶级或界别利益为依归。① 第二，“政党政治的发展进一步加强了对政府的监督和批评，形成为所谓的‘监察性’文化”。② 在这种“监察性”政治文化里，流行着这样的理念，即“没有忠诚的反对派的观念，没有对表达和保护这一观念的宪法条款的坚持，民主政治就不能被恰当地引导或长久地维持”③。对此民建联前主席曾钰成先生有深刻的认识，他在 2007 年 6 月接受中国中央电视台采访时说：市民把我们这些人选进立法会，不是要求我们来管制香港，因为他们知道我们不是执政党。他们是要求我们来看着那个政府，不让这个政府做坏事。所以我们的职能在人家看来，就是你有没有当好守门员

---

① 张定淮：《面向二〇〇七年的香港政治发展》，（香港）大公报出版有限公司，2007 年版，第 52 页。

② 张定淮：《面向二〇〇七年的香港政治发展》，（香港）大公报出版有限公司，2007 年版，第 164 页。

③ （美）约翰·罗尔斯：《正义论》，何怀宏等译，中国社会科学出版社，1988 年版，第 221 页。

的这个责任。[①] 因此，香港政党履行监察政府的职责，就要与政府“过不去”，否则就会被港人认为是渎职。第三，为获得选民的认可和支持，香港政党必须有所作为。处于非执政地位政党的一大功能就是监察政府，如果政党与政府混在一起，民众认为政党失职，政党也失去民众的支持。于是，香港的政党，特别是反对派阵营的政党，更喜欢与政府叫板。就是属于建制派的民建联也要批评政府，在选举的时候要向选民宣传其批评政府而取得的成果，即政府的哪些政策是因民建联的反对而没有执行，[②] 民建联还曾与反对派政党联手向政府施压，[③] 甚至在 2004 年与民主党联手否决了 8 所大学校长及大学自主委员会已达成共识的 106 亿港元大学经费拨款。在民生经济议题上，可以说，香港所有政党都可能成为反对党，也都曾扮演过反对党的角色。

处于非执政地位的政党与政府唱“对台戏”是可以理解的，这也是民主体制的要求，“反对”并非是“敌对”，对此应多一些宽容，少一些责怪。但香港政党与政府叫板的行为存在过火的地方，出现一些“为了反对而反对”的现象。例如，反对派议员在 2005 年联手否决政府提出的促进香港民主发展的政制发展方案，这显然是缺乏理性之举，也是不负责任之举。个别反对派政党仍然要求在 2012 年实施普选，并搞“五区总辞”，就普选问题进行“五区公决”，甚至还提出“全民起义”的口号。它们明知全国人大常委会在 2007 年 12 月就已给出“双普选”的时间表，即 2017 年香港行政长官可由普选产生、立法会全部议员普选随后，但仍然借普选问题制造事端，故意向特别行政区政府施压，挑战中央政府的权威，以此来增加自己在香港社会中的影响力。国务院港澳事务办公室发言人对此事发表谈话时指出：“在香港特别行政区以任何形式对未来政制发展问题进行所谓‘公投’，与香港特别行政区的法律地位不符，是从

① “香港：回望十年”，http：//www. sohu. com，登陆时间：2009 年 11 月 15 日。

② 2007 年 5 月 31 日，笔者拜会民建联前主席曾钰成先生时的座谈记录。

③ 2008 年 6 月，民建联、民主党、工联会、自由党和民协在立法会都提出提案，要求政府全面撤销柴油税。参见“五大政党破天荒联手向港府施压，促减燃油税”，http：//www. chinareviewnews. com，登陆时间：2009 年 9 月 25 日。

根本上违背香港特别行政区基本法和全国人大常委会有关决定的。”[①] 这种带有民粹主义的极端行为，遭到香港建制派政党的反对和抵制，民建联主席谭耀宗等议员在2010年1月27日利用“流会”[②] 战术，使5名已经递交了辞职信的议员没有办法按照原定的计划在立法会发表所谓的“辞职声明”。作为反对派阵营内最大的政党，香港民主党也不认同这种极端的作法，没有参与此事。分析香港一些政党“为了反对而反对”的原因，除了这些政党本身发展极不成熟外，还有政制本身的因素使然。“在议会政治中，只有不负执政责任的反对派才较有条件进行哗众取宠，但由于反对派也有转变为执政派的机会，因此它的哗众取宠就不能过分；只有一些永远都没有机会登上执政地位的小党派才会表现得最极端，最为哗众取宠。”[③] 香港的政党政治受到政制限制，任何政党都不能成为执政党，大家都不用顾虑自己将来上台后因曾经的哗众取宠而承担责任，所以可以不负责任地批评政府。这也是香港反对派政党不断出现“为了反对而反对”现象的根本原因。

（三）香港政党与政府关系逐步加强，从而形成香港特色的“政党政府”

近年来，政府与“支持性政党”之间的关系成为西方政党政府研究的新趋向。布隆代尔认为，政府与“支持性政党”之间关系存在两个维度，即“政府和支持性政党之间‘相互独立’或‘相互依赖’的程度，如果存在相互依赖的话，则还要包括政府依赖支持性政党的程度以及支持性政党依赖政府的程度”。[④] 香港特别行政区政府与民建联等“支持性

① “港澳办严重关注‘五区公投运动’”，http：//www.xinhuanet.com，2010年1月16日。

② 立法会开会有一个法定的标准，出席会议的人数必须达到全数议员的一半（30人），否则，会议就不能召开。部分议员离场，造成出席立法会会议的议员达不到法定人数而无法召开，就被称为“流会”。

③ 雷竞璇：《香港政治与政制初探》，香港商务印书馆，1987年版，第43页。

④ （法）让·布隆代尔等：《政党政府的性质——一种比较性的欧洲视角》，曾淼等译，北京大学出版社，2006年版，第14页。

政党”之间存在相互依赖，两者将来会出现“融合”（fusion），从而形成香港特色的“政党政府”。

香港学者雷竞璇在20世纪80年代就指出，在设计香港政制时，“由于没有政党所代表的社会和政治力量，政制模式的设计也就缺乏参考和根据，可能引致设计出来的模式徒有制度架构，但却没有令此架构能够运作的政治力量”①。香港特别行政区政制的运作情况不幸被言中，确实是没有足够的政治力量来支撑行政主导制的运作，致使行政主导制举步维艰。“特区政府即使继续强调行政主导，不需要依赖政党，但实际上在没有政党合作下也难以顺利通过任何法案。”② 为改变被动的局面，行政长官需要加强与政党的沟通、联系，通过建立“执政联盟”来提高施政力度。行政长官当前不是由普选产生，而是由800人组成的选举委员会选举产生，其认受性（legitimacy）比有一半议员由直选产生的立法会要低得多。政党议员在立法会中占多数，并呈上升趋势。在政党影响力与日俱增的态势下，行政长官处理好与政党的关系，获取政党的支持，建立“执政联盟”，是确保行政长官依法施政、维持行政主导的关键。有人提出，香港政党在立法会“有票无权”，恰好与行政长官“有权无票”相对应。行政长官明智的作法是拿“权”换“票”，即把政府中适当位置给政党人士，通过政治委任使政党人士在政府担任公职，以促进政府与香港政党的关系。曾荫权上任后的新举措是加强与政党的关系，尽可能扩大管治队伍的代表性。他坚持政党政治与行政主导并不相悖，两者在建制内可相互配合，甚至糅合成一种切合“香港特殊环境”的新制度。他认为行政主导与政党政治并非“有你无我”的关系，只要制度安排适度，两者便可互相配合，甚至变成一种切合香港特殊环境的新的政治制度。曾荫权还指出：“我总觉得政党政治及行政主导未必是相互抗拒或矛盾的，关键是怎样做能够相互配合，形成一种制度，适应

① 雷竞璇：《香港政治与政制初探》，香港商务印书馆，1987年版，第14页。

② 张炳良：《管治香港的难题：回归十年反思》，（香港）进一步媒体有限公司，2007年版，第33页。

香港特别的环境，以为香港市民服务。”① 从政党的本质属性来讲，都有执政、参政要求。但香港现时的政制特点和有关选举制度，决定了香港政党不能实现执政的夙愿，只能通过参与立法会选举在立法会内谋得一席之地。在香港，政府与“支持性政党”的关系是双向的，是相互依赖的。

布隆代尔认为，政府与“支持性政党”关系在“政策制定”、“职务任命”和“政治恩赐”三个层次展开。其中“政治恩赐”会导致各种“小政策”和各样的任命，但这些小政策和任命与其他政策和任命有重大区别：它们往往是在暗中进行。② 香港特别行政区政府与“支持性政党”的关系目前至少有“政策制定”和“职务任命”，“政治恩赐”并未显现。就“政策制定”而言，民建联等“支持性政党”通过行政会议、中央政策组等机构参与公共政策的制定。“职务任命”是曾荫权上任后加强与政党关系的最重要举措。曾荫权上任后不久就扩大行政会议人数，注重吸收政党人士进入，让行政会议能够反映社会各方面意见，特别是政党的意见。2006 年，民建联的陈克勤入行政长官办公室担任特别助理。曾荫权又在 2007 年把香港自由党主席田北俊吸收进政府，委任其为旅游发展局局长。这些都可以理解为曾荫权企图加强政府与“支持性政党”配合的重要举措。从 2008 年 4 月 1 日起，特别行政区政府开设 11 个副局长和 13 个政治助理的职位。政府也在该年 5 月公布委任的首批 8 位副局长及 9 位政治助理，他们在 2008 年 6 月起相继上任。在现时的政治委任制度下，不论是司长、局长、副局长或是政治助理的职位，都可吸纳具有政党身份的人士。目前行政长官从政党中委任的政府官员，仅限于民建联、自由党等“支持性政党”成员。

香港目前的政府已经具有一定程度的政党性，但这种政党性还不够浓厚，具体体现在两个方面：一方面，民建联等“支持性政党”不敢与政府完全站在一起，对政府的支持是有限的，在民生经济问题上有时还

① “曾荫权倡议形成切合香港环境的新管治制度”，http：//www.eastday.com，登陆时间：2008 年 10 月 10 日。

② （法）让·布隆代尔等：《政党政府的性质——一种比较性的欧洲视角》，曾淼等译，北京大学出版社，2006 年版，第 97—98 页。

不得不与政府唱“对台戏”；另一方面，政府只是与“支持性政党”建立比较和睦的关系，无论是“政策制定”，还是“职务任命”，都与反对派政党没有关系。随着香港政制发展的推进，在实施“双普选”时，香港特别行政区政府的政党性必定得到增强，就会形成具有香港特色的“政党政府”。这是基于两点判断：其一，政党的影响力与日俱增，香港未来行政长官将会由政党人士担任（当然根据有关法律，当选人必须在当选7日内退出所在政党），香港就会出现类似俄罗斯的“政权党”。虽然香港不存在执政党，但不能消除行政长官与“政权党”的历史渊源关系和现实依赖关系。其二，目前香港的政府就是“分立政府”，加之立法会实行的是“比例代表制”，“政权党”控制的立法会议席实难以达到一半。这就需要与其他政党合作，甚至得考虑组建“联合政府”（united government）。行政长官不仅把“政权党”内的一些精英安排进政府，还需要尽可能把在立法会拥有议席的“支持性政党”的适当数量精英吸收进政府。如果“支持性政党”力量比较弱小，行政长官还得考虑采用“政策制定”、“职务任命”等方式与比较温和的反对派政党也建立联盟，以争取它们对政府施政的支持，至少不要“为了反对而反对”。

三、香港政党与立法会的关系

香港政党与立法会有多方面的关系，立法会选举是香港政党参政的主要路径、政党是立法会选举活动的重要组织力量、立法会是政党实现其功能的主要载体等。经过前面第一章、第三章的阐述，我们很容易理解“立法会选举是香港政党参政的主要路径”、“政党是立法会选举活动的重要组织力量”这两点内容。这里着重阐述“立法会是政党实现其功能的主要载体”。

政党的功能，一般来说包括利益综合①、利益表达、遴选政治人才、

① 政党的利益综合功能，是指政党先把自己所联系的民众利益诉求收集起来，然后对不同的利益诉求进行综合，形成党的政策主张。

政治社会化[①]，对非执政党来说还有监察政府的功能，反之，对执政党来说有组织政府的功能[②]。香港政党也具有这些功能，除利益综合功能、政治社会化功能外，利益表达、遴选政治人才、监察政府等功能主要是通过立法会实现的。

政党的利益表达功能，就是政党先把自己所联系民众利益诉求综合后向政府、议会等政治体系输送。在代议制下，议会是政党进行利益表达的主渠道。在香港，政党议员利用议案等形式向立法会表达它们所联系港人的利益诉求。如，陈婉娴议员为维护劳工利益，曾向立法会提出最低工资和最高工时的议案。以议案形式表达利益是政党最常用的手法，有时也凭借投票权反对政府政策、法案的办法来表达它们所联系港人的想法、利益。激进民主派议员在 2005 年 12 月采用“捆绑”的办法，否决政府政改方案[③]就是很好的例证，虽然这一计划明显会推进香港民主。[④] 香港特别行政区政制的最显著特征是行政主导制，立法会对政府人员的产生没有什么影响，除了有很少的几位立法会议员代表个人参加行政会议外，立法会不参与政府的决策。政府与立法会的这种关系，使立法会议员倾向扮演政府反对派的角色，而且这种角色由于不需要分担执政的责任，因而哗众取宠的成分只会越来越加强和突出。

政党遴选政治人才功能主要体现为政党向政治系统内的机构输送精英，使之在其中担任职位。香港政党遴选政治人才的功能主要是通过立

① 政党的政治社会化功能，是指政党通常都对本党成员和公民进行政治引导、教育，把政治理念、政治知识和技能传播给受众，从而使党员、公民增加对本党的政治认同，并获得政治知识，掌握选举等政治技术。

② 因香港政党不能执政，深圳大学张定淮教授把其称为“功能缺失性”政党。

③ 表决的结果是 34 票赞成，24 票反对，1 票弃权，未能获得全体议员 2/3 多数通过。

④ 2005 年 10 月，政府公布了有关政改的第 5 报告。该报告主要扩充了行政长官选举委员会人数及立法会议员人数。根据《香港基本法》附件一规定，行政长官选举委员会共 800 人，其中工商、金融界 200 人，专业界 200 人，劳工、社会服务、宗教等界 200 人，立法会议员、区域性组织代表、香港地区全国人大代表、香港地区全国政协委员的代表 200 人。第 5 报告将人数扩充一倍，其中上述前三类部门各选举 300 人，第四部门选举 900 人，这 900 人将包括全部 529 名地区议会议员。立法会议员扩充为 70 人，新增加的 10 名议员，5 名由直选产生，另 5 名由地区议会选出。

法会实现的，因为行政长官非政党身份的规定，任何政党都不能获得最高行政权，政党人士进入政府任职也还是个别现象，政党重要人才大多在立法会、区议会内担任议员。香港政党对立法会、区议会选举十分重视，近年来重视发挥政治人才“孵化器”的作用，在平时就加强对党员（特别是年轻党员）的培训，为其参加立法会、区议会选举做充分准备。民建联最早推行培植新人，早在2000年民建联就推行“政治专才培训计划”，与本地大学合作，把党内培训工作专业化。民建联在2004年开历史的先河，设立了副发言人制度，让重点培养的新生代有机会代表党对外发表意见，以提高新生代的传媒曝光率。香港的民主党、社民连等其他政党也注重发挥政治人才“孵化器”作用，加强对党员，尤其是对年轻党员的培养，使一批青年才俊脱颖而出。

监察政府是非执政党的功能，是在野党、反对党的重要任务。香港受西方政治文化影响，具有监察性政治文化，居民坚持认为公权力是“必要的恶”，必须对权力的行使者进行监督和约束。政党监察政府的途径有立法会、媒体，甚至还有街头政治等，其中通过立法会进行监察政府是最主要、也是最有效的方式。立法会作为香港的代议机关，本身就负有监督政府的职责。从理念上说，“严密监督政府的每项工作，并对所见到的一切进行议论，乃是代议制机构的天职”①。从现实上说，《香港基本法》赋予了立法会监督政府的权力。在所有政党都不能染指最高行政权的情况下，香港政党天然具有与政府对立的情结，加之选举利益的驱动，政党更有热情与政府唱“对台戏”。这样政党监督政府的天生情结与立法会监督政府的职能就不谋而合，在立法会有议席的政党就充分利用议员的权利（权力）通过议案、质询等手段监察政府。香港议员与政府叫板也不是新近的事情，在港英政府末期就已出现，自1991年之后，“批评政府已成为议员的指定动作”②。只是近年来，个别政党议员利用立法会反对政府的行为过了火。个别议员甚至还超出《香港基本法》的授

① （美）威尔逊：《国会政体》，熊希龄、吕德本译，商务印书馆，1986年版，第167页。

② 叶根铨：《特区政治化妆术》，香港上书局出版公司，2006年版，第111页。

权范围，以向政府官员提不信任案的动议形式监察政府。① 立法会议员对政府官员的不信任案只能施加舆论上的压力，但却不能要不受信任的人辞职，因为依据《香港基本法》，立法会无权过问主要官员和政府公职人员的任免。近年来，有的反对派议员在立法会针对政府官员还施加粗暴行为，2008 年 10 月社民连的立法会议员向政府官员投掷香蕉。“港式议会政治的最大缺憾，便是因政党及议员均知道自己没有执政的可能，无论议员及传媒，以至公众，也不会认真看待他们的政策研究。媒介政治奖赏的，只是一些言论出位、懂得运用语言噱头及暴力吸引公众的政治人物，而非政策上的真知灼见。”② 其实，香港社会普遍难以接受这样过于激烈的行为，一场场闹剧只会干扰会议的进行，对于监察政府及争取民主可以说是没有任何帮助。

香港政党之所以能在立法会实现以上功能，很大程度上是得益于在立法会的党团。在西方国家，在议会中占有一定议席的政党，不论大小，也不论是否执政，一般都有自己的党团组织。议会党团大致可分为三种类型：1. 一个政党单独组成本党议会党团。大多数具有一定数量议员的政党都采取这一组织形式，并以该党名称命名。2. 由两个以上的政党的议员联合组成一个议会党团。如联邦德国基督教民主联盟和基督教社会

① 最早的不信任案于 1999 年启动。当时香港立法会反对派议员吴霭仪因不满律政司司长梁爱诗对“胡仙案”及港人在大陆子女在港定居案的处理方式，于 2 月间对梁爱诗提出不信任动议。立法会于 3 月 11 日经过 4 个多小时的辩论后，由于多数议员的反对，否决了由吴霭仪议员提出的对律政司司长不信任案。1999—2000 年间，“居屋角短桩事件”在香港社会，特别是立法会中引起激烈反应。有议员在会议上就对房委会主席王葛鸣及房屋署长苗学礼提出不信任议案。当时董建华行政长官对房委会高层表示支持，认为该案件之所以被揭发，是房委会努力调查及检讨各项工程的结果。不过，立法会还是通过了不信任案。王葛鸣在立法会通过议案之前，先自行辞职，房屋署长苗学礼则坚拒辞职。2003 年 3 月，民主派利用香港财政司司长梁锦松“购车事件”，提出对梁的不信任案，在立法会辩论后未能通过。2003 年 7 月 15 日，廉政公署完成对梁锦松的调查，把报告交给律政司决定是否起诉，并知会行政长官董建华。7 月 16 日，在保安局局长叶刘淑仪请辞之后，梁锦松随后也提出请辞。由于梁锦松随时可能被起诉，为避免出现在位主要官员被起诉的尴尬情况，这次董建华无奈地接纳了，并报请国务院批准。梁锦松的职位其后由工商及科技局局长唐英年接任。

② 蔡子强：《特区首个五年的选举与政治》，（香港）明报出版社，2006 年版，第 200 页。

联盟联合组成一个议会党团，称为基督教党团。3. 跨国议会党团。在某些区域性国际组织的议会（如欧洲议会）中，由各成员国有关政党的议员组成的政党组织。此外，有的国家规定，只有在具有一定数量的议员时，才能单独组成议会党团；那些只有少数或个别议员的政党，其议员有的依附于某一政党的议会党团，有的参加别的政党的议会党团。议会党团是政党在议会中进行活动的重要领导者和组织者。它是各政党或政党联盟在议会中的最高权力机构。党团组织的主要功能是决定在议会贯彻本党的纲领和政策，统一本党议员在议会中的步调，决定在议会立法及有关活动中应采取的态度和如何投票的事宜，以贯彻本党的纲领、路线和政策。但在西方国家，议会党团的组建一般具有严格的限制条件。比如，德国联邦议会组织法规定，联邦议会党团至少要由5%的联邦议员组成，原则上必须属于同一个政党。议会党团组建后，便代表本党或政党联盟在议会中活动，“把本党或联盟党的议员联合成一个整体，了解本党议员的动态，协调他们的立场和行动，决定在议会立法及有关活动中应采取的态度和如何投票的事宜，以贯彻本党的纲领、路线和政策，维护本党的利益”①。香港民建联、民主党、自由党、公民党等在立法会具有一定数量议员的政党，都组建了自己的党团组织，并建立了较完善的制度。其中，香港民主党立法会党团组织包括现任立法会议员，非立法会议员之中的政策发言人列席。就立法会事务进行讨论、协调，求取共识和一致行动。党团的决定，成员要遵守。另外，党团下设一个秘书处，作为行政部门，负责安排及跟进党团会议；撰写议员的辩论演辞、审阅立法会文件、协助议员在法案委员会及常设小组的工作，约晤司级官员等工作。每星期一次正式会议（星期四傍晚），星期三午餐会为下午举行的立法会会议及内务会议作最后的准备。在有需要时，党团也会举行特别会议。立法会党团还实行考勤制度提高党团成员的出席率。立法会党团的存在对政党发挥表达利益、监察政府等作用有重要意义，但因为党的权力被党团把持，也对政党自身发展产生负面影响。例如，民主党现时的党务和立法会议员的政务无法平衡，无法互补，立法会党团主导了全党的工作方向，资源严重倾斜，党本身的规划长期废弛，拓展党员和

① 梁琴、钟德涛：《中外政党制度比较》，商务印书馆，2000年版，第155页。

基层组织的工作不能有效开展。于是有民主党党员提出“党政分家”。“党政分家”要求日理万机的民主党立法会议员毋须兼任中央党部的职务，推动党务的工作交由非立法会议员的党员负责，摆脱民主党对议会政治的依赖，减少选举导向的短期行为。“党政分家”可为第二、三梯队开拓议会外的政治空间，向市民展示政治技巧和问政水平，毕竟任何政治领袖的政治技巧都只能通过现实的政治历练培养出来。①

四、香港政党与法院的关系

资本主义国家（地区）一般坚持司法独立原则。司法独立原则包括三方面内涵：其一，司法权独立于其他权力。司法权与行政权、立法会权互相分立，司法权由法院独立行使，立法机关、行政机关以及政党或个人都不能干涉司法审判活动。其二，法院内部相互独立，任何法院都不得干涉其他法院的审判活动，上一级法院也只能根据上诉程序对下级法院审理的案件进行审理或下级法院的判决作出变更。其三，法官独立，法官审理案件不受法院领导的干涉。法官独立是司法独立的核心，为保证法官独立，很多国家规定，法官一经任命，非经弹劾不得免职、撤职或令其提前退休，有的国家还实行法官终身制。由司法独立原则可以引申出司法中立原则，司法中立要求司法机关和司法人员在党派之间恪守中立，确保“独立公断人”的身份，不卷入任何政治纷争，不要居间裁决。为保证法官独立行使权力，不受外界干涉，多数国家法律规定，法官任职后不得兼职行政或当议员。法官不得有政党身份和从事政党活动，在政党纷争中恪守中立。例如英国（英格兰和威尔士）2004 年发表的《法官行为指引》，在“公正无私”（impartiality）原则的标题下有这样的要求：“作为该原则的特殊体现，法官必须放弃任何类别的政治活动，并在获任命后断绝与政党的所有联系。法官应避免被视为继续与政党有联

① “民主党自我改造三策略”，http://www.garyfan.org，登陆时间：2009 年 12 月 5 日。

系，例如出席政治集会、政治筹款活动或缴付党费。”澳洲的《法官行为指引》里有相同的条文，写法跟英国的差不多，其中包括“断绝与政党的所有联系”这项清楚明确的要求。加拿大司法议会制订的《法官操守原则》有以下条文：“法官获委任后，必须停止参加所有政党活动。”① 西方的司法独立是相对的，不是绝对的，例如美国联邦法院法官由总统提名而经上议院许可，联邦法院法官的遴选过程体现了政治制约。如果法官毫无政党取向，也难以设想执政党会选择他进入司法机构。②

香港是普通法地区，在1840年就根据普通法精神建立起司法系统，严格实行司法独立原则。香港在港英时期就坚持司法独立原则，回归以后香港继续坚持此原则。《香港基本法》有关条文具体落实了司法独立原则。第85条规定：香港特别行政区法院独立进行审判，不受任何干涉，司法人员履行审判职责的行为不受法律追究。第89条规定：香港法院的法官只有在无力履行职责或行为不检的情况下，行政长官才可根据终审法院首席法官任命的不少于3名当地法官组成的审议庭的建议，予以免职。香港特别行政区终审法院的首席法官只有在无力履行职责或行为不检的情况下，行政长官才可任命不少于5名当地法官组成的审议庭进行审议，并可根据其建议，依照本法规定的程序，予以免职。为确保司法独立，终审法院首席法官李国能在2004年10月颁布《法官行为指引》(Guide to Judicial Conduct)，其中第76条规定：“法官应避免加入任何政治组织，或与之有联系，或参与政治活动，例如，法官应避免出席与政治有关的机会或示威活动。”③ 在2006年，公民党创党党员名单曝光后，发现高等法院原讼法庭特委法官梁冰濂、区域法院暂委法官区庆祥名列其中，引起社会普遍的关注和质疑。不少评论指出此举有违法官保持政

① “法官进行幕后政党活动更损司法独立”，(香港)《文汇报》，2006年6月21日。

② 程洁：“论双轨政治下的香港司法权——宪政维度下的再思考”，《中国法学》，2006年第5期，第56页。

③ “法官行为指引”，http：//www. judiciary. gov. hk，登陆时间：2009年11月3日。

治中立的传统，损害香港司法独立原则。[①] 此两人为非全职法官（全职是律师），为明确《法官行为指引》有关规定对非全职法官的适用问题，在咨询高等法院首席法官、首席区域法院法官和总裁判官后，终审法院首席法官李国能在2006年6月16日发出《关于非全职法官及参与政治活动指引》。该指引规定，不论是全职还是非全职法官，他们身为市民都享有权利和自由，包括结社的自由。但是，我们必须理解到，要维持司法独立和司法公正，并使司法的独立性和公正性有目共睹，对这些自由施加某些限制是必需的。至于限制的程度则应以“相称原则”为依据，有助社会更加关注司法独立和公正。非全职法官仅为政党的成员，在应用适当的标准时，并不会被认为不妥。但非全职法官不仅是政党成员，还积极参与政治活动，很可能不获接受。非全职法官如果参与下述活动是不可接受的：1. 积极参与政党的活动，例如出任政党内的职位、作为党委委员会的成员、作为政党的发言人、参与政党的筹款或招募成员活动等。2. 以候选人身份或提名候选人或协助候选人（不论属何种情况，也不论该候选人是否由政党赞助）参加区议会、立法会或根据《行政长官选举条例》组成的选举委员会，以及行政长官职位的选举。[②]

香港严格遵循司法独立原则，政党不得干预司法，政党人士原则上不得担任法官，目前政党人士最多是担任一些不重要的非全职法官，只在有限的期间聆讯案件，他们的全职工作是执业律师。虽然香港政党不能掌控法院，但政党与法院还是存在密切的关系，企图把法院当作实现其诉求、特别是监督政府的重要平台。因为在香港诉诸法院成为民意表达的方式之一。这是基于两方面的客观事实：一方面是功能团体的存在，立法会被强有力的社会精英所把持，而通过民选渠道进入立法会的成员则处于弱势地位，政府的法案因为来自功能团体的议员的支持能够轻易通过，相应的反对意见或者少数意见得不到重视，这样便阻碍了民主交流的渠道，不利于协调各种不同利益；另一方面是普通法传统下的法院

① 谭正之：“法官加入政党不利香港和谐发展”，（香港）《文汇报》，2006年5月26日。

② “关于非全职法官及参与政治活动指引”，http：//www.judiciary.gov.hk，登陆时间：2009年11月3日。

长期建立起来的深厚的权威，而且《香港基本法》赋予了法院独立的司法权和终审权，近年来司法权的扩张，导致了法院在香港回归后“独树一帜”，并在一定程度上形成了“司法主导”。香港的一些案件所涉及的问题具有政治性，法院要坚持“司法谦抑”原则[①]，尽量采取克制的态度以避免干预立法机关、行政机关的职权，但由于许多问题本身同时也包含了相关的法律争议，因此法院在一定程度上被政治化了。

① “司法谦抑”是指法院在裁判案件的过程中，在司法自由裁量权的范围内，基于各种原因对立法机关和行政机关的谦让与自我克制。在司法审查制度颇为发达的国家，尤其是美国，司法谦抑是一种被法官们广为遵循的司法理念。

第五章

香港政党与香港社会的关系

香港政党与香港社会的关系比较繁杂，包括政党与阶级、政党与利益集团、政党与媒体等方面内容，在此仅从政党的利益表达、社会整合、政治动员和人才遴选等功能着眼，来探讨香港政党与香港社会的关系。

一、香港政党利益表达的主体结构

香港政党的产生、发展只有 20 多年的历史，虽然时间很短，但就政党利益表达的社会定位与香港社会阶级关系来说，政党利益表达主体比较健全，社会主要阶级都有自己的利益表达主体，政党主体结构与社会阶级结构基本相适应。

（一）建基于工商资产阶级的政党

香港是资本主义社会，香港工商资产阶级人数众多，在社会经济政治生活中具有举足轻重的地位。与其他社会阶级相比，工商资产阶级组建政党的时间比较晚。代表工商资产阶级利益的自由党在 1993 年才建立，作为其前身的“启联资源中心”成立于 1991 年 12 月。自由党主张经济自由放任主义，减少税收和福利，在劳资纠纷期间则支持资方，在工会罢工期间主张严厉对付。自由党的这种主张，是导致其在2008年立法会分区直选中全军覆没的一大原因。当然，自由党在地区直选中败北，与香港的劳资矛盾及市民的仇富心理也有直接关系。

在民主问题上，作为工商资产阶级利益代表的自由党当然比较保守，主张立法会的产生办法应根据香港的实际情况和循序渐进的原则而规定，担心大量代表基层利益的议员控制立法会，立法会通过最低工资法或“杀富济贫”的法律。对行政长官的产生办法，自由党也主张应根据香港的实际情况和循序渐进的原则规定，最终达至由一个有广泛代表性的提名委员会按民主程序提名后普选产生的目标。而根据目前行政长官选举委员会的构成，在未来的行政长官人选提名委员会中，工商资产阶级人士必定占据相当大比例，行政长官选举坚持由该提名委员会提名，自然利于工商资产阶级对行政长官人选的掌控。

香港工商资产阶级利益通过政党表达是不充分的，一方面体现为只有自由党明确代表工商资产阶级利益，另一方面自由党参选能力比较欠缺，在港英时期就是靠委任，回归以来主要靠间接选举，2008年当选的自由党议员全部是从功能界别选出。当然香港工商资产阶级对香港政治的渗透和影响还有其他渠道，如行政长官选举委员会、行政会议等，它们的利益已经得到比较好的保障，不会因为政党表达不充分而出现利益代表不足的问题。

香港立法会普选不是遥远的事情，将来功能组别选举必定要革新，这对自由党来说是极大的挑战，对香港工商资产阶级来说自然也是极大的挑战。如果自由党不能及时转变对功能组别选举的依赖，那么可能与立法会议席无缘。在这种情况下，立法会内由谁代表工商资产阶级利益，更重要的是由谁与日益强大的基层利益代表进行博弈以防止民粹主义盛行，是个很棘手的问题。香港中文大学蔡子强先生对此认为，届时民建联可以为工商资产阶级说话，民建联已经成为跨阶级利益政党，近年来民建联不仅注重吸收中产专业人士，还发展一批工商资产阶级人士，目前民建联的蒋丽芸副主席就是工商资产阶级人士。在利益表达上，民建联与工联会有比较明确的分工，前者倾向以中上层为主，后者定位于劳工等基层。① 蔡子强先生的分析和预测是很有道理的，民主建港联盟（老民建联）在1995年4月与工商资产阶级政党港进联合并成新民建联（民主建港协进联盟），这标志着新民建联实现了由过去的基层利益代表向跨阶级利益代表的转变。民建联近年来不断扩大基础，正在学习新加坡的人民行动党，欲成为“全方位”政党，为将来成为香港的管治力量积极准备。② 根据政党政治理念、政党自身建设、政党与社会基层关系、政党与中央政府、特别行政区政府的关系等因素判断，民建联是香港最有前途的政党，将来必定成为香港类似俄罗斯的“政权党”。作为“政权党”，民建联需要照顾香港各个阶级的利益；作为建制派政党，民建联要响应中央政府重视工商资产阶级利益的一贯政策；作为包括工商资产阶级在内的跨阶级政党，民建联也需要维护工商资产阶级的利益。从这些因素来看，如果自由党在香港立法会实行普选后无缘立法会议席，维护工商资产阶级利益的任务自然就落到民建联肩上。

（二）建基于中产阶级的政党

随着香港经济在20世纪七八十年代的快速发展，更多的港人跻身中产阶级。在20世纪70年代以后，香港出现中产阶级的抗争事件，如1972—1973年间的“教师薪酬运动”、1974年的“大东电报局事件”及80年代初的“政府文员争取加薪运动”。但中产阶级并没有在这些抗争事件中组织起来。香港中产阶级的组织化出现在20世纪80年代初期，这可能与代议制的发展有密切关系。自那时起，香港中产阶级中的一些知识分子率先成立论证团体等政治团体，这些政治团体适应代议制的发展逐渐演变为政党。

香港民主党是建基于中产阶级的政党，但考察民主党的政纲，丝毫看不出它是中产阶级的政党，像是代表香港市民整体利益、处处防止政府为非的监察党。民主、自由、人权、法治、环保等理念和主张，是香

① 2009年11月3日，笔者在香港中文大学与蔡子强先生的座谈记录。

② 2009年7月6日，笔者在香港民建联总部与谭耀宗主席座谈记录。

港各个阶级共同的要求。民主党对中产阶级（主要是其中热衷民主的学者、教师和社会工作者等服务专业人士）的吸引力，在于普选等激进民主主张。在代表中产阶级利益方面，不见的有什么“过人之处”，也没有对中产阶级利益进行特别强调。在民主党政纲中，对劳工等草根阶级却给予较多的关注，如提出劳动人口应合理分享经济发展的成果、政府在劳工及人力政策上不能单凭市场机制而必须提供较佳的劳工保障，并要求政府落实《国际劳工公约》中的劳工应享有职业保障、职业安全和健康、全面性社会保障、组织工会、集体谈判及罢工等权利，还提出政府应为不能在私人物业市场中负担楼价、租金的中下阶级家庭，提供其能力所能负担的设备独立、符合当时生活水平的出租或出售的居住单位。民主党对劳工等草根阶级利益的关注，可能出于两方面原因：一方面是民主党作为以知识分子为主体的政党，保持了知识分子关心社会弱势群体的传统；另一方面是民主党认识到劳工等基层社会是选举的“票仓”，为社会弱势群体说话，必然换得他们的支持。

香港公民党也是建基于中产阶级的政党，其政纲与民主党的政纲很多是相同的，都体现香港市民的共同利益，丝毫看不出为中产阶级代言的痕迹。公民党企图把自身设计为“全方位”政党，党的领导人形容该党党徽图案有如“左手攀日月、右手抱婴儿”，这与该党意念一致，就是在接触中上阶级人士之余，也不忘照顾社会上的弱势群体。公民党在其政纲中提出，香港要实行最低工资标准和最高工时限制、政府应为那些没有能力照顾自己的贫困人士提供一个安全网、从根源着手消除贫穷，并设法消除社会歧视和贫富悬殊等主张。这些主张都体现了公民党对香港劳工等草根阶级的关怀。

虽然公民党等建基于中产阶级的政党努力抓住香港中产阶级，但因其反对“释法”、主张 2012 年普选等政治议题难以吸引多数对政治不感兴趣的中产阶级人士，从而中产阶级对它们不太“感冒”，对其认同度比较低。

全民党明确表示代表中产阶级利益、并兼顾香港各阶级利益①，但在香港政治、社会生活中却听不到它有什么动静。研究香港政党的蔡子强先生说，他从没有听说过这个政党。② 一向为草根代言的社民连在其最新修订的政纲中竟然对中产阶级给予关怀，提出中产阶级在经济危机中即使能保住职位，也经历减薪、实质工资下降、工时延长等工作条件恶化的苦况。而在经济转型下，某些工种永远消失，工作条件变成永恒的合约化，令中产阶级及中年就业者变成忍受工作条件每况愈下的“无保障阶级”。

比较而言，就政党利益表达的社会定位来说，中产阶级的利益表达是最不足的。但只要宏观经济稳定，中产阶级的生活还是比较优越的，他们对现实也比较满足，政治参与的热情也不高。在 2003 年香港发生“七一事态”时，之所以有那么多中产阶级人士参与其中，主要是经济因素导致的结果，楼价跳水等经济因素导致很多中产阶级人士出现负资产，他们借机发泄对特别行政区政府管治的不满。由此可以断言，只要香港经济保持繁荣稳定，中产阶级的利益就会得到较好的保障。中产阶级没有强烈的利益表达需求，香港政党在代表中产阶级利益方面，也只是在无足轻重的枝节问题上起作用。

（三）建基于草根阶级的政党

香港代表草根阶级利益的政党比较多，明确自己利益表达定位于基

---

① 全民党曾提出，尽力承担道义责任，合理分配社会资源。香港的纳税人，尤其是为数众多的中产人士，多年来对香港的贡献匪浅。全民党也相信绝大多数纳税人都认同，博爱精神十分可贵，他们有责任也有道义照顾弱势社群。但他们同样必须顾及社会资源及财富能够以公平合理的手段分配到不同阶级手上。有承担的政党不应追求面面俱圆，切实可行的治港方略往往是苦口良药。目前多数政党不是取悦基层就是讨好财阀，有的新晋政党为了八面玲珑而顾此失彼，政策自相矛盾。其实，香港目前各阶级的利益划分相当清晰，全民党不回避各阶级之间的矛盾，也不偏袒任何一方。全民党所争取的，是最能合理平衡各方利益的最大妥协公约数。

② 2009 年 11 月 3 日，笔者在香港中文大学与蔡子强先生的座谈记录。

层的有社民连、民协。

社民连对就业政策十分关注，认为港英殖民政府多年来都忽视劳工权益，并且因政治原因压抑工会的发展，不尊重工人集体谈判的权利，令现时香港的雇员与雇主长期处于不对等的关系。回归后，特别行政区政府及临时立法会废除回归前立法局制定的保障组织工会、参与罢工及集体谈判权利的法例，严重削弱雇员讨价还价的能力。在金融风暴下，无数雇员被解雇、忍受强迫减薪或“自愿”离职、无偿超时工作、克扣福利、拖欠薪金等，正反映现行制度缺乏对雇员的保障，情况极度不公义。社会在决定政策之时，需要考虑两方面。首先是每一弱势社群固有的尊严与独特性（弱势仅指从权力及资源分配而言）需要受到无条件的尊重与维护。其次，纵使仅从效益方面考虑，排挤、忽视、甚至剥夺弱势社群应有的尊严与独特性，根本不利于社会整体的长远利益，最后只会演变成激烈的社会冲突甚至革命，令中国人亟欲追求的社会和谐成为遥不可及的梦想。关于劳工权益，社民连认为，劳工权益和福利并不是削弱香港竞争力的“免费午餐”。先进国家的经验表明，较佳的工作条件和雇员福利，可以令工人有尊严地生活，并可提升劳工的生产力，减少因劳工保障不足而带来的职业疾病和伤亡，及贫困带来的社会问题，降低整体社会成本，长远而言对社会有利。社民连要求政府尽快重新立法保障组织工会、参与罢工及集体谈判的权利，以及立法禁止不公平解雇。政府并要为那些以不断延续合约受雇的雇员（running contract workers)，引入保障的机制。长远而言，他们认为雇员与雇主应以对等的关系、通过集体谈判决定工资及雇员的工作条件。在整个社会层面，工资及其他有关劳工福利的政策和立法，应由雇主、政府和雇员代表共同商议，达成共识后由政府落实执行。香港也应按照《国际劳工公约》的规定，就有关标准进行本地立法，令本地劳工获得符合国际标准的劳工保障。具体而言，政府应就劳工福利及保障，采取下列的立法及政策措施：最低工资标准、立法规制超时工作、保障各种弱势劳工群、设立失业保障、工业安全、制订“本地工人优先就业法”等。关于弱势社群问题，社民连主张弱势社群，如释囚、残疾人士、长期及特殊病患者、外地劳工、新移民及其他族裔居民、老人、妇女、儿童、不同性倾向人士及单亲家庭，都应该受到社会的尊重与照顾。政府应引入尊重及了解弱势社群的公民教育课程，消除对一切弱势社群的歧视。政府应对弱势社群加强教育及就业训练与支持，如以政策优惠鼓励企业雇用他们、对他们给予交通上的支持等，是令他们能融入社会及有尊严地生活的最重要措施。政府应增加给社福机构的拨款，开办活动以协助弱势社群融入社会。

民协也不折不扣地代表基层利益，其党（会）徽是竹笋，象征民协来自基层、扎根基层。旗帜鲜明地表示，民协以基层利益为依归。在房屋政策方面，民协提出公营房屋一直扮演着改善市民居住环境及稳定社会的角色，政府应提供足够资源落实市民的居住权，这对香港的繁荣安定起着极为重要的作用。为此，民协要求政府在政策制定上应保证出租公屋占公营房屋的比例不应少于2/3；继续维持居屋政策，同时定期检讨单位供应和数量，以满足夹心阶级的住屋需要；扩大公屋援助的范围至受重建影响而入住新建公屋的家庭等。在促进就业方面，民协提出政府增设独立劳工局、尽快召开全民就业高峰会、向雇主提供补助金或税务优惠以鼓励聘请领取失业“综援”① 人士、定期检讨各职业培训课程成效、严厉打击非法劳工及不合法受雇人士等主张。在劳工权益及保障政策方面，民协提出政府重新制定法例以恢复集体谈判权、保障雇员组织并参与工会活动的权利、设立法定最低工资、设立法定最高工时、订立雇员硬性工作休息时间等主张。在职业安全与健康政策方面，民协提出制定法律以使妇女在政治经济法律社会各方面均享有平等机会不受歧视、建立保障妇女人身安全之完整制度与环境、加强分娩保障的法例、监察劳工法例的执行和制定父亲“侍产假期”的法例等主张。

民建联在2000年1月1日发表的“千禧宣言”中指出，香港的政治制度一定要朝《香港基本法》规定的目标发展。民建联将积极参与这个发展，致力于建立民主而高效率的政府，确保“港人治港”、高度自治的成功。在繁荣创富的同时，社会整体的生活质量必须有所改善，尤其是弱势社群必须得到合理的照顾。只有当社会各阶级都能分享繁荣的成果，人人安居乐业，才有稳定的社会，才可以为进一步繁荣创富营造

① “综援”是“综合社会保障援助”的简称。

有利的环境。合理的公共政策，必须奖励勤奋，鼓励上进，扶助弱小，令人人享有公平的发展机会，人人都可以凭着自己的努力改善家庭的生活质量。民建联表示将继续因应市民的诉求，密切监察特别行政区政府的施政，敦促政府制订和推行最符合市民福祉的政策和措施。虽然民建联与港进联合并后，实现跨阶级发展，在利益表达的社会定位上多元化，但民建联一直没有放弃对香港基层利益的关心，基层仍然是民建联的依靠力量，民建联扎实的基层工作也为选举提供了可靠的票源。民建联内部有人撰文指出，从2003年区议会选举的结果看，尽管形势严峻，但基层市民的支持票仍有大幅增加，民建联的得票总额上升三成，所有支持稳定的议员加起来有260多席，也说明民建联依靠基层的基本方向不能变。现时的关键是要使全党都有这样一个共识，要实事求是地检讨，但绝不能矫枉过正，企图把民建联变成中产党、工商专业党。①

此外，如前所述民主党、公民党等政党也兼顾草根阶级利益。在香港，草根阶级利益得到比较充分的表达，甚至有代表过度的嫌疑，几乎所有政党都为草根阶级说话，甚至包括代表工商资产阶级参政的自由党②。在2000年立法会选举中，有部分候选人直接打着代表基层的旗号，而大部分都是反对派的候选人。其中较突出的有曾健成（原民主党骨干），以“穷人要出声”为竞选口号，表示“要把失业、贫穷的声音带进议会”；梁耀忠（基层团体街坊工友服务处执行监督、前线成员）的口号是：“为弱势出声、为贫者出力、为劳工出头”；冯检基和梁国雄都打出“基层利益”的口号。③

---

① 谭正之：“坚持民建联的基本路线”，（香港）《文汇报》，2003年12月25日。

② 在2008年的立法会选举中也打出民生牌，关注发展边境禁区以带动就业。当然自由党此举主要是应付选举的策略需要，非出自资本家真实意思的表示。

③ 马岳、蔡子强：《选举制度的政治效果——港式比例代表制的经验》，香港城市大学出版社，2003年版，第119页。

二、香港政党社会整合的实际能力

虽然一些香港政党名义上可能代表更多阶级、群体的利益，但它们社会整合的实际能力与主观愿望有很大的差距，这与香港社会分化有密切的关系。“香港社会有两个突出的性格：一是现实主义，讲求实际，对固定的意识形态很抗拒；二是一直以来有很大的社会上进途径，讲求个人努力求上进，中产阶级日益强大，中产阶级的生活方式成为价值主流。阶级分化不明显，阶级关系不紧张，没有突出的阶级对抗。因此，香港社会基本上是妥协型而非对抗型的社会。”① 这是对 10 多年前香港社会状况的描述，现今香港社会阶级“垂直分化”② 比较明显，阶级间（主要是劳资两方面）的对抗性比以前强烈，虽然香港妥协型社会没有改变，但对抗的因素增加了许多，这种对抗不仅是阶级之间的对抗，还有因政治立场不同而形成的对抗，以及政府公共政策引起的对抗。各种交织在一起的对抗因素，使社会呈现政治、阶级和官民三大分野，导致政党的社会整合实际能力偏低。

第一，政治分野。因对香港民主发展进程意见不同、与政府关系亲疏不同，香港的政党（政团）可以分为建制派和反对派两大阵营。这种关系是有历史传统的。在回归以前，各政党主要是由中英关系这一条简单的政治光谱区分，而中英关系集中体现在香港政改问题上。政党的政治立场明显有两大类——亲中而反对港英进行激进的政改，或是支持港英推行激进政改与北京对抗。在彭定康政改期间，民主党坚定地站在港

① 雷竞璇：《香港政治与政制初探》，香港商务印书馆，1987 年版，第 80 页。

② 社会分化分为水平分化和垂直分化，其中垂直分化是依据某种社会属性或特征，将社会成员分为不同层次的地位群体，这些地位群体从公认的社会价值序列看存在高低差别。处于垂直分化的各个群体在根本利益、基本态度、行为倾向、社会表现等方面差别较大，容易产生矛盾和冲突。参见郑杭生：《社会学概论新修》，中国人民大学出版社，2003 年版，第 220 页。

英当局一边，结果导致港英最后一届立法局议员不能坐“直通车”成为特别行政区立法会议员。民主党反对临时立法会，也拒绝参加临时立法会选举，在这些问题上与港英的立场完全一致。社会基础不是香港政党分野的依据，经济议题、民生议题也难以区分不同政党及候选人。以代表基层利益为主的工联会与主要代表资方利益的自由党却属于同一阵营。民建联、自由党、工联会等属于建制派，它们在政制发展问题上主张循序渐进，在政改等重大议题上与政府（包括中央政府）保持一致。公民党、社民连等属于反对派，它们主张激进民主，要求 2012 年普选，反对全国人大常委会“释法”。民主党在政纲中提出，政治制度的发展应该是实行全面普选，行政长官、立法机关和其他各级议会议员应通过一人一票直接选举产生。民主党将继续争取和促进民主改革，使政府和各级议会通过民主选举向全港市民负责。公民党在政纲中提出，香港已有成熟而合适的条件实行普选，实在没理由再作拖延，应尽快以普选方式产生行政长官和全体立法会议员。在对待全国人大常委会释法问题上，公民党组织成员穿黑衣集会，表示抗议。社民连认为，香港无论在经济发展、信息普及，以及人民教育水平等方面，都达致先进国家的水平，唯是政制发展却远远落后，欠缺政治制度上的民主化。香港在社会及经济方面已达到先进国家水平，在这样的条件下进行选举制度改革，带来负面后果及不稳定的机率较低。反之，香港若继续维持制度上政治权力向利益集团倾斜及任由之特权化，只会引发政府决策过程专断、制造不公平的社会环境、造成官商勾结、社会阶级分化与对立。社民连在 2009 年提出“五区总辞”倡议，争取全部立法会议员在 2012 年由直接选举产生。社民连行政委员会主席黄毓民在 2009 年 10 月 30 日立法会会议上表示，“五区总辞、全民公决”如果能实施，将重挫特别行政区政府的合法性（legitimacy）。2010 年 1 月 11 日，香港公民党及社民连召开联合记者会，宣布于本月 27 日正式展开“五区公投”。社民连副主席陶君行首先将五区议员请辞的行动统一称为“五区公投运动”，公投的议题是“尽快实现真普选、废除功能组别”，以落实行政长官由一人一票产生，所有立法会议席以直选产生。

同样是代表劳工利益的工联会、职工盟却分属于政治立场对立的不同阵营，这是劳工问题政治化的结果，有些人一直把劳工待遇与民主政革相联系。工联会一直本着“爱国、团结、权益、福利、参与”的宗旨，与政府（包括中央政府）关系一直良好，在政制发展等重大问题上与政府（包括中央政府）保持一致。职工盟将自己打造成“民主至上”的形象，在2007年就提出“民主保民生，普选争‘工’道”的口号，认为只有民主发展，工人的利益才能得到维护，主张激进民主。近年来，职工盟还努力树立“街头战士”形象，多次组织争取政制民主的游行，在2009年“五一游行”中，职工盟秘书长李卓人还呼吁民众声讨特别行政区政府。马克思曾主张“以阶级的横断打破民族国家的纵断”，呼吁“全世界无产者联合起来”。香港的劳工阶级不但没有响应马克思的号召，未能与其他国家、地区的无产者联合起来，而且内部还搞成对立的两派，是以政治的纵断冲破了阶级的横断。香港同是劳工组织的工联会和职工盟却分属于对立的政治阵营，这可能是令人费解的事情。其实，早已处于后物质主义（post materialism）时代的香港如西方国家一样，建基于阶级基础上的政治两极化被建基于价值基础上的政治两极化所代替①。

第二，阶级分野。现今香港社会阶级分化比较明显，阶级间（主要是劳资两方面）的矛盾尖锐，两者的对抗性比以前强烈。

香港的阶级分野主要体现在严重的贫富分化。“香港政府统计处2007年2月公布的《2006年中期人口统计简要报告》显示，中间收入人士有持续减少的趋势，香港贫富悬殊问题正在恶化。”② 近30年来基尼系数呈上升趋势，1976年是0.429，1981年是0.451，1986年是0.453，1991年是0.476，1996年是0.518，2001年是0.525。2004年联合国在一份报告中称，香港的贫富差距不断恶化，没有丝毫好转的迹象，2004年香港贫富悬殊仅次于中非和洪都拉斯，列全球第三。到

① Perter M. Siavelis，Party and Social Structure，Richard S. Katz and William Crotty：*Handbook of party politics*，（London）Thousand Oaks，Calif.：SAGE，2006，p. 363.

② 俞晓秋：“‘香港中产阶级’之观察——《香港中产阶级处境观察》一书介评”，国务院发展研究中心港澳研究所：《港澳研究》，2007年夏季号，第183页。

2006年，香港的基尼系数已经达到0.533。[1] 香港经济正在转型，低技术、高度劳动密集的第二产业转为高技术、低度劳动密集的第三产业，基层劳工要转为从事清洁、保安、饮食等服务，这些工作不是不稳定就是工资低。低收入劳工人口由1994年的39.48万人增加到2006年的56.41万人，每月就业收入低于4000港元的达到39万人，因收入太低而要申领“综援”补贴的由1994年的991个案升到2007年的1.8万个案。[2] 这些贫困人群自然对工商资产阶级的富人不满，贫富悬殊导致的贫富矛盾不是削弱了，而是更为严重。在20世纪60年代以前，香港差不多没有任何劳工福利及保障，及至“六七暴动”[3] 后，才逐步引入少量保障劳工权益的法例。在经济繁荣时，雇员未能公平地分享繁荣的成果，一旦经济下滑，工人却首当其冲。社民连认为，现时的政府由于并非选举产生，而功能团体又占去立法会一半议席，使工商界完全主导香港政治发展及社会经济政策，不少政策因偏重工商界利益而出现倾斜，使基层生活缺乏照顾。有学者指出香港正走向“M型社会”，日趋两极化。一个中产阶级占据主导地位的社会，政治上较稳定，社会发展也较理想。当中产阶级不断萎缩，贫穷及富裕阶级不断增加，社会易出现仇富心理。低下阶级由于生活困苦，难以向上流动，而富裕阶级的财富又不断积累，低下阶级人士可能会出现一些较激进的行为，希望通过激进的社会改革去改变其地位和生活。[4]

香港劳资双方的矛盾长期存在，特别是受金融海啸的影响，两者的矛盾更为尖锐，罢工等事件时有发生。因电讯盈科削减外包商10%的工

---

① 刘祖云、刘敏：“香港的贫困及救助：从理论到现实的探讨”，国务院发展研究中心港澳研究所：《港澳研究》，2008年夏季号，第19—21页。

② 施丽珊：“富裕中的贫困，弱势社群的悲歌”，叶健民：《从九七算起——公民社会的第一个十年》，（香港）进一步媒体有限公司，2007年版，第234页。

③ “六七暴动”，也称“六七左派工会暴动”、“香港五月风暴”，当时参与者称之为“反英抗暴”，1967年5月6日于香港爆发。香港的左派在中国大陆“文化大革命”的影响下，展开对抗英国殖民政府（港英政府）的暴动。事件由最初的罢工、示威，发展至后期的暗杀，出现暗杀名单、放置炸弹。结果51人直接在暴动中死亡，另外超过800人受伤。

④ 韩卓伟：“M型社会来临，只靠福利难扶贫”，《香港经济日报》，2007年3月13日。

程费，令2000名电盈外包商员工面临减薪10%—30%，2009年2月10日上午，香港电讯业总工会决定动员电盈外包员工罢工半天，数百名外包工人在鲗鱼涌港铁站集合，之后拉起横幅，高呼“电盈无良”、“抗议电盈”等口号，游行至位于太古坊的电盈总部抗议。九龙巴士公司于2009年4月6日，在事先没有咨询工会和其他员工的情况下，突然单方面更改家属、子女的免费乘车福利。职工盟九巴员工协会对此表示强烈不满，并到九巴总部进行抗议，结果成功迫使公司搁置有关改动。关于最低工资问题，2009年10月，代表劳方利益的职工盟与代表资方利益的自由党发生争论[①]。自由党日前发表研究报告，建议法定最低工资不高于时薪24元，并指这个水平相当于“全港平均工资”每月1.1063万元的45%，远高于其他国家或地区；报告同时警告，最低工资若定为时薪32元，会使超过17万低技术工人饭碗不保。职工盟认为，自由党引用的统计数字和采用的研究方法，均有严重错误，使研究报告不仅未能帮助公众理性讨论最低工资政策，反而有混淆视听的不良效果，令人感到可惜。需要指出的是，《香港基本法》确认了香港居民罢工、游行示威等权利和自由，香港也有十分发达的归属于公民社会的工会组织，劳工的利益还是能够有畅通的表达渠道，劳工阶级的要求大多能够得到满足，从而使劳工的抗争以合法、和平的方式进行，至今还没有出现劳工自焚、自残、杀害老板等极端行为。

第三，官民分野。香港存在约17万人的公务员队伍，公务员队伍自20世纪80年代以来一直廉洁奉公，基本上不存在贪赃枉法现象。香港行政长官、政务官和公务员们，也兢兢业业，依法行政，其良好的职业操守得到香港民众的认同。这里的官民分野不是因为官员的腐败或官员滥用职权侵犯民众权益而产生的官员与民众之间的对抗，而是因为民众对政府某项公共政策不满而产生的民众与政府之间的对抗。近年来，香港不断出现官民分野的典型事例。2003年7月，因特别行政区政府就《香港基本法》第23条立法问题，引起香港约50万人大游行，一些港人在游行中要求行政长官下台。这是自回归以来，香港出现的最严重的官民分野事件。从2006年12月到2007年8月，围绕着天星码头和皇后码头

---

① http：//www.hkctu.org.hk，登陆时间：2009年11月1日。

的去留，香港社会掀起了一场罕见的官民冲突。在这个过程中，一个名为“本土行动”的组织，在皇后码头前连续露宿3个多月，其中3人到后期竟采取了激烈的绝食行动。

在官民分野中，香港的政党属于民的范畴，它们的行为整体来说也是从民意出发，以“民”为本。处于非执政地位政党的一大功能就是监察政府，如果政党与政府混在一起，民众会认为政党失职，政党也会失去民众的支持。即使过去一直被认为是“保皇”的民建联，近年来也调整与政府的关系，对政府政策不是盲目支持。民建联与政府关系的调整，使民建联与政府保持距离，回归“民”的行列。不愿给港人以“保皇”印象而失去选票，是民建联调整与政府关系的重要原因。为了在港人面前表演，也为了刁难政府，近年来香港出现一些“为了反对而反对”的事例，使官民分野更为剧烈。香港的政党政治受到政制限制，任何政党都不能成为执政党，大家都不用顾虑自己将来上台后因曾经的哗众取宠而承担责任，可以不负责任地批评政府。这也是香港反对派政党不断出现“为了反对而反对”现象的根本原因。这样的政治生态更容易激化官民分野，幸亏有民建联这样理性的、负责任的政党存在。

香港社会出现多维度分化，由此形成相互交错的不同社会集团及其在政治上的代表他们理念、利益的政党。香港社会存在的政治、阶级和官民三大分野，导致政党意识形态差距较大，各方面之间的矛盾比较尖锐，理念、利益难以调和，政党相互之间难以达成互信，政党的整合能力一般只能限于各自的“铁杆”力量，无法获得对方阵营民众的支持。两大阵营在选举中相互拆台，如反对派警告选民，支持民建联等建制派就是支持政府，李卓人曾说，支持谭耀宗等于支持一个官守议员。建制派针锋相对，把反对派定位为“反中乱港力量”、“只懂批评反对的偏激声音”。民主党的郑家富攻击民建联的刘江华为“政坛变色龙”。民建联的谭耀宗把对手民主党的李华明在立法局会议打瞌睡的照片示众，并讥之为“立法局里的贪睡猪”。在两大阵营对垒中，民建联相对采取守势，以巩固票源为主要策略，不少民建联候选人认为“最大的敌人是自己”，而民主党候选人则大多视民建联为敌人。[①] 在香港这样一个分化的社会中，选举中针对选民采用"集体性激励"难以产生理想的收效。在2008年立法会选举中，无论是建制派，还是反对派都关注民生问题，但作用并不明显。比如，自由党也注重民生议题，但在分区直选中仍然全军覆没。在这样的政治生态中，政党如要想获得多的选票，必须个性化，抓住自己特有的选民，回归政党的本意（party一词的本意是"部分"）。在"比例代表制"下，此策略还是有效的，由此导致香港的政党体制是近似G. 萨托利所说的"极端多党制"。香港政党数量比较多，并有数个政党能够进入立法会并占有一定席位，但任何政党都不能拥有半数席位、甚至1/3席位。整合就是要弥合社会各方面之间的裂缝，化解它们的矛盾，减少社会冲突，各种原因导致香港社会多维分化，香港政党的整合能力十分有限，至今还未出现具有极强整合力的超大型政党。政党的社会认同是衡量政党整合能力的重要标志，与刚回归时相比，香港政党的整体性社会认同有所提升。香港大学社会科学研究中心在1997年8月5日的民意调查显示，民意对投票选择基础单位的取舍情况如下：选人占72.4%、选党占14.2%、无意间占5.3%，其他占8.1%。[②] 而根据香港中文大学社会学系在2003—2004年的入户调查显示，35.5%的被访者认为政党或政团能够代表他们的利益，34.9%没有政党认同（party identification）。[③] 虽然香港政党的整体性社会认同有所增加，但政党的个体性社会认同并不理想。

值得注意的是，香港有的政党领袖早已经懂得"在当代社会分层前所未有的多元化的背景下，能不能反映更多社会阶级的利益，甚至已经成了关系政党盛衰兴亡的大问题。事实无可辩驳地证明，政党所能表达的利益面越宽，它的基础就越强大；代表的利益面越狭窄，它的影响力

① 马岳、蔡子强：《选举制度的政治效果——港式比例代表制的经验》，香港城市大学出版社，2003年版，第155页。

② 马岳、蔡子强：《选举制度的政治效果——港式比例代表制的经验》，香港城市大学出版社，2003年版，第30页。

③ 王卓祺等："香港民主发展会否带来福利主义?"，http：//137.189.177.42/uploads/research/download1.pdf，登陆时间：2009年11月11日。

就越小”[①]。为提高整合能力，民建联的组织发展近年来已经跨越阶级，在利益表达社会定位上立足社会基层的同时也兼顾其他阶级的利益。在与特别行政区政府关系上，也作出适当调整，努力在政府意志与香港民意之间找到平衡。根据民建联在2007年区议会和2008年立法会选举中的得票情况，民建联在香港民众中的认同已有很大提高。但民建联只能就民生等经济问题整合社会，调处劳资矛盾，实现双赢。在政治议题上，还难以取得长期支持激进民主派港人的支持[②]。民建联有“兼容型”倾向，兼容型政党的出现使得政党的意识形态色彩减弱。但也会存在问题，即在摆脱意识形态的羁束后，而获得广泛支持的同时，“兼容型”政党也面临着由于政党内部观点、代表阶级利益不同，而出现派系矛盾的问题。这是具有较大规模政党难以避免的问题，正所谓“党外无党，帝王思想；党内无派，千奇百怪”。

三、香港政党政治动员的社会定位

如前所述，香港草根阶级利益得到了比较充分的表达，几乎所有政党，甚至包括自由党都为草根阶级说话。香港政党政治动员集中于社会基层，个中原因比较明了，在于与工商资产阶级、中产阶级相比，香港的劳工等草根阶级参政积极性最高（亟需通过参政保障经济待遇），加之草根阶级居住集中（候选人便于拜票），因而成为参加立法会、区议会选举的最重要力量。

香港工商资产阶级凭借其经济地位的优势，具有其他群体不具有的对管治当局的渗透力和影响力，他们对一般的参政渠道依赖性较弱。同时，工商资产阶级在经济上处于主导地位，为维护自身利益，在政治上

① 王长江：“辨析关于民主问题的几个疑虑”，《北京日报》，2007年5月21日。

② 因为政治议题涉及中央政府的政策。民建联坚持爱国爱港，与中央政府关系密切，许多港人认为当香港利益与中国内地利益发生冲突时，民建联会向北京倾斜，难以捍卫香港利益。

比较保守，一般反对政治改革，缺乏政治参与热情，在港英时期，他们就鲜有政治诉求。当时港英当局是主动把工商资产阶级中代表人士以“行政吸纳政治”的方式吸收到立法局、区议会等机构。立法局在1985年设置商业、贸易、工业、金融等职能机构，工商资产阶级就主导着这些职能机构。在港英时期，工商资产阶级参政主要靠委任和功能界别间接选举，参加直选的动力不足，成绩也很不理想。回归以后，“港人治港”基本上是以工商资产阶级为管治主体，特别行政区政府继续关心工商资产阶级在港的经营，工商资产阶级也通过利用自身的经济地位对政府施加压力达到维护自身利益的目的①。由于自身利益得到很好保护，并且有自身独特与政府沟通的渠道，工商资产阶级参政的动力缺乏，参政的热情自然很低。从目前香港政治形势分析，工商资产阶级参政主要是因为他们受到草根阶级的高度参政热情、反对派要求香港民主激进发展的刺激，他们从维护自身既有利益出发，希望政局能够稳定，不希望立法会被反对派及草根阶级的议员所控制而制定“吃大户”的法律。

香港中产阶级的利益得到比较好的满足，“今天的中产阶级多凭着个人的学历、专业资格、或于工作机构所积累的本钱来取得较佳的工作及雇佣条件——具体表现于有机会参与工作机构的决策、工作的自主性较高、优厚的薪酬和福利，以及工作较有保障”②。中产阶级与工商资产阶级和劳工草根阶级关系比较宽松，“无论在资本家还是工人阶级的眼中，中产阶级的冒起都没有看待为一种威胁。中产阶级的出现及其代表的富裕生活，不是刺激社会不满情绪的源头，反之是所谓‘香港’梦（个人努力加上一点运气，可以成功）的具体表现”③，“而在中产阶级方面来看，他们也不担心社会上有其他阶级或群体会对自己的利益造成威胁”④。

---

① 如工商资产基层向政府提出从大陆引进技术工人、解除政府的“85000计划”、降低制约商业利益增长的收入税等要求。

② 吕大乐、王志铮：《香港中产阶级处境观察》，三联书店（香港）有限公司，2003年版，第5页。

③ 吕大乐、王志铮：《香港中产阶级处境观察》，三联书店（香港）有限公司，2003年版，第52—53页。

④ 吕大乐、王志铮：《香港中产阶级处境观察》，三联书店（香港）有限公司，2003年版，第53页。

因此，香港中产阶级心态比较平和，“根据香港政府内务局的研究，中产阶级对选举兴趣最低”①。有媒体对中产阶级的评价是“自命清高、但又怕事，遇到挫折会比草根阶层更容易消沉，他们不要特权，没有政治野心，最大的意愿是安居乐业，为下一代造福”②。通常认为，中产阶级参政比较理智、冷静，并具有建设性，他们主张政治改革，但反对激烈的变动。中产阶级中的大部分不屑到投票站去投票。香港中产阶级的政治明星企图建立立足中产阶级的政党，但大部分中产阶级不愿意加入政党或政团，对公民党等反对派高调推进香港民主也不甚关心，他们更多的是关注切身的经济利益。很多中产阶级港人参与 2003 年“七一事态”，根本上说是“负资产”等经济原因造成他们生活质量严重下降，中产阶级借《香港基本法》第 23 条立法问题发泄不满情绪，而恰好被反对派所利用。

草根阶级政治参与的动力，主要基于改善生活等经济原因。虽然香港的贫困人口属于相对贫困，政府在住房、医疗、教育等方面都给予必要救助，使得贫困人群能够过得上基本体面的生活，但贫困人群仍然在经济、政治和社会地位等方面处于明显弱势地位。因此，为改变所处的窘状，获得更多的资源分配，他们政治参与的积极性比较高。香港草根阶级参政目的比较“朴实”，就是为了解决生活问题。很多劳工等草根阶级认为只有参政，推动香港民主发展，才能打破工商资产阶级对权力的掌控，保护劳工权益，保障弱势群体的法律和政策才能顺利出台。劳工等草根阶级具有参政的迫切性，是参加立法会、区议会选举的主力军，这是他们成为香港政党在各种选举动员主体的重要原因。

香港政党政治动员之所以集中于基层，与香港各阶级的居住地城市空间结构存在密切关系。工商资产阶级居住在太平山上，而且选举活动大多在休息日举行，工商资产阶级很多人利用休息日到深圳等地度假。

---

① Kuan Hsin-chi, *Out of the Shadow of 1997? —The 2000 Legislative Council Election in the Hong Kong Specilal Administrative Region*, The Chinese University of Hong Kong, 2002, p. 9.

② “香港人的困惑”，（香港）《民报》，2001 年 6 月 8 日。转引自张定淮主编：《1997—2005：香港管治问题研究》，（香港）大公报出版有限公司，2005 年版，第 16 页。

参选人员难有机会去拜票，就是去拜票，所获成效也十分低下。中产阶级居住得比较分散，进入“私人楼宇和居者有其屋屋苑由于需要业主团体的批准，故此家访受一定限制，而旧式的私人楼宇层数户数较少，成本效益较低，故此不成为候选人家访的重点，有部分候选人甚至会放弃此类楼宇”①。参选人员拜票最方便、最有效的地区是公屋。为缓解收入分配的巨大差距对市民生活构成的压力，从 20 世纪 60 年代以来，香港政府采取的一项重要福利政策就是供给公共屋村。由政府筹资建房，以低廉的租金出租给低收入市民。公共屋村的推行，对香港不同收入阶级的空间分布产生很大影响，形成香港特殊的空间结构。“相同社会阶层在居住空间的聚集，使得香港社会分布从不可视的社群分类或意识形态的分类变成可视的城市空间结构。”② 根据特别行政区政府统计处 2003 年的资料，全港居住公屋人口约占总人口的 29%，而东区、黄大仙、官塘、葵青、沙田及西贡 6 个区，居住公屋人口约占总人口的 39%。③ 从候选人的角度说，到公屋区“洗楼”比较方便，效果明显④。帕里比昂科（Angelo Panebianco）认为，在选举中为获得选票，政党会采取选择性激励（selective incentive）或集体性激励（collective incentive）方法。因为公共屋村是主要票仓，香港很多政党在选举策略上采用的是“选择性的激励”⑤，针对草根阶级进行“选择性的激励”，以抓住自己特有的选民。奥尔森所设计的“选择性的激励”，既包括“积极的”“奖励”，也包括“消极的”“惩罚”，当然香港政党对港人的“选择性的激励”只能是前者，而不包括后者。孔子所说的“民之所好，好之；民之所恶，恶之”⑥，在

① 马岳、蔡子强：《选举制度的政治效果——港式比例代表制的经验》，香港城市大学出版社，2003 年版，第 136 页。

② 黎熙元：“香港社会阶层的政治投票倾向分析”，周镇宏：《港澳海外统战工作新探索》，广东人民出版社，2008 年版，第 79 页。

③ 王卓祺等：“香港民主发展会否带来福利主义?”，http：//137.189.177.42/uploads/research/download1.pdf，登陆时间：2009 年 11 月 11 日。

④ 笔者于 2007 年 5 月 31 日在香港拜会曾钰成先生时的座谈记录。

⑤ （美）曼瑟尔·奥尔森：《集体行动的逻辑》，陈郁等译，格致出版社，2009 年版，第 42 页。

⑥ 孔子：《大学》。

香港已经演变为某政党领袖所说的“两个凡是”，即凡是公共屋村支持的，他们就支持；凡是公共屋村反对的，他们就反对。在目前香港政治参与极不均衡的情况下，众政党就在选举中针对劳工等草根阶级采用选择性激励，在1998年立法会选举中，作为资方的自由党也反对输入外地劳工。政党在选举中针对劳工等草根阶级采用选择性激励一般是能够取得比较好的回报。最典型的是鼓吹民粹主义的社民连在2008年立法会选举中迅速冒起，竟在5个选区中取得3个直选议席。

香港政党政治动员集中于社会基层、劳工等草根阶级成为选举的主要力量。事实雄辩地证明，谁掌控了“草根”，谁就赢得了选举。在这种情况下，目前及今后相当长时期内对港工作的重心应定位于劳工等草根阶级。做好草根阶级工作，有助于建制派赢得选举，有利于改变长期以来香港政治生态中的“六四定律”[①]。从民主的参与主体而言，香港的民主是“失调民主”（unbalanced democracy），而不是“均衡民主”（balanced democracy）。这种“失调民主”显然不符合中央政府要求香港政治发展必须坚持均衡参与的原则，而且难免产生民粹主义，冯检基曾提出的“两个凡是”是最典型的例证。很多人担心香港的民粹主义会引致福利主义[②]的盛行，从而给香港经济发展带来损害。但根据香港学者的研究，港人中认同福利主义者只占极少数。超过八成的受访者认为政府只对有需要、有困难的人负有福利责任；超过一半的受访者认为政府提供的福利应限于基本需要水平。并且，六成的受访者认为申领“综援”是社会援助而非公民权利。香港学者提出，现在70%的港人都认为自己是中产阶级[③]。总体来说，香港民意并不支持福利主义。若民主政治及政党政治是追逐民意支持（民粹主义），尤其是政党核心追随者的支持，福利主义政策在香港并没有市场。具体来说，认同民主及民主派、有政党认同（party i-

① 香港政治势力分为建制派和反对派（也称“泛民主派”）两大阵营，在回归以来的各次立法会分区直选中，建制派大约得40%的选票，而反对派大约得60%的选票。有学者把此现象命名为“六四定律”。

② 福利主义指为“所有人”都有“公民权利”得到“一般人的水平”的社会福利待遇。相反，反对福利主义是指社会福利只为“有需要、有困难的人”提供“基本需要水平”（例如温饱）的“社会援助”。

③ 2009年11月3日，笔者在香港中文大学拜会蔡子强先生时的座谈记录。

dentification）及支持立法会及行政长官直选的被访者并不比其他人有较多的福利主义倾向。相反来说，他们更有一点反福利主义的倾向，也愿意多尽一点交税的公民义务。因此，如果市民的看法能够影响民主发展及制约政党的政策取向，香港的民主发展，包括政党化，并不会做成福利主义。[①] 即使是“两个凡是”的提出者担任行政长官，也不会推行带有鲜明民粹主义色彩的政策主张。在欧洲政党发展历史中，也曾出现激进的左翼政党，但只要它们上台执政，就要修正原来的政策主张，推行中间路线[②]。香港社会中的民粹主义情绪，主要是由于选举政治引发的结果，同时因政党不能上台执政，这更促使政党为获得选票而肆无忌惮地哗众取宠。

虽然香港的民粹主义情绪不太可能导致福利主义，但是民粹主义情绪对香港民主政治（特别是政党政治）的发展产生极大的消极影响。民粹主义具有反精英、非理性的倾向，是民主发展不成熟的表现，也妨碍着政治发展。香港政党政治中的民粹主义情绪，使中央政府对香港民主能否均衡、良性发展不抱乐观态度。这就决定了中央政府不可能允许香港民主快速发展。香港政党政治中的民粹主义情绪，一定程度上导致政制民主化受阻；而香港政制民主化速度放慢，又不能为香港政党政治发展释放更广阔的空间。因此，民粹主义不是推进了香港政党政治的发展，而是阻滞了政党政治的发展。

四、香港政党遴选人才的重点对象

政治技巧能够通过现实的政治历练培育出来。政党作为一个有志投

① 王卓祺等：“香港民主发展会否带来福利主义?”，http：//137.189.177.42/uploads/research/download1.pdf，登陆时间：2009 年 11 月 11 日。

② 典型例子是在法国第三共和国时期，左翼执政党执政的第一届人民阵线布卢姆政府推行一系列结构性的改革、经济和社会改革，但在一年后就戛然而止。以后成立的达拉第内阁反其道而行之，企图抵消第一届人民阵线政府实施政策带来的影响，从而使向左的政策回到中间政策的路线上来。参见吴国庆：《法国政党和政党制度》，社会科学文献出版社，2008 年版，第 86 页。

身政坛，并以政治为事业的人才平台，是培育政治人才的好环境。政党成员经常接触各种实际的政治环境和挑战，对提高问政能力和对公共事务的处理有极大裨益。① 笔者通过2009年7月在香港的考察，注意到香港政党（政团）近年来重视发挥政治人才“孵化器”的作用，积极发掘政治人才遴选功能，把年轻成员作为遴选人才的重点对象。

（一）设立联系年轻党员（成员）的工作机构

民建联中央委员会在2004年6月决定将原有的“青年小组”升格为直属联盟常委的“青年民建联”（简称“青民”），专门负责统筹35岁以下青年党员的工作，现有1000多名成员。青民成立之初，由张国钧出任主席，另有两名副主席和正副总监各一名。青年民建联已于2007年7月18日产生第二届青民委员会，张国钧担任主席，副主席增至4人。由于第一届主席张国钧及副主席陈恒镔于同年4月当选民建联常委，故青民没有再设总监及副总监。青民定期举行足球队及辩论队活动，定期与各地大学生及青年组织进行交流活动，还协助安排香港大学生到政党实习。青民通过开展这些活动，切实达到凝聚香港社会青年力量和培养青年政治人才的目的。

民主党设立青年委员会，该委员会拥有吸纳年轻党员、加强党内青年培训等职责。民协也设立“青年民协”，现召集人为黄志勇。

此外，公民党设立“青年公民”，青年公民是附属于公民党的本地青年组织。与香港其他政党（政团）的青年组织不同的是，青年公民不仅联系公民党的年轻党员（18—40岁的公民党党员自动成为青年公民成员），还鼓励15—40岁的青年加入青年公民。由此可见，青年公民不是公民党的内部组织，而是其招揽香港青年的外围组织。公民党对青年公民工作很重视，由立法会议员陈淑庄担任青年公民主席一职。青年公民的主要工作是研究青少年问题、制作网上电台节目、议员助理实习计划、举办各大小活动等，以此来凝聚青年人。

---

① 叶健民：“政党与政制改革”，陆恭蕙及思汇政策研究所：《创建民主：缔造一个优良的香港特区政府》，香港大学出版社，2003年版，第48页。

(二) 加强对年轻党员 (成员) 的培训工作

香港各政党（政团）最近纷纷开展培训“青年军”工程，并将“青训”工程制度化、专业化和精英化，这成为香港政治生态的一大亮点。

民建联是香港最早推行培植新人的政党。早在 2000 年，民建联就推行“政治专才培训计划”，与本地大学合作，把党内培训工作专业化。民建联在 2001、2002 年委托香港大学专业进修学院承办“社区领袖培训证书课程”。民建联在 2004 年创历史的先河，设立副发言人制度，让重点培养的新生代有机会代表党对外发表意见，以提高新生代的传媒曝光率。2008 年底，民建联与上海浦东干部学院、香港大学专业进修学院及英国剑桥大学合作，实施“青年政治专才培训计划”，派送 40 多名年轻党员到有关院校学习。

据香港媒体透露，民主党成立了以前主席杨森为校长的党校，重新设立和整顿党内培训新人课程。课程内容大致分务实性和发展性两大类。前者包括教授年轻党员如何成立地区办事处，后者主要讲授选举战略和技术。

社民连目前正准备开设政治研习班（党校），党校课程约为 3 个月一期，学员每星期去党校学习两至三次，学习内容为公共政策、政治理念、个人沟通和演讲技巧等。

(三) 大力举荐年轻干部担任要职

民建联在 2009 年 4 月 21 日晚选出新一届最高领导层，谭耀宗顺利连任主席，刘江华、蒋丽芸连任副主席，另外两名副主席由前港进联成员温嘉旋及青年民建联主席张国钧担任，而只有 34 岁的张国钧则是民建联历来年龄最轻的副主席。这届选出的 50 名中委平均年龄较轻，只有 47.7 岁。谭耀宗主席表示未来希望多吸纳些年轻的生力军，并承诺会给他们多一些机会。民建联年轻党员陈克勤在 2006 年被委任为行政长官办公室特别助理，2008 年又被推选为立法会议员候选人，并在“新界”东区顺利当选。

社民连近年有意年轻化党内架构，吸纳和栽培更多年轻人担任党内重要领导职务。第二届行政委员会在2008年1月选出由20人（13人为行政委员）组成的新领导班子，其中20—40多岁的占七成，实现了政党领导层的年轻化。

香港政党（政团）培植年轻干部的活动正在紧锣密鼓进行，分析其目的至少有三个方面：其一是通过培植年轻干部，实现领导层的新老交替；其二是通过培养年轻干部，以扩大政党（政团）在年轻人中的影响力；其三是通过培训新人，为政党（政团）参加区议会、立法会选举做好组织准备。

第六章

香港政党法制

政党法制，从静态意义上说是有关政党的宪法、法律等法律规范的总称；从动态意义上说是国家等具有独立立法权的共同体通过宪法、法律等规范对政党的权利、义务进行规制的过程。放眼当下世界，很多国家已经在宪法中设置政党规范，一些国家还专门制定政党法，越来越多的国家在宪法和法律中确认政党的地位。不过，政党并非自始就获得国家的认肯，其法律地位经历了法律之外的敌视排斥、法律之中的承认、宪法之中的政党立宪等三个时期。① 分析各国加强政党法制的目的是围绕保障公民权利展开的，可分为两个方面：一方面是保障政党的权利。因为民主运作一般说来离不开政党，政党的存在有利于民众意志的形成和表达。在这种意义上说，保障政党的权利就是保障公民的权利；另一方面，是规制政党的行为。因为对政党性质的认识，一直有“国家机关说”，特别是对那些执掌政权的党，应加强对其行为的规制，防止政党专制的出现而侵犯公民权利。综观香港的政党法制现状，不能说香港没有政党法制，《行政长官选举条例》第 31 条对“政党”进行了定义，并规定行政长官不得具有政党背景，《香港基本法》等其他法律的个别条款也涉及政党问题，但这些法律制度规范是十分零散的，而且没有对政党内部事务等问题进行规范，非常不适应政治实践需要。香港作为实行资本主义制度的自由民主地区，其政党法制应坚持自由、民主、法治和平等

① 叶海波：《政党立宪研究》，厦门大学出版社，2009 年版，第 6—22 页。

等原则。香港政党法制应包括政党的成立、政党的内部事务管理、政党活动的保障、政党的灭失和政党的处罚等内容。加强香港政党法制建设，通过明确香港政党的权利和义务，规范它们的建立、运行和监督程序，从而推动香港政党的健康发展，跟进政治发展的步伐，最终促进整个香港社会的繁荣与稳定。

一、香港政党法制的目的

《香港基本法》没有提到政党[①]，至今没有一部关于政党的专门法律。目前，香港政党是通过《公司条例》或《社团条例》注册成立。政党毕竟不同于一般的社团或公司，对其进行规范也应具有特殊性。《社团条例》界定政治团体为政党或自称是政党的组织，或其主要功能或目的是为参加选举的候选人宣传做准备的组织。事实上，参与选举可以是一种参考，但摆在眼前的是不少民间社会组织和压力团体虽然积极参与选举却没有界定自己是政党。因此，以参与选举为辨别某一组织是否为政党实不充分，而且还会以偏概全。[②] 与一般社团、公司相比，政党应享有更多的权利，也应履行更多的义务。虽然《社团条例》有关于规制社团

① 基本法咨询委员会政制专责小组曾就政党政治问题进行多次讨论，且向起草委员会提交过两份报告——“基本法咨询委员会政制专责小组初步报告（有关政党部分）”及“政党政治”专题报告，内容包括政党政治的定义、政党政治对社会的影响、赞成及反对政党政治的理由、应否将有关规定写入基本法等。港人在咨询期内对此表达了不同的意见，大体可分为认同政党政治和反对政党政治两种对立的意见。至于是否把政党写进基本法，有意见认为基本法内应有保障政党的条文存在；有意见认为，应在基本法中写上不允许政党公开活动；也有意见认为，政党的存在与否是自然现象，无须在基本法内加入有关条文加以鼓励或禁止。因各方意见差异较大，基本法（草案）征求意见稿内就没有对政党问题进行规定。参见中华人民共和国香港特别行政区基本法咨询委员会：《中华人民共和国香港特别行政区基本法（草案）征求意见稿咨询报告》(3)，1988年。

② 叶健民：“政党与政制改革”，陆恭蕙及思汇政策研究所：《创建民主：缔造一个优良的香港特区政府》，香港大学出版社，2003年版，第51页。

（包括政党）的内容，但《社团条例》明显不适用于通过《公司条例》注册的公司（其中包括政党）。同时，《社团条例》对政党与政权的关系（如参加选举）等核心问题没有进行规范。近年来香港立法会曾多次讨论过制定专门的“政党法”，但很多政党都认为，在现阶段如订立“政党法”，可能会窒碍政党发展的空间。香港中文大学蔡子强先生也认为，世界各国（地区）有政党的是多数，但有专门“政党法”的是少数。制定“政党法”的国家（地区），一般是用“政党法”规制政党行为，防止法西斯等极端主义政党的存在。他指出香港政党一般反对就政党立法，因为香港很多政党人士认为，法律是政府制定的，政府会利用“政党法”限制政党的发展。[①] 香港今天的情况可能与半个世纪前的联邦德国比较相似。虽然 1949 年《德国基本法》第 21 条中对政党作出规定[②]，应制定联邦法律来落实基本法的这一规定，但法律制定者直到 1967 年才履行这一任务，通过制定德国政党法使宪法第 21 条的内容法律化。德国时隔 18 年才颁布“政党法”的原因，有人认为是联邦议会的各政党因担心“政党法”的颁布会束缚政党的手脚，因而对着手立法的态度不积极，是出自政治上的束缚，而不是技术上的困难。就香港而言，从政府角度来说要通过“政党法”规制政党行为，从政党角度来说要通过“政党法”保障自己的权利。香港的政党法制不是两者的对立和割裂，而是两者的统一和兼顾。

（一）保障政党权利

对中国来说，权利这个概念是舶来品。关于“权利”的定义，西方学者有多种说法，如“资格说”、“主张说”、“法力说”、“规范说”、“自由说”、“选择说”、“可能性说”、“利益说”、“优势说”。[③] 每种说法都有

① 2009 年 11 月 3 日，笔者在香港中文大学拜访蔡子强先生时的座谈记录。

② 《德国基本法》在第 21 条中对政党作出规定：“政党应参与国民政治愿望的形成。政党可以自由成立，它们的内部组织必须遵循民主原则。它们必须公布经费的来源；凡是政党的目标或其成员的行为意在损害或推翻根本的民主秩序，或对德意志联邦共和国的存在有不利的影响，都将被视为违反宪法。联邦宪法法院有权对违反宪法的行为进行裁决。”

③ 张恒山：《法理要论》，北京大学出版社，2002 年版，第 312—313 页。

其可取之处，但也难以完全表达权利的内涵。于是有人提出“多要素说”，用“五要素”，即利益、主张、资格、权能和自由来综合权利的基本属性。[①] 关于政党权利的解释，有学者指出：“概括地说，就是政党从事政治活动的资格和能力；具体地说，就是建立在一定经济基础之上，站在不同的政治立场上，作为权利主体的政党基于自身生存、发展和发挥作用的需要自主追求和维护被认为正当的自身利益的资格和能力。”[②] 此观点有几处需要商榷：其一，政党作为社会组织不同于自然人，其权利只能是宪法、法律赋予从事某些活动的资格，而不包括它本身具有的能力。如果借用民法理论中的“权利能力”和“行为能力”来简单划分，政党权利仅指“权利能力”，而不包括“行为能力”。政党的“行为能力”是“政党权力”[③] 这个概念所应涉及的内容。这可能是作为政治主体的政党与自然人、法人等民事主体的一大区别；其二，政党的活动不局限于政治活动，还有经济、文化活动，而个别拥有军队的政党还进行军事活动；其三，政党所追求和维护的利益，也不局限于自身利益，还包括它所联系群体的利益，而作为“全方位”政党，它还要追求和维护最广大人民的利益。因此，政党权利可简单概括为由宪法、法律赋予政党从事某些活动的资格，以及政党受宪法、法律保护的利益。徐龙义博士认为，“从政党权利存在形态上看，政党权利可分为政党应有权利、政党法定权利和政党实有权利”[④]。这是借鉴人权的三种形态，即应有权利、法定权利和实有权利。其实，政党权利与人权有重大区别：政党权利是宪法、法律赋予的，而人的权利是宪法、法律确认的；人权是没有边界的，存在应然的人权，而政党权利是有边界的，不

① 夏勇：《人权概念起源》，中国政法大学出版社，1992年版，第42—44页。

② 徐龙义：《政党基本权利问题探讨》，“内容提要”第1页，山东大学博士论文。

③ 王韶兴先生认为：“一般而论，政党权力是指政党为维护自身生存和实现自我价值而具有的政治统御力和政治干预力，或者说是政党根据自身生存、发展和发挥作用的需要而形成的一种政治技能或政治能力。”见王韶兴：“政党权力的科学内涵与基本特征”，《学习与探索》，2008年第2期，第77页。

④ 徐龙义：《政党基本权利问题探讨》，“内容提要”第1页，山东大学博士论文。

存在应然的权利。

政党权利有哪些内容？徐龙义博士认为："政党权利的基本内容主要包括政党自由创建权、政党平等权、政党政治参与权和政党执政权等方面。"① 其实，自由创建权不是政党的权利，而是公民结社权的体现。政党权利是政党成立后作为独立主体才享有，在政党尚没有成立、作为权利主体不存在时，就谈不上有什么创建权。至于政党平等权，在法学界关于平等是否是一项权利一直存在争议，主流观点认为平等只是一项宪法、法律原则，而不是一项权利。中国政法大学焦洪昌教授认为平等是一项原则而并非一项权利，原因有四：1. 在人权体系或人权的分类中，平等一向被认为是属于总则性人权，是与人格尊严、追求幸福等同样适用于人权各范畴的一般性原则；2. 平等有其他权利所没有的"比较性"特质，此一特质唯有用"平等原则"才能正确地显示出来；3. 平等的性质具有依附性，在没有其他权利作为对象的情况下，根本无法独立的主张平等权；4. 学说史上，平等被认为只是反射多种权利的效果，实际上不能与一般的自由权利相提并论。②

政党权利内容丰富，笔者认为可分为物质方面的权利、政治方面的权利和精神方面的权利。

政党在物质方面的权利，应有财产权和经营权。其中财产权中涉及捐献等问题，政党有接受社会捐献的权利，但在捐献的来源及数额上应公开透明并接受政府的监督，以防止政党过分依赖少数利益团体或个人，降低政党受局部利益操纵的可能性。因为政党参与公共治理，政府还应考虑以公款资助政党。目前，香港特别行政区政府只为民选议员提供财政补助，而没有为政党提供任何金钱上的津贴。参照他国作法，香港政府可以以政党在选举中所获得选票的数量作为资助依据。就政党物质方面的权利而言，一个比较有争议的问题就是政党能否进行诸如开办企业等经营性活动。政党系以共同民主政治理念、协助形成国民意志、促进

① 徐龙义：《政党基本权利问题探讨》，"内容提要"第1页，山东大学博士论文。

② 焦洪昌："关于'公民在法律面前一律平等'的再认识"，《中国法学》2002年第2期，第14—15页。

国民政治参与为目的，非以营利为目的，自不得藉本身之政治权力与民争利，方符合公平正义原则，故一般禁止政党投资或从事营利性质之事业。香港可参照国际一般作法，结合自身的实际情况，对政党经营问题作出适当规制。

政党在政治方面的权利，主要是参与选举，并通过选举把政党成员推介到政府等政权机关任职。《爱沙尼亚共和国政党法》第 2 条规定，政党实现目的有以下途径：1. 政党推出候选人并进行参加议会选举和地方议会选举的竞选活动；2. 政党通过被选入议会的党员参加议会的活动，通过被选入地方议会的党员参加地方议会活动，通过选入国家议会和地方议会的党员相应地参加共和国总统的选举和共和国政府地方自治执行机关的组成。一般说来，政党有参政权，也有执政权。但就香港目前的政制状况而言，政党只能参政，而不能执政。

政党在精神方面的权利，应有名誉权、隐私权等内容。政党隐私权中最重要的内容是政党名单保密，政党名单原则上不公开也是国际通行作法。如捷克、德国、荷兰等国处于保护党员个人信息的考量，都规定不可公开政党名单。香港政党是通过《社团条例》登记成立的，无须向公众公开成员名单，而以《公司条例》登记成立的必须公开政党名单。而实践中，以《公司条例》登记成立的政党可以采取多种方式规避法律要求的成员名册公开义务，如可以把实质上的政党成员与形式上的公司成员作适当分离以规避公开义务。在名单公开问题上存在的差异，一方面不利于对政党隐私权的保护，另一方面也不利于政府因公共利益需要而对政党名单的查阅，因此需要统一法制。

其实，政党的权利还应包括政党为实现以上权利而行使的权利，即诉权。政党的诉权，既包括在私法关系中作为民事法律关系主体当自身的经济、名誉等权利受到其他平等主体侵害时向法院起诉的权利，也包括政党作为行政相对人当其存在资质等权利受到行政主体限制、取消或侵害时到法院起诉的权利。一些国家对政党的诉权作出规定，如《吉尔吉斯斯坦共和国政党法》第 11 条第 6 款就对此作出规定，即政党可以按照法定程序对国家司法部作出的处罚决定向法院提出诉讼。

(二) 规制政党行为及相关关系

1. 规制香港政党在选举中的行为

香港政党早已参与香港的区议会、立法局(会)的选举，近年来又有政党人士参与行政长官选举，政党已经成为香港选举的最重要组织力量。要保障选举能够正常运作，不能靠政党自己自律自爱，更重要的是要有法律去规范政党的行为，这是不可或缺的。既然《香港基本法》说明香港要完善民主制度，政党就需要一个公平竞争的游戏规则，否则选举会流于舞弊百出，民主也就会流于有名无实。常见的选举违法行为包括：用钱买选票、用暴力威胁选民或候选人、在投票计票站捣乱、选举时用不法手段或宣传手法制造谣言刻意破坏对手的名誉、不服选举结果、纠众破坏社会秩序、接受来历不明或见不得光的选举捐款等等，不胜枚举。因为不法的选举有数不尽的弊端，因此先进民主国家都有法例规范政党及其党员、支持者的行为。全国人大常委会已经决定，香港在2017年可以进行行政长官普选，立法会的普选随后进行，制定政党法以规制政党在选举中的行为，确实也是实现普选的必要条件。与此密切相关的是“基本法第23条的规定尚未得到落实，香港还有违宪政团(党)存在，而它们却又是香港选举活动的推手。鉴于回归前的隐患未能消除，很难想象，香港可以在地方性政团(党)未实现法制化之前顺利实现普选”①。

2. 规制香港政党与中央政府的关系

香港是中国主权国管辖下的行政区域，虽然实行资本主义制度，但《中国宪法》总体上适用于香港。《中国宪法》中的“四项基本原则”等具体内容虽不适用于香港，但香港任何组织和个人不能挑战这些规定的合法性及在中国大陆实施的现实。宪法规定的许多制度尽管不直接在香

① 宋小庄、孟东：“论2012年香港特区的政制发展”，国务院发展研究中心港澳研究所：《港澳研究》，2010年春季号，第36页。

港实行，但香港的各种组织和居民必须尊重这些制度的存在。[①] 这“也是对宪法的尊重，这种尊重是一种宪法义务，违反该宪法义务是违宪的，是应受到惩处的”。[②] 这些年来，香港一直有组织和个人挑战共产党领导，主张取消共产党的领导，这显然没有尊重宪法的有关制度设计。上述行为已超出表达自由的界限，对中国宪政秩序具有一定的危害性，需要有关法律的介入加以规制。通过立法来保障国家安全是国际上的通行作法，回归前香港的《刑事罪行条例》也有关于禁止危害英国王室和背叛英国行为的规定，香港居民不得对英女王及王室不敬，反对英国对香港统治的行为就被视为叛国行为。回归以后，特别行政区政府在立法、行政和司法等方面享有中央授予的高度自治权[③]，香港居民也享有广泛的权利和自由，《香港基本法》第三章关于“居民的基本权利和义务”的 19 个条文中有 18 个条文是赋予权利的，课以义务的条文只有最后一条，而且没有具体内容[④]。虽然香港是实行资本主义制度的特别行政区，但香港特别行政区是中国主权国管辖下的行政区域，是中国不可分割的组成部分，在维护国家统一、国家安全和主权完整等方面与其他行政区域一样负有同样的责任。《香港基本法》第 23 条规定：“香港特别行政区应自行立法禁止任何叛国、分裂国家、煽动叛乱、颠覆中央人民政府及窃取国家机密的行为。”特别行政区政府在 2003 年也主动争取对此进行立法，但因 2003 年“七一事态”，香港特别行政区至今也没有制定一部维护国家安全的法律。考虑到香港社会的实际情况，与政党相关的维护国家安全的内容要在“政党法”中加以体现。

---

① 韩大元：“在宪法的基础上理解和适用香港基本法”，国务院发展研究中心港澳研究所：《港澳研究》，2008 年秋季号，第 8 页。

② 宋小庄、潘亚鹏：“论宪法在香港特区的效力和适用”，国务院发展研究中心港澳研究所：《港澳研究》，2009 年冬季号，第 113 页。

③ 《香港基本法》第 2 条规定：“全国人民代表大会授权香港特别行政区依照本法的规定实行高度自治，享有行政管理权、立法权、独立的司法权和终审权。”

④ 课以义务的条文是第 42 条：“香港居民和在香港的其他人有遵守香港特别行政区实行的法律的义务。”

3. 规制香港政党与外国的关系

众多事实表明，美国已经取代英国成为干预香港事务的最主要势力。早在1992年，美国就制定了《香港政策法》。1994—1995年，美国国会又相继通过3个法案，其中的《香港政策修正案》要求国务院定期向国会报告有关《香港基本法》和《中英联合声明》的执行情况、香港立法会选举的开放程度、行政长官的选举公平程度等情况。香港回归后，美国参议院通过第38号共同决议案，要求中国重申“确保香港自治，保护人权，民主选举特别行政区政府”。2003年7月，众议院共和党政策委员会主席推动众议院通过《表达对香港自由的支持》议案。同年6月，美国众议院通过第277号决议，以“将削弱香港居民的基本自由”为由，呼吁中国政府和香港特别行政区政府撤回基本法第23条立法草案。2004年4月，美国务院再次对中国人大释法和香港的政制发展等问题妄加评论，称“港人享有权利决定政制发展的步伐及范围十分重要”。香港立法会选举刚刚结束，美国国会众议院就于9月通过了由参议员布朗巴克提出的所谓“支持香港自由”决议案。该决议案宣称：“香港民众有权自由决定宪制发展的步伐和范围。”决议案还呼吁美国总统布什出面，要求中国政府“保证对香港法律的所有修订必须符合香港民众的意愿，并全面普选香港立法会议员和特别行政区行政长官”。据《大公报》、《星岛日报》等媒体披露，一些长期资助香港“民主派”团体和研究机构的美国政治组织的主要负责人竟都有美国情报机构，尤其是中央情报局的背景。以美国国家民主基金会为首的一些美国政治组织曾向香港“民主派”智囊机构、“人权监察”等人权活动团体间接或直接捐款，其中97万港币给了“民主派”头面人物陆恭蕙创办的思汇政策研究所。据悉，这些捐款主要用于“民主派”进行选举研究、宣传造势及与中央政府、特别行政区政府对抗的活动上。①

胡锦涛在十七大报告中开宗明义指出，“保持香港、澳门长期繁荣稳定是党在新形势下治国理政面临的重大课题”，并引人注目地在本次报告

① 唐勇、童宜：“参众两院指手画脚情报人员四处活动，美粗暴干涉香港事务”，《环球时报》，2004年9月17日。

中提及“坚决反对外部势力干预香港、澳门事务”。在这样一个举世瞩目的大会上作出这样的表示，其重要性不容置疑，显示了中央对防止外部势力介入港澳事务的关注和决心。外部势力介入香港问题已非一朝一夕，而不容外部势力干预也是中央对香港地区事务的一贯立场。《香港基本法》第23条规定：“禁止外国的政治性组织或团体在香港特别行政区进行政治活动，禁止香港特别行政区的政治性组织或团体与外国的政治性组织或团体建立联系。”《社团条例》对《香港基本法》23条的规定有具体的落实。《社团条例》第五章规定：本地政党被发现有接受外国政治组织的资助，或有附属关系，受其控制或指示，保安局长有权拒绝为政党注册，或禁止其活动。《社团条例》的有关规定对通过《社团条例》注册登记的政党有约束力，而对通过《公司条例》登记注册的政党却没有约束力。

此外，政党法制的必要性还包括有关政党本身内部组织等事项的立法。当然对政党的法律规制，按照《公民权利和政治权利国际公约》第22条规定必须“为民主社会维护国家安全或公共安宁、公共秩序、维护公共民事卫生或风化、或保障他人权利自由”，并符合“比例原则”①。

二、香港政党法制的原则

政党法制的原则是指贯穿于有关政党的法律规范中的基本准则，这

① “比例原则”源自德国，是行政法的重要原则，意指行政主体实施行政行为应兼顾行政目标的实现和保护相对人的权益，如果行政目标的实现可能对相对人的权益造成不利影响，则这种不利影响应被限制在尽可能小的范围和限度之内，二者有适当的比例。传统的比例原则有三大派生子原则——适当性原则：国家所采取者必须是有助于达成目的的措施，又称“合目的性原则”；必要性原则：如果有多种措施均可达成目的，国家应采取对人民侵害最小者，又称“侵害最小原则”或“最小侵害原则”；狭义比例原则：国家所采取的手段所造成人民基本权利的侵害和所欲达成之目的间应该有相当的平衡（两者不能显失均衡），即不能为了达成很小的目的而使人民蒙受过大的损失。

些原则通常由宪法加以规定。在现代民主国家，政党法制原则大体包括自由、民主、平等、法治等原则。香港是自由、民主地区，其政党法制建设也应遵循这些原则。

（一）自由原则

政党自由是建立在“免受国家干预之自由”的思想基础上。“西方国家通常将政党视为一个民主的事实，是公民自由权的一种合逻辑的结果，因此很长一段时间内，立宪主义者都主张不能或无需宪法、法律来规定政党问题，认为如不这样就会改变政党的属性，使政党‘国家化’、‘权力化’。”① 但因法西斯等极端主义政党的出现，在20世纪中叶，政党被置于立宪主义理论审视之中，政党已经从私法规范的对象上升为公法规范的对象，国家既要履行相应的法定义务以保障政党自由，又要对政党自由加以必要的限制。

政党自由应包括创设政党的自由和活动自由。创设政党的自由是公民结社权的体现，权利主体是公民，而不是政党。政党一般可自由创立，也可以自由活动，但必须具备宪法、法律所规定的相应积极条件和消极条件。就积极条件而言，政党的创立需要一定的人数、章程、场所等条件；就消极条件而言，政党不得从事宪法、法律所禁止的活动。《保加利亚政党法》第1条第1款规定：公民可以自由建立政党，以履行其结社的基本权利。在德国，政党活动自由是政党基本权利的必要组成部分。除非政党出现《德国基本法》所规定的禁止性行为，国家不允许干涉政党的存在及政党活动的自由。有的国家对干预政党自由设定罚则，如《韩国政党法》第61条规定：以威权或威权力妨害政党活动，致使政党功能丧失或暂时中止者，处7年以下徒刑或3000万韩元以下罚金。

政党自由也要求政党内部活动贯彻自由的原则。政党内部落实自由原则要求政党组织必须建立在自愿基础上，具体包括入党自由与退党自

---

① 秦前红：“政党主治的宪政之维——基于制度主义立场的研究”，《岭南学刊》，2007年第1期，第37页。

由，党内言论自由，及政党内部的结社自由等。各政党独立通过自己的章程，自主决定自己的名称、宗旨、目标和组织形式，自由选举其领导机关和监督监察机关，自主确定自己的内部机构和活动的目标、形式和方法，自主管理其财产，自主通过关于改组和解散本政党的决议等。有的国家对此已有立法，如《吉尔吉斯斯坦政党法》第 4 条第 2 款规定：政党自由决定内部结构、目标以及活动的形式、方法，目前法律限制的除外。

（二）民主原则

民主是现代政治文明的基础和最本质的特征，许多国家在宪法和法律中都确立政党在组织和活动上的民主原则。民主原则要求政党的外部活动必须符合民主国家的理念，依据民主的制度和程序开展活动。韩国宪法第 8 条规定：政党的目标、组织和活动必须民主，要有必要的组织安排促进人民参加政治意愿的形成。法国宪法第 4 条规定：各党派和团体可自由地组织和进行活动，但必须遵守国家主权原则和民主原则。《德国政党法》第 1 条规定：政党是宪法所要求的自由民主基本秩序的不可或缺的组成部分，政党在公共生活的各个方面协助人民表达其政治上的愿望，尤其是施加影响，使公众意见得到一定的表现。《保加利亚政党法》第 1 条规定：政党通过选举或其他民主形式协助公民形成和表达自己的政治意愿。韩国的《政党法》第 1 条规定：本法的适用目的在于保障国民参与制定政治议程必需的组织，保证政党的民主组织与活动，为民主政治之健全发展作出贡献。1975 年希腊宪法第 29 条规定：政党之组织及行为应有助于国家民主秩序的自由开展。1976 年葡萄牙宪法第 47 条规定：结社自由应包括建立或参加政治社团和政党的权利，通过这些政治社团和政党民主地进行工作，以赋予人民的意志为形式，并组织政治力量。

禁止歧视、暴力和专制是政党民主原则的重要组成部分。《保加利亚宪法》第 11 条第 4 款规定：不能在民族种族或宗教的基础上建立政党，政党不得以暴力夺取国家政权为目的。《俄罗斯政党法》第 9 条规定：禁止政党旨在用暴力改变宪政制度原则，破坏俄罗斯完整，危害国家安全，成立武装和军事组织，煽动社会、种族、民族或宗教仇视的政党活动。《哈萨克斯坦共和国政党法》第5条规定：禁止建立其目的和活动旨在采用暴力手段改变宪法制度，破坏哈萨克斯坦共和国完整，颠覆国家安全，挑起社会、种族、民族、宗教、阶级和民族仇视的政党，并禁止其活动。《德国基本法》第21条规定：政党试图去破坏或废弃自由民主的基本秩序、或危及联邦德国之生存，那么它就是违宪的，联邦宪法法院应决定其违宪性问题。根据该法条，联邦宪法法院先后在1952年、1956年分别宣布极右翼政党社会帝国党和极左翼政党德国共产党违宪并对其进行查禁。

政党民主原则，在资本主义国家要求禁止建立军事化的政党以及政党下设军事武装。《爱沙尼亚共和国政党法》第4条规定了对政党活动的限制：1. 政党的目的或活动旨在用强制手段改变爱沙尼亚的宪法制度或领土完整，或经其他方式反对刑法，就禁止该党的存在。2. 拥有武器以及军事化或从事军事训练的团体或组织不能以政党或政党的分支机构的资格进行活动。波黑修订后的宪法特别规定实行多党制，保证政治结社和政治活动自由，但政治结社和政治活动的目的不能是：用暴力改变宪法规定的制度，威胁共和国的独立、主权和领土完整，侵犯宪法保障的人和公民的自由和权利，煽动民族、种族和宗教仇恨与不和。

根据政党民主原则的要求，政党内部的组织活动也须服从民主的一般原则。政党内部民主是国家民主理念在政党内部的适用，其基本要求是通过党员权利的保障和政党组织的民主化建构来建立政党内部意志由下而上的形成机制。为确保民主之宪政秩序，政党内部之组织及运作，自应依循民主原则之规范。例如，政党领导人之产生、党章之修订、党纲之变更，即应经党员或党员代表之同意，始得为之。政党内部贯彻民主原则，要求干部的选任方法、代议机构设置、公职候选人的产生必须符合民主原则。这些内容虽然只涉及党内民主（即党员根据党章享有的权利）问题，但考虑到政党不是一般社会团体，政党是民主体制的不可分离的组成部分，理应受到公法的规制，但世界各国对此作法并不一致①。有些国家，如德国、土耳其、芬兰、安道尔、克罗地亚等国，用法律要求政党在决策和活动中遵守民主原则。《德国基本法》第 21 条规定："政党内部组织必须符合民主原则"。1961 年土耳其宪法第 57 条规定的政党的内部规章、政纲及行为必须符合基于人权及人类自由之民主共和国理念，也体现了政党内部民主原则要求。

（三）平等原则

平等原则是指相同之事件应为相同之处理，不同之事件则应为不同之处理，除有合理正当之事由外，不得为差别待遇。

在政党平等问题上，无论大小、老党新党、执政还是在野或参政，在法律面前一律平等。政党是独立的社会团体法人，政党之间互不隶属，彼此平等，互不干涉内部事务。《俄罗斯政党法》在序言中宣布：国家保障各政党在法律面前一律平等，不论其成立文件和纲领文件阐述的意识形态、目的和任务如何。《哈萨克斯坦共和国政党法》第 5 条规定：政党在法律面前一律平等。

平等是一项原则，必须与具体的权利相结合，才有评判意义。政党平等主要包括政党选举和公共资源分享上的平等、参政机会的平等、政府资助标准上的平等等内容。平等原则是坚持各政党在权利能力方面的平等，但由于历史和现实等原因导致政党拥有的资源多少不同，导致不同政党的行为能力存在很大差异，从而使各政党在事实上很难实现平等。例如，资源多的大党在议会中就很可能拥有更多的议席，而资源少的小党在议会中很可能没有一个议席。平等原则的贯彻、落实，在西方国家可以通过司法途径实现，如在德国就出现对政府违反政党平等原则的审查。在 1976 年的联邦选举中，德国出版和信息局等官方机构利用政府资金，发布了 600 万份传单，宣传现任行政机构给公众带来的公共利益。

① 比利时、加拿大、格鲁吉亚、希腊、爱尔兰、意大利、日本和英国的法律没有对政党内部民主问题作出规制。See Hans Heinrich VOGEL，"Draft Report on the Establish，Organization and Activities of Political Parties"，http：//www. venice. coe. int，登陆时间：2010 年 1 月 12 日。

德国基督教民主联盟在联邦宪法法院启动“机关争议”程序，宣称政府的这些开支违反了《德国基本法》第 20 条规定的议会民主原则、第 21 条的保障政党平等原则及第 38 条的自由选举原则。联邦宪法法院在对此案的判决中支持了基督教民主联盟的诉求，并宣布 1976 年的联邦竞选无效。

政党平等主要体现在政党之间的平等，同时也包括同一政党内部党员之间的平等，如党员在党内享有平等参与政党选举、决策、批评的权利。就参政权而言，在政党的领导机关、推举参加国家权力机关、地方自治机关代表选举的候选人中，政党应为所有党员创造平等的权利，无论其性别、民族属性如何。《欧洲人权法案》第 14 章规定：那些基于性别、种族、肤色、语言、国籍、社会出身、与少数民族联盟、财产状况的歧视都被禁止。《吉尔吉斯斯坦政党法》第 4 条第 4 款规定：政党应为每位成员提供平等的机会，不论其性别，促使他（她）成为政党领导机关的成员、被任命为国会议员候选人和占据国家机关、自我管理机构的由选举产生的职位。法国在 2000 年 6 月就政党内部男女获得同等参政机会在法律上专门作出规定，要求各政党在各级选举中提出的候选人名单里男女各占一半，奇数的名单则是男女候选人之间的数目差不得超过 1。在欧洲议会选举、大区议会选举和 3500 人以上居民的市镇议会选举中，当选的议员总数中男女比例必须是相等的。在国民议会选举、省议会选举中，各政党在各个选区提出候选人总数里必须男女各占一半。如果政党在提出候选人中没有达到以上要求的标准，就要受到经济制裁。①

（四）法治原则

法治的字面含义是“法的统治”，有广义和狭义之分。广义的法治是“人们应该服从法律并受法律的统治”。在政治和法律理论中，法治应作狭义之理解，即“政府应受法律统治并服从法律”。法治意味着政府的全

① 吴国庆：《法国政党和政党制度》，社会科学文献出版社，2008 年版，第 358 页。

部行为必须有法律依据，并且能给人们的行为提供有效的指引。“国家的法治精神和法治原则同样适用于政党。它不仅适用于政党外部关系的调整，也适用于政党内部关系的整合。”① “政党法治属于政治文明范畴，是政治文明发展到一定历史阶段的内在要求和必然结果，同时也是政党政治的一种表现形式。”② 这有两方面的要求：一方面是国家建立起一套规制政党行为的法律制度，确保政党在宪法、法律范围内活动，有效避免政党及政党领导人凌驾于国家宪法、法律之上的危险；另一方面是政党内部建立起一套规制政党成员、特别是领导干部的制度规范，党内所有人都受到党规的约束，并依照党规行事。法治原则要求政党以党章等制度规范作为政党活动的准则。宪法、相关法律和党章等制度规范的形成和至上权威的确立，构成对政党权力（包括党的领导人权力）的制约，防止人治的出现。

政府对政党的规制主要包括参与选举等政党的外部行为，如果政党违法就要受到查处，甚至取缔。政党法治原则要求针对政党的管理、处罚、取缔等行为必须依法进行，而且这些行为所依据的法律本身是合宪的。与此相应的制度设计是赋予政党必要的诉权，不是以政府的裁决而是以具有终审权的法院（包括宪法法院）的裁决作为最后结论。越来越多的国家对政党的规制不仅是外部行为，还包括政党内部行为，如政党对党员的处罚等。政党在具备私法人属性的同时，还具备了公法人的特性，被视为“公器”，形同“准政府机关”，也可称为非公权力团体。该意义上的政党必须接受政党法治原则的约束，政党的内部与外部行动必须符合国家民主的理念与原则。③ 政党法治原则要求，党组织对党员实施的处罚、开除党籍等行为必须依照党章进行，而且党章本身符合宪法和有关法律的要求。至于党员对政党开除党籍等决定能否向国家司法机关提起诉讼，学界有人主张应引进国家司法审查机制。参加欧盟威尼斯委

① 王韶兴等：“政党法治：一种新型的政党文明形态”，《当代中国政治研究报告》，2007 年，第 263 页。

② 王韶兴：“服务型政府建设中政党治理的几个问题”，史志钦主编：《全球化与世界政党变革》，中共中央党校出版社，2007 年版，第 228 页。

③ 郑贤君：“论西方国家政党法制”，《团结》，2004 年第 4 期，第 42 页。

员会的大部分国家认为这应是政党内部决定的问题，而芬兰、法国、匈牙利、爱尔兰、韩国、立陶宛、马耳他和土耳其等国规定法院可以改变政党的内部决定①。党员对党组织作出的关涉自身权利的决定，可以向国家司法机关提起诉讼，借用国家权力维护自身权利，应是政党法制发展的趋势。

三、香港政党法制的内容

香港政党法制是以实现政党法治为目标，而政党法治“包含民主与法制、权利与义务等丰富的制度意蕴；融汇法律至上、权力制约、依法执政等诸多的价值取向；涉及政党法治的主体、客体、目标、原则、依据、形态及其与法治国家的关系等若干内容；涵盖政党内部和外部活动全部政党生活；贯穿于政党自身事务管理和领导整个政党行为的全过程”②。因此，香港政党法制的内容应至少有以下几个方面：

（一）政党的成立

对政党成立，一般要履行注册程序。在很多国家，通过政府注册，政党被赋予完全的法人资格。在阿塞拜疆、克罗地亚、格鲁吉亚、乌克兰等国，如果没有经过政府注册，政党就不能获得银行帐号，也不能接受公共资金及拥有财产。世界各国对注册程序的要求各不同。阿尔巴尼亚、波斯尼亚、罗马尼亚等国要求召开政党组建会议，德国、拉脱维亚、罗马尼亚等国要求起草规划，波斯尼亚、加拿大、俄罗斯、捷克、希腊等国要求最低人数，捷克、德国、波兰、罗

① Hans Heinrich VOGEL，“Draft Report on the Establish，Organization and Activities of Political Parties”，http：//www.venice.coe.int，登陆时间：2010年1月12日。

② 王韶兴：“服务型政府建设中政党治理的几个问题”，史志钦主编：《全球化与世界政党变革》，中共中央党校出版社，2007年版，第228页。

马尼亚、西班牙、土耳其等国要求提供内部组织原则，奥地利要求在大众媒体上公布政党组建的消息。相关要求都满足后，政府的职能部门才进行官方注册。政党成立也有法定的限制，通常那些企图通过暴力改变宪政秩序的政党是不能允许成立的。一些国家，如阿尔巴尼亚、奥地利、德国，直接禁止建立在种族、民族和宗教歧视基础上的政党。俄罗斯禁止按照职业、种族、民族或宗教属性创立政党。一般说来，如果政党注册申请被政府拒绝，政党可以向普通法院或宪法法院起诉。在爱尔兰，这样的诉讼既可以向特别上诉法院提出，也可以向高等法院提出。①

香港没有关于政党的专门法律，但《社团条例》适用于政党。《社团条例》中的“政治性组织”包括：1. 政党或宣称是政党的组织；2. 其主要功能或宗旨是为参加选举的候选人宣传或作准备的组织。关于社团注册成立问题，《社团条例》第 5 条规定：任何本地社团均须于其成立或根据第 2（2B）或 4 条被当作成立后 1 个月内，以指明的表格向社团事务主任申请注册或豁免注册②。有关申请须由 3 名干事签署，并须包括以下详情：1. 该社团的名称；2. 该社团的宗旨；3. 该社团干事的资料；4. 该社团主要业务地点的地址，以及该社团拥有或占用的每个地方或处所的地址。这些规定与国际作法接轨，也符合香港社会的实际，可作为“政党法”的内容。《社团条例》规定，当事人就遭拒绝注册事宜可向行政长官会同行政会议提出上诉。这种作法相当于中国大陆的行政复议，初衷是维护行政主导制，但不符合国际通行作法，应改为向法院起诉，并可上诉到香港终审法院。与此类似的关于社团主任取消社团注册的上诉

① Hans Heinrich VOGEL，“Summary of the Replies on the Questionnaire on the Establishment，Organization and Activities of Political Parties”，http：//www. venice. coe. int，登陆时间：2009 年 12 月 12 日。

② 社团事务主任如信纳任何社团或分支机构是纯粹为宗教、慈善、社交或康乐目的而成立，或信纳它是纯粹成立以作为乡事委员会或由乡事委员会组成的联会或其他组织，他可豁免该社团或该分支机构注册。社团事务主任如豁免任何社团或任何分支机构注册，他可以指明的表格发出豁免证明书。

问题[①]，可做同样的改进。

（二）政党的内部事务管理

1. 党员管理

党员管理主要包括吸收党员和处罚党员。每个人原则上都可以成为某政党成员，不考虑种族、肤色、语言、性别、宗教信仰、民族、种族和社会出身、财产状况、居住地等。有的国家对此却有明确的规定，如荷兰规定只有男性才能作党员。如德国规定，只有自然人才能成为党员，法人不可以成为党员。很多国家对入党的最低年龄作出限制，加拿大、俄罗斯、波兰等国规定是18岁。一些拥有公共职位者，如执法人员、军人和部分法官、公务员，以及接受大学前教育的学生，一般不允许参加政党。阿塞拜疆甚至规定：国有印刷出版界人员（技术人员和服务人员除外）、国有广播公司领导、有创造力职员和宗教界人士都不得加入政党。关于党员国籍问题，很多国家的宪法、法律严格规定只有本国公民才可以加入政党，因为只有本国公民在居住国才有选举权等公民权。如《韩国政党法》第22条规定：非大韩民国国民，不得成为党员。但类似这样的严格规定在欧洲有松动的迹象，欧洲理事会威尼斯委员会在其关于政党立法的指引中指出：把外国公民和无国籍的人排除在政党成员之外的作法是不当的。斯洛文尼亚2002年前的法律要求必须是本国公民才可以入党，从2002年起在斯洛文尼亚有选举权的欧盟成员国公民的外国人也可以在斯洛文尼亚入党。在西班牙，外国人与本国公民享有同样的结社权（包括加入政党），但违法的外国人及在西班牙没有住所的外国人排除在外。香港政党吸收党员问题，应对外国公民作出原则性禁止，但考虑到香港永久性居民中有的是外国公民，因此应允许永久性居民中的

---

① 《社团条例》第5E条规定，有关社团、有关分支机构或该社团中或该分支机构中的干事或成员，如因社团事务主任取消注册或注册豁免的决定而感到受屈，均可在有关该项决定的通知发出予该社团后30天内，向行政长官会同行政会议提出上诉。行政长官会同行政会议可确认、更改或推翻该项决定，遭上诉的决定则暂停实施，直至行政长官会同行政会议就该项上诉作出聆讯及裁决为止。

外国公民加入香港的政党。

处罚党员的行为包括多种，其中最严厉的是开除党员党籍。开除党员是党组织的权力，但要求谨慎行事，以维护党员的权利。德国政党法第10条规定：只有党员蓄意违反党的章程或纪律而使党遭受重大损失时，党组织才能开除党员。开除党员的决定必须由仲裁程序法确认的党的仲裁法庭作出。决定必须以书面写出。必须保障党员向上级法庭上诉的权利。《香港社团条例》没有对社团内部关系作出调整，将来的“政党法”应就对党员处罚等政党内部问题参照上述国家的作法加以规定。

2. 党章内容

党章内容一般包括政党的名称、目标和任务；政党的结构；代表人、干部的选任方法；代议机构设置、召集程序；执行机构；公职候选人产生的事项；政党的财政来源及管理。其实，党章上述内容可概括为两大方面的问题，即民主问题和财产问题。

关于民主问题，要求干部的选任方法、代议机构设置、公职候选人的产生必须符合民主原则。这些内容虽然只涉及党内民主（即党员根据党章享有的权利）问题，但考虑到政党不是一般社会团体，政党是民主体制的不可分离的组成部分，理应受到公法的规制。有些国家，如德国、芬兰、安道尔、克罗地亚等国，用法律要求政党在决策和活动中遵守民主原则。在美国，法院对政党内部争议有管辖权，对涉及政党内部党员权利问题上，法院曾适用“州政府行为”理论进行裁决。美国一些政党在进行初选时，曾以肤色为标准限制黑人的初选资格，这是私人性政党违反宪法中的平等原则。最高法院在判定这一问题时沿用了“州政府行为”理论，认为政党虽然是一个私人结社组织，但其组织的选举活动构成州政府行为。因为州政府在选举时有权管理选举过程，并在立法中规定选举资格，以肤色限制初选资格虽然是政党的内部行为，但政党履行的本应是由州立法规制的“公共职能”。因此，政党内部限制选举资格的规定构成“州政府行为”，受宪法约束。①

① 郑贤君：“论西方国家政党法制”，《团结》，2004年第4期，第42—43页。

关于财产问题，政党的财政来源有党费、社会捐赠、国家补贴等。对财务进行管控不仅是政党自身良性运作的要求，也是避免黑金政治而导致政治腐化的要求。有的国家对此有专门规定，采取财务公开和收支限制等手段，加强对政党财政的管控。《联邦德国政党》第24条规定，政党每年要在规定时间向联邦议长提交会计报告。会计报告包括：收入清单、支出清单、资产清单等内容。法国曾制定《政治生活财政透明度法》，并在1988年成立“政治生活财政透明度委员会”落实该法的财产申报制度，有效防止政党的腐败。有的国家的法律还对政党拥有财产类别作出禁止性规定，如《吉尔吉斯斯坦共和国政党法》第19条第3款：政党不得拥有、储藏和保存武器、爆炸物和其他对社会、生态及生命健康安全构成威胁的物质。

香港就此问题的政党法制，遵循一般规定即可。

(三) 政党活动的保障

政党的存在就是要从事政治活动，而从事政治活动需要经济上的保障。政党活动在经济上的保障，包括经费、经营等事项。

1. 经费事项

一般说来，政党通常可以接受国内的公司、组织捐款，但越来越多的国家对政党接受社会捐赠作出规定，包括接受捐赠的最高限额、捐赠者名单的公开等。对于私人捐款比较复杂，在不同的国家作法不同。有的国家对此没有限制，有的国家对捐款上限作出规定，有的国家禁止政党接受私人捐款（党员交纳党费除外）。日本高等法院在1970年作出裁定，私人企业可以给政党捐款，但条件是捐款不会成为对政党施加压力的手段。在西方国家由政府向政党提供资金或经费补助，已经成为通行作法。因为政党在竞选中对金钱的依赖会导致政党对于资金提供者的依赖关系。有经济实力的企业通过向政党提供资金从而操纵政党来维护它们的利益，这样就会造成政党政治中的腐败现象。如果由国库支出这些竞选费用，就可以避免这些现象。德国在1958年联邦宪法法院的“政党捐款判决”

中作出了准许国家提供财务补助给予参与竞选政党的决定。在 1967 年通过的政党法中对补贴政党参加竞选作出了具体规定，国家对联邦或地方选举中所获得的第二票（投给参选政党的票）按全联邦统计超过有效选票的 2.5％（1968 年改为 0.5％），或者在本选区所得的第一票（直接投给候选人的票）超过有效选票的 10％的政党，有权领取补贴。西班牙对政党进行选举补贴，这种补贴甚至可以提前支付给政党用于选举。国家对政党的补贴、资助主要限于参加选举，政党自身运行费用靠自己筹集。这是关于政党补助正当性的“公共职能论”发挥作用的结果。在德国，联邦宪法法院明确表示，应防止政党活动依赖国家的支持，避免其质变为根深蒂固于国家组织范畴。因此，不仅以公共财政手段满足政党活动全部或大部分的财政需求为宪法所禁止，即使就政党一般活动仅予部分的补助，虽然其未必会使政党沦为国家机关范畴内，亦足以混淆政党的定位，使其仰承国家照顾，需要加以规范。① 至于政党参加选举，已经逾越社会私域进入国家公域，履行的是公共职能。因此，国家应给予必要的补贴。对外国的捐款，除塞浦路斯、瑞典、丹麦、芬兰、奥地利、意大利、挪威、瑞士等少数国家外，大多数国家一般不允许政党接受来自国外的捐款，以免国外势力对本国政治产生影响。中欧、东欧国家对外国影响本国政治特别敏感，对外国向本国政党的捐赠限制也特别严格。② 亚美尼亚和保加利亚禁止政党接受来自外国政府的、组织的，甚至匿名者的财务资助、捐款和赠物。俄罗斯联邦也禁止来自外国对其政党的任何捐赠。

《香港基本法》第 23 条禁止香港的政治性组织或团体与外国的政治性组织或团体建立联系，这其中当然包括禁止接受外国政治性组织或团体的捐赠。在禁止外国捐赠问题上，为阻止外国对香港的渗透和干预，必须扩大禁止的范围。香港可借鉴亚美尼亚、保加利亚等国的作法，禁止任何政党、政团接受来自外国政府的、组织的、个人的，甚至匿名者

---

① 崔英楠：《德国政党依法执政的理论与实践》，中国社会科学出版社，2009 年版，第 86 页。

② 但也有例外，如在中欧的波斯尼亚和黑塞哥维亚就不禁止外国对本国政党的捐赠。国际援助对此两国战后重建起到重要作用可以解释这个例外。此外，捷克和匈牙利对此也不禁止。See “Opinion on the Prohibition of Financial Contributions to Political Parties from Foreign Sources”，http：//www. venice. coe. int，登陆时间：2010 年 1 月 12 日。

的财务资助、捐款和赠物。至于政府对政党进行补贴，香港目前已经有相关制度，应继续遵照执行。

2. 经营事项

政党是政治组织，以促进国民政治参与为目的。因此，一般是禁止政党投资或从事营利性质的事业。《保加利亚政党法》第 23 条：政党无权从事经营活动。但也有例外，《吉尔吉斯斯坦共和国政党法》第 20 条第 2 款规定：政党仅为实现章程规定的任务，可以组建企业和经济组织，按照立法机关规定的程序对这些法定实体拥有权利。该条第 3 款规定：政党成员不得在政党组建的企业、经济组织中获得收入或拥有财产，也无义务对这些经济实体的债务负有责任。法国关于政党从事经营活动的规定更为开放。法国第五共和国在 1988 年 3 月颁布的法律授予政党法人地位，政党可以开办企业和举办赢利的活动，并对政党经营收入给予优惠政策，使政党拥有的不动产的出租收益可减少 50%的税，报刊收入可减免税额或给予邮费优惠。①

香港政党大多是通过《公司条例》登记注册的②，有的政党还从事经济活动。如果按照国际通行作法，禁止政党从事经营活动，必然打破传统，可能难以为有关政党所接受。对此，妥善的处理办法是参照吉尔吉斯斯坦共和国的作法，允许政党从事经济活动，但这些经济活动仅限于为实现其章程规定的任务，同时也规定政党成员不得在政党组建的企业、经济组织中获得收入或拥有财产，当然党员个人对政党组建的经济实体的债务也不负有责任。

(四) 政党的灭失

政党的灭失，即政党主体资格不复存在。根据导致政党灭失的力量

---

① 吴国庆：《法国政党和政党制度》，社会科学文献出版社，2008 年版，第 353 页。

② 香港政党是根据《社团条例》或《公司条例》注册成立，因通过《社团条例》注册登记要受到政府严格政治审查，为避免受到政府管治，政党大多按《公司条例》注册成立。

来源，政党的灭失可分为主动灭失和被动灭失。

1. 政党主动灭失

政党主动灭失，包括政党的合并、政党自行解散。政党合并，是指两个或两个以上政党根据共同合意组建一新的政党，原政党的主体资格都归于消灭；或某政党并入其他政党之中，其主体资格归于消灭。《韩国政党法》对政党合并有明确规定，要求参与合并政党的代议机构或其代表机构联合会议决议通过之日起 14 天内，把合并事由并附会议记录复印件报送选举管理委员会。

政党可根据其权力机构的决议而解散。《韩国政党法》规定，政党在解散时，其代表人应立即向选举管理委员会报告。选举管理委员会应消除该党的登记，并立即予以公告。政党的剩余资产可以根据党章的规定处理。香港《社团条例》仅对社团的解散程序作出规定①，未来的“政党法”可继承相关内容，并对政党合并事宜作出规定。

2. 政党被动灭失

政党被动灭失是政党因违法而遭到政府的取缔或禁止②。根据欧盟威尼斯委员会 1998 年有关研究报告和最新材料，各国取缔政党的理由包括：威胁政权的存在；威胁基本民主秩序；威胁国家领土完整，鼓动社会、民族或宗教仇恨；鼓动民族歧视；使用暴力或构成暴力威胁；主张纳粹主义

---

① 《社团条例》第 14 条规定：1. 如任何注册社团或获豁免社团其后自行解散，则在解散前属该社团干事的人，须在不迟于解散生效后 1 个月届满时就该项解散以书面通知社团事务主任，该通知须由一名或多于一名在紧接解散前属该社团干事的人签署。2. 社团事务主任接获任何上述通知后，须在解散生效的日期之后，在切实可行范围内尽快将该社团及其分支机构取消登记及从根据第 11 条备存的名单上删除。

② 在韩国，“政党灭失”还包括“登记的取消”。在政党出现“未参加最近 4 年内的任期完了后的国会议员选举，或任期完了后的地方自治团体领导人选举，抑或市、道议会议员选举者”、“参加任期完了后的国会议员选举未能获得议席，未获得有效投票总数 2%以上者”等情况，选举管理委员会则取消其登记。在这种情况下，政党剩余资产可根据党章的规定处理，未处理的剩余资产及根据宪法裁判所规定解散的政党剩余资产归属国库。

或极端主义；犯罪结社；军事或准军事结社；采用秘密或破坏性的方法。①

在所有民主国家中，取缔政党的案件必须由公正的法院审理并由法院作出最后裁决，这是一条普遍的原则。② 有的国家是由宪法法院直接受理，有的国家是先由普通法院审理，但最终可以上诉到终审法院或宪法法院。《保加利亚政党法》第 12 条规定，索菲亚市法院审理解散政党的案件，对此种决定可向最高上诉法院提起申诉。在德国，政党违宪案件由联邦宪法法院审理，《德国基本法》第 21 条第 2 项就是联邦宪法法院审理该类案件的依据。与一般社会团体相比，德国政党拥有一定程度的特权：即使政党违背自由民主秩序，也只有经过特别复杂的程序才能被联邦宪法法院禁止。而一般社会团体违法，联邦内阁部长或州内政部长就可以对其加以禁止。在美国，政党违宪案由普通法院审理，可上诉到联邦最高法院。赋予哪个机构权力以启动取缔政党程序是个十分重要的问题。在德国，联邦议会、联邦委员会或联邦政府行使这项权力，而联邦检察机关无权提出申请。在西班牙，不仅政府自发或应一名两院议员的要求通过律师可以提出取缔政党的程序，而且财政部长（公诉人）自身也可以作出这样的决定。然而，西班牙的实践表明，只有当财政部长赞同政府政策时，他才能行使此项权力。③

香港《社团条例》第 8 条对禁止社团的运作作出规定④，未来“政党

① Close Montero，“Opion on the Constitional and Legal Provisions Relevant to the Prohibition of Political Parties in Turkey”，http：//www. venice. coe. int，登陆时间：2009 年 12 月 12 日。

② Close Montero，“Opion on the Constitional and Legal Provisions Relevant to the Prohibition of Political Parties in Turkey”，http：//www. venice. coe. int，登陆时间：2009 年 12 月 12 日 .

③ Close Montero，“Opion on the Constitional and Legal Provisions Relevant to the Prohibition of Political Parties in Turkey”，http：//www. venice. coe. int，登陆时间：2009 年 12 月 12 日 .

④ 香港《社团条例》第 8 条规定：1. 社团事务主任合理地相信禁止任何社团或分支机构的运作或继续运作，是维护国家安全或公共安全、公共秩序或保护他人的权利和自由所需要者；2. 该社团或该分支机构是政治性团体，并与外国政治性组织或台湾政治性组织有联系，社团事务主任可建议保安局局长作出命令，禁止该社团或该分支机构运作或继续运作。

法”对禁止或取缔违法政党的内容可继承原有的规定，同时吸收《国家安全条例（草案）》中“取缔危害国家安全组织”等条款的内容。根据“有权利，即有救济”的法理，关于行政相对人不服政府禁止或取缔行为的上诉问题，香港《社团条例》的规定①不符合国际通行作法，应改为政府主管部门（政制事务局）作出禁止或取缔决定。当事方不服，可向高等法院提起诉讼②，并最终可向香港终审法院提出上诉。

(五) 政党的处罚

政党创立、政党参选等活动的开展，公民和政党都可能出现违法、甚至犯罪的情况。就犯罪而言，结合香港社会的实际情况，香港政党法制中的罚则，除了继承香港《社团条例》中已有的有关“注册的罪行”、“继续运作的罪行”、“非法社团”相关的罚则，以及《选举（舞弊及非法行为）条例》第 2 部中的“舞弊行为”、第 3 部中的“非法行为”的相关罚则外，还应根据香港实际新设“危害国家安全罪”。《香港基本法》第 23 条规定：香港特别行政区应自行立法禁止任何叛国、分裂国家、煽动叛乱、颠覆中央人民政府及窃取国家机密的行为，禁止外国的政治性组织或团体在香港特别行政区进行政治活动，禁止香港特别行政区的政治性组织或团体与外国的政治性组织或团体建立联系。香港就此条进行的立法工作在 2003 年 7 月停滞下来，香港关于政党的立法应就此有相应的内容，以维护国家安全，具体内容设计参照香港《刑事罪行条例》的有关规定。另外，为保护港人结社权，可参照韩国的做法，设立“强迫入

---

① 香港《社团条例》第 8 条规定：根据本条作出的命令涉及的任何社团或任何分支机构，以及该社团中或该分支机构中因保安局局长根据本条作出的命令而感到受委屈的干事或成员，均可在该项命令生效后 30 天内，就该项命令的作出向行政长官会同行政会议上诉，而行政长官会同行政会议可确认、更改或撤销该项命令。

② 《国家安全条例（草案）》第 8D 条规定，凡有组织根据 8A 条被取缔，任何因该项取缔而感到委屈的该组织的干事或成员可在该项取缔生效后 30 天内，对该项取缔向原讼法庭提出上诉。这说明香港立法者已经认识到《社团条例》中关于上诉制度设计不符合国际通行作法。

（脱）党罪”①。

此外，政党政治核心是政党与政权的关系，与此相适应，政党参与立法会、行政长官、区议会选举的法律制度应是香港政党法制最重要的内容。香港目前关于选举的法规比较完善，如《行政长官选举条例》、《选举程序（行政长官选举）规例》、《选举开支最高限额（行政长官选举）规例》、《选举管理委员会（选民登记）（立法会地方选区）（区议会选区）规例》、《选举委员会（上诉）规例》等，但这些法规适用对象是广泛的，对政党参选问题尚缺乏针对性的规定，有必要进一步完善。

总之，加强香港政党法制建设是当务之急，无论是从促进香港政党政治良性发展的角度，还是从维护香港繁荣稳定的角度，目前都需要制定一部“政党法”。政党法制的范围比“政党法”更宽，可以说“政党法”是政党法制的一部分，还应包括“选举法”等成文法以及与政党有关的政治惯例。美国、英国的政党政治惯例在很大程度上都是由法院的一次次判决逐渐形成的。就是拥有相当完备的政党立法并且是大陆法系的德国，政党法制的完善仍离不开法院的作用。德国联邦宪法法院的违宪审查对德国政党法治化过程起着重要的推动作用。香港属于普通法系地区，香港法院根据《香港基本法》的授权行使司法权，其中终审法院还拥有终审权，这些因素都是政党政治判例形成的重要条件。

① 《韩国政党法》设立了此罪名，第54条规定，强迫他人加入政党或脱党者，处2年以下徒刑或200万韩元以下的罚金。

结　语

此项研究以香港政党为中心，运用历史学、政治学、宪法学、社会学等多学科知识和历史、比较、规范、实证等多种研究方法，从香港政党自身演变、香港政党所处的政治生态、香港政党所在的阶级关系，以及香港政党所处的法制环境等不同方面和不同角度，对香港政党进行了系统研究，并对香港的政党演进与政治发展的关系进行专门的探讨。虽然自认为对这个问题的研究比较全面和深入，但仍然有言不尽意之感，故笔者不想囿于"结语"写作的固定模式，试图在此专门对"香港政党政治"这一重要问题作粗浅的探讨，其中包括探索香港政治发展（行政长官、立法会未来实行"双普选"）情况下，香港政党演进的趋势。

一、政党政治的内涵

至于"政党政治"的内涵，王韶兴先生认为："我们可以把政党政治看作是人类历史发展进程中，由政党掌权并在国家和社会生活中处于中心地位的政治"①。这应是对政党政治的狭义解释，有两个问题需要探讨。第一，政党政治是政治的一种类型，相对于"无政党政治"（nonpartisan

---

① 王韶兴："政党政治与政党制度论"，《理论参考》，2006年第8期，第49页。

politics）而言，强调政党在政治生活中的作用，特别是强调政党对国家政权运作的影响。但实行政党政治，未必意味着政党就能够掌权。比如，实行两党制的美国，政党主要是选举的工具，总统候选人当选后，他（她）所在的政党就成为执政党，但执政党并不掌权，连内阁的组成也是由总统决定，政党也不能控制司法机关（司法中立），甚至不能控制议会（执政党很可能是议会中的少数派）。第二，根据《应用汉语词典》对“中心”一词的五种解释，如果笔者理解没有错误，这里所说的“中心地位的政治”的“中心”应是“主导”的意思，即政党在国家和社会生活中处于主导地位。其实，随着政治主体多元化的加强，“政党的危机”①已经出现，政党在国家和社会生活中处于主导地位受到越来越多的挑战，现今在俄罗斯等无执政党的国家，政党在国家和社会生活中已很难处于主导地位。

我们对政党政治的内涵应作与时俱进的广义解读，意指政党通过自身或党员掌握全部或部分国家权力以实现党的纲领和政策的政治类型。政党政治的研究对象有政党与政党的关系、政党与政权的关系、政党与社会的关系和政党自身的运作等，但核心是党政关系。

二、政党政治的类型

政党政治涉及政党地位、党政关系、政党关系和政党运行等方面的内容，但其核心是政党与政权的关系。是此，笔者依据政党与政权关系的密切程度把政党政治大致分为三种类型：高度政党政治、中度政党政治和低度政党政治。

高度政党政治是指政党与政权最为密切的政党政治类型。在高度政党政治中，执政党直接控制国家政权，有的甚至还控制着社会，执政党组织与国家政权机关往往成为一体，党政不分，执政党可以直接发号施

---

① 王长江：《政党的危机——国外政党运行机制研究》，改革出版社，1996年版，第137页。

令，也可以利用国家政权机关实现自己的意志。在高度政党政治下，可能有多个政党存在，但宪法和法律只允许某一个政党长期处于执政地位，而且其他政党不能“染指”执政权，其他政党不能通过选举等竞争方式获得执政地位。在高度政党政治国家，执政党就成为“国家化的执政党”，“所谓国家化的执政党是指执政党在执政过程中，为了维护其垄断地位，实现对国家机构的全面控制，让执政党内的成员担当国家机构的重要职责，控制国家机构的一种现象。”① 中国国民党在大陆时期的政权就是典型的高度政党政治。

中度政党政治是指政党与政权相对密切的政党政治类型。在中度政党政治下，执政党一般并不亲自“抛头露面”，而是让领袖人物进入政府并依法组织政府。在议会制国家中，政党通过参加民意机关（议会）选举并在选举中获得多数席位而组织政府。执政党领袖为内阁首相（总理），被赋予组织内阁的权力。执政党对政府的控制，往往集中体现在内阁首相（总理）对内阁的控制上。例如，英国执政党的领袖（内阁首相）在组阁中的权力就非常大。他提出内阁成员和各部大臣的名单，一般都会得到议会同意并得到国王的批准。内阁成员的任用、调整、更换或内阁改组，都由他来决定，基本上是大权独揽。普通文官无论政治信仰如何，都必须无条件地服从内阁的命令。有的执政党的领袖在组阁时的权限是很有限的，往往受制于党的组织，服从党的整体安排。例如，根据澳大利亚工党的组织原则，在其组阁时工党的领袖只有建议权，没有完全组阁权。部长和内阁部长人选由工党议会党团投票决定，而且按得票率的高低安排职务。② 在总统制下，政党参与行政首长（总统）的选举，通过赢得行政首长职位而组织政府。与议会内阁制相比，总统制下的执政党对政府的控制力微乎其微，组阁是由总统来进行的，如美国。在中度政党政治下，执政党的类型属于“交易型执政党”，“所谓交易型的执

---

① 王清：“论政党模式与政府创新的限度——一种比较分析的视角”，《上海交通大学学报》（哲学社会科学版），2007 年第 3 期，第 38 页。

② 刘娟、权伟太：“从党政关系看西方国家的政党政治”，《当代世界与社会主义》，2009 年第 6 期，第 123—124 页。

政党是指执政党是政党与选民之间、政治商品与选票之间交易的产物。”①因存在自由竞争，在野党也可以通过选举有朝一日成为执政党。执政党仍然保持政党组织的性质，在宪法与法律上仍然与其他政党平等，没有超越宪法和法律之外的特权，不能对政权机关发号施令或进行干涉。

低度政党政治是指政党与政权的关系密切程度最低的政党政治类型。在低度政党政治下，也有自由竞争，政党可以参与议会等民意机关选举，甚至可以参与总统等最高行政首长的选举，但在民意机关选举中胜出的政党却不能组阁，在总统等最高行政首长选举中胜出者必须退出他（她）所在的政党，并且在任职期间不得加入任何政党。也就是说，任何政党都不能获得执政权，在这些国家或地区不存在执政党，如现今的俄罗斯、塔吉克斯坦等国。

以上是对政党政治类型的大致分类，其实有的国家政党政治并非如此典型，可能介于某两种类型之间。在上述三种类型中，中度政党政治是常态，是成熟的政党政治，高度政党政治和低度政党政治都是非常态，是非成熟的政党政治。高度政党政治往往与权威体制相联系，一般是在没有进行政治转型的发展中国家存在。低度政党政治，一般则是处于刚刚完成政治转型的国家，基于过去的执政党专制、侵犯人权等原因，社会对政党有戒备心理而不让其攫取最高行政权力。各种类型政党政治本身没有好坏之分，只有与具体的国情相结合，并根据实际运作状况，才可以判断其好还是不好。虽然政党政治类型没有优劣之分，但政党政治本身的演变有规律可循，一般是从高度政党政治向中度政党政治转变（中间可能经历低度政党政治的过渡），即从党国（政）一体向党国（政）分开转变，从集权向分权转变，从权力垄断向权力竞争转变。其中转变的速度或进程，因各国国情不同，也不完全一致。理性的做法应是渐进，而不是疾进，但很多国家的经验显示——量的积累需要长期的过程，但质的变化往往却在短期就能完成。

① 王清：“论政党模式与政府创新的限度——一种比较分析的视角”，《上海交通大学学报》（哲学社会科学版），2007 年第 3 期，第 39 页。

三、香港政党政治的属性

虽然“政党政治”这一概念经常被用来描述香港的政治生活，但客观地说香港还没有出现一般意义上的政党政治（即中度政党政治），香港政党政治处于非常态，是低度政党政治。

之所以说香港政党政治是低度政党政治，并非因为香港的政党属于地区性政党，而是根据政党与香港特别行政区政权机关的关系而言。香港虽然是享有高度自治权的特别行政区，但它只是直辖于中央政府的省级行政区域，不是独立的政治实体。从权力来源看，香港行政长官的权力不是本地政党竞争的产物，而是中央政府通过基本法授予的，同时行政长官是由中央政府任命的。香港特别行政区制定的《行政长官选举条例》第 31 条规定，在选举中胜出的候选人必须在宣布当选的 7 个工作日内表示他不是任何政党成员，也不会成为任何政党的成员。此规定清晰表明香港的政党不可能通过行政长官选举获得最高行政权。此外，香港特别行政区立法会实行的不是西方的议会制，政党在立法会获得再多的席位也不能组阁，政府主要官员的产生经行政长官提名，由中央政府任命。由此可见，虽然政党参与政权，并在香港政治生活中具有重要作用，但香港的政党政治，只是低度政党政治。

香港政党政治的未来发展态势比较明朗，政党在政治生活中的作用日益重要。虽然在香港目前政制架构内，不可能出现执政党，但从近年来立法会选举过程和结果来看，香港政治生态的政党化色彩浓重，政党政治具有很大的发展空间。“2000 年及 2004 年产生的这两届立法会中，四分之三的议员都具有政党背景；地区直选议员当中，除范徐丽泰及 2007 年 12 月补选胜出的陈方安生外，其余议员基本上都具有政党背景。”① 在 2008 年香港立法会的 60 名议员中，具有政党（政团）背景者

① 冷夏、吴文涛：《论香港立法会议员的专职化》，三联书店（香港）有限公司，2009 年版，第 43 页。

有44人，占议员总数的73%。特别是地区直接选举产生的议员，具有政党（政团）背景者达27人之多，占地区直接选举议员总数的90%。2010年通过的2012年政改方案，立法会选举届时实行“两票制”，即每名选民在立法会选举中都有两票，一票投地区直选议席，一票投功能界别议席。因新增的5席功能组别议员由不属于各功能组别的300多万选民选出，“两票制”无疑扩大了功能组别议员的民意基础。新增的5席功能组别议员在全港选举产生，必然促进政党作为选举工具的作用，功能组别选举过去排挤政党候选人的传统必然得以改变。一句话，“两票制”进一步拓展了政党的政制空间。虽然这不是制度设计者的主观愿望，但这将是不可阻挡的趋势。就行政长官选举而言，2006年香港公民党执委会推举党员梁家杰参加香港第三任行政长官选举，在香港众多政党中，公民党成为第一个选派成员角逐行政长官职位的政党，标志着香港政党积极拓展参政空间已有新的路向，在将来的行政长官选举中必定有更多的政党人士参与其中。在“双普选”的情况下，立法会议席的绝大多数会被政党掌控，行政长官为加强与立法会的关系，自然要把立法会大党的领袖吸收进行政会议和行政部门，香港政府的“政党性”会更加浓重，目前的“分立政府”很可能就转变为“联合政府”。至于香港将来是否会出现执政党，从港人的国家认同、香港政治生态、香港社会分化、香港政党的社会认同等方面的现状来看，香港出现地区性执政党的可能性很小。如果这些因素将来有大的改观，《行政长官选举条例》第31条关于行政长官不得具有政党身份的规定就可能会被取消。如果香港会出现地区性执政党，香港低度政党政治就会转变为中度政党政治。

参考文献

一、中文

1.《邓小平文选》(第三卷),人民出版社,1993 年版。

2. 周建华:《香港政团发展与选举(1949—1997)》,香港迷思达蕾科艺公司出版,2003 年版。

3. 张定淮:《面向二〇〇七年的香港政治发展》,(香港)大公报出版有限公司,2007 年版。

4. 张定淮:《1997—2005:香港管治问题研究》,(香港)大公报出版有限公司,2005 年版。

5. 马岳、蔡子强:《选举制度的政治效果——港式比例代表制的经验》,香港城市大学出版社,2003 年版。

6. 周平:《香港政治发展》,中国社会科学出版社,2004 年版。

7. 陈丽君:《"一国两制"在港澳实践与两岸统一研究》,香港天马出版有限公司,2005 年版。

8. 蔡子强:《香港选举制度透视》,香港明报出版社,1988 年版。

9. 范振汝:《香港特别行政区的选举制度》,三联书店(香港)有限公司,2006 年版。

10. 肖蔚云、饶戈平:《论香港基本法的三年实践》,法律出版社,2001 年版。

11. 赵心树:《选举的困境——民选制度及宪政改革批判》(修订版),四川出版集团,2008 年版。

12. 王振民：《中央与特别行政区关系——一种法治结构解析》，清华大学出版社，2002 年版。

13. 鲁凡之：《走向民主自治的“港人治港”》，香港北辰学社·集贤社，1985 年版。

14. 中央人民政府驻香港特别行政区联络办公室：《关于“一国两制”和香港问题的理论文集》（内部资料），2007 年版。

15. 中央人民政府驻香港特别行政区联络办公室：《关于香港问题的政策性论述》（内部资料），2007 年版。

16. 中央人民政府驻香港特别行政区联络办公室：《有关香港问题的重要法律文件》（内部资料），2007 年版。

17. 中央人民政府驻香港特别行政区联络办公室：《党和国家领导人关于“一国两制”和香港问题的重要论述》（内部资料），2007 年版。

18. 叶健民：《从九七算起——公民社会的第一个十年》，（香港）进一步媒体有限公司，2007 年版。

19. 雷竞璇：《香港政治与政制初探》，香港商务印书馆，1987 年版。

20. 王长江：《世界政党比较概论》，中央党校出版社，2003 年版。

21. 王业立：《比较选举制度》（第 5 版），（台北）五南图书出版股份有限公司，2008 年版。

22. 刘曼容：《港英政府政治制度论》，社会科学文献出版社，2001 年版。

23. 吕大乐、王志铮：《香港中产阶级处境观察》，三联书店（香港）有限公司，2003 年版。

24. 王长江：《政党论》，人民出版社，2009 年版。

25. 吴国庆：《法国政党和政党制度》，社会科学文献出版社，2008 年版。

26. 崔英楠：《德国政党依法执政的理论与实践》，中国社会科学出版社，2009 年版。

27. 叶海波：《政党立宪研究》，厦门大学出版社，2009 年版。

28. 郑永继：《韩国政党体系》，社会科学文献出版社，2008 年版。

29. G. 萨托利：《政党与政党体制》，王明进译，商务印书馆，2006 年版。

30. (法) 让·布隆代尔等:《政党政府的性质——一种比较性的欧洲视角》,曾森等译,北京大学出版社,2006年版。

31. 梁琴、钟德涛:《中外政党政党制度比较》,商务印书馆,2001年版。

32. 宋小庄:《中央与特别行政区关系》,中国人民大学出版社,2003年版。

33. 郑宇硕:《香港政制及政治》,香港天地图书有限公司,1987年版。

34. 中华人民共和国香港特别行政区基本法咨询委员会:《中华人民共和国香港特别行政区基本法(草案)征求意见稿咨询报告》(3),1988年版。

35.《中华人民共和国香港特别行政区基本法起草委员会第三次全体会议文件汇编》,1986年版。

36. (美) 阿伦·李帕特:《选举制度与政党制度——1945—1990年27个国家的实证研究》,谢岳译,上海世纪出版集团,2008年版。

37. 燕继荣:《发展政治学:政治发展研究的概念与理论》,北京大学出版社,2006年版。

38. 燕继荣:《政治学十五讲》,北京大学出版社,2004年版。

39. 何羚:《丑陋的香港人》(第二版),香港次文化堂,1990年版。

40. 刘兆佳:《过渡时期香港政治》,(香港) 广角镜出版社有限公司,1996年版。

41. 王叔文:《香港特别行政区基本法导论》,中共中央党校出版社,1990年版。

42. 陆恭蕙及思汇政策研究所:《创建民主:缔造一个优良的香港特区政府》,香港大学出版社,2003年版。

43. 刘军宁:《民主与民主化》,商务印书馆,1999年版。

44. 塞缪尔·亨廷顿:《变革社会中的政治秩序》,李盛平等译,华夏出版社,1988年版。

45. 叶根铨:《特区政治化妆术》,香港上书局出版公司,2006年版。

46. 李昌道:《香港政治体制研究》,上海人民出版社,1999年版。

47. (英) 弗兰克·韦尔什:《香港史》,王皖强等译,中央编译出版社，2007 年版。

48. 陈弘毅：《法治、启蒙与现代法的精神》，中国政法大学出版社，1998 年版。

49. 周镇宏：《港澳海外统战工作新探索》，广东人民出版社，2008 年版。

50.《政制面面观》，基本法咨询委员会秘书处编印，1988 年版。

51. 杜叶锡恩：《我眼中的殖民时代香港》，中国青年出版社，2006 年版。

52. 郑杭生：《社会学概论新修》，中国人民大学出版社，2003 年版。

53. 夏勇：《人权概念起源》，中国政法大学出版社，1992 年版。

54. 王韶兴："政党权力的科学内涵与基本特征"，《学习与探索》，2008 年第 2 期。

55. 徐龙义：《政党基本权利问题探讨》，山东大学博士论文。

56. 张连兴：《香港二十八总督》，朝华出版社，2007 年版，第 388 页。

57. 于铭松：《香港中产阶层研究》，中共中央党校出版社，2009 年版。

58. 强世功：《中国香港》，生活·读书·新知三联书店，2010 年版。

59.（美）史蒂芬·弗兰泽奇：《技术年代的政党》，李秀梅译，商务印书馆，2010 年版。

60. 朱世海：《香港立法机关研究》（修订版），中央编译出版社，2007 年版。

二、英文

1. Ian Scott，*Institutional Change and the political Transition in HK*，NewYork，ST. Martin's Press inc.，1988.

2. Alvin Y. SO，*Hong Kong's Embattled Democracy*：*A Societal Analysis*，The Johns Hopkins University Press，1999.

3. Amir Abedi，*Anti-Political Establishment Parties ——A Comparative Analysis*，Routledge，2004.

4. Hans-Pieter klingeman, *Parties, Politics and Democracy*, Westview Press inc., 1994.

5. MingSing, *Politics and Government in HongKong*, New York: Routledge, 2009.

6. Ralf Horleman, *Hong Kong's Transition To Chinese Rule*, New York: Routledge, 2003.

7. Lau Siu-kai and Louie Kin-sheun, *HK Tried Democracy: the 1991 Elections in Hong Kong*, Hong Kong Institute of Asia-Pacific Studies, 1993.

8. Perter M. Siavelis, "Party and Social Structure, Richard S. Katz and William Crotty", *Handbook of Party Politics*, (London) Thousand Oaks, Calif.: SAGE, 2006.

9. Lauri Karvonen and Stein Kuhnle, *Party Systems and Voter Alignments Revisited*, UK: Routledge, 2001.

10. C. Douglas Lummis, *Radical Democracy*, New York: Cornell University Press, 1996.

11. Paul Taggart, *Populism*, Philadelphia: Open University Press, 2000.

12. Douglas W. Rae, *The Political Consequences of Electoral Laws*, New Haven: Yale University Press, 1971.

13. Kuan Hsin-chi, *Lau Siu-kai and Timothy Ka-ying Won*, *Out of the shadow of 1997?: the 2000 Legislative Council Election in the Hong Kong Special Administrative Region*, Hong Kong: Chinese University Press, 2002.

14. Joseph LaPalombaraand Myron Weiner, *Political Parties and Political Development*, Princeton University Press, 1966.

15. Hans HeinrichVogel, "Summary of the Replies on the Questionnaire on the Establishment, Organization and Activities of Political Parties", http://www.venice.coe.int, 2009—12—12.

16. Kay Lawson and Peter H. Merkl, *When Parties Fail Emerging Alternative Organizations*, Princeton University Press, 1988.

17. Mr Hans Heinrich Vogel，“Draft Report on the Establish，Organization and Activities of Political Parties”，http：//www. venice. coe. int，2010－1－12.

18. Closea Montero，“Opion on the Constitional and Legal Provisions Relevant to the Prohibition of Political Parties in Turkey”，http：//www. venice. coe. int，2009－12－12.

19. “Opinion on the Prohibition of Financial Contributions to Political Parties from Foreign Sources”，http：//www. venice. coe. int，2010－1－12.

20. “The Political Organization of the Hong Kong Special Administrative Region”，JOURNAL OF CHINESE LAW，1988. VOL. 2.

21. *The Relationship between the Government and the Opposition or Minority Parties in Selected Places*，Research and Library Services Division Legislative Council Secretariat，2002.

22. Close Montero，“Opion on the Constitional and Legal Provisions Relevant to the Prohibition of Political Parties in Turkey”，http：//www. venice. coe. int，2009－12－12.

后　记

本书是我主持的国家社科基金项目“香港的政党演进与政治发展研究”（08BZZ017）的最终成果。该课题研究经历一个长期、艰苦的过程。从2008年6月正式开始本课题研究，在广泛征求专家意见后拟定了写作提纲。2008年12月赴广州参加港澳问题学术研讨会，并有幸结识一批研究港澳问题的专家。2009年7月再次获得赴港调研的机会，通过与中联办、民建联、工联会、教联会等单位领导座谈，收集到很多重要资讯。2009年9月起，我又离开北京，南下广州、深圳、香港等地调研、查资料，参加数场关于香港问题的理论研讨会，其中在广州住了3个多月，在香港住了近20天。在广州期间，我把可以利用的时间都放在课题研究上，为做好课题研究提供了充裕的时间保证。在香港期间，基本上天天泡在香港中文大学图书馆、香港中央图书馆或香港基本法图书馆，收集到充足的研究资料。

感谢中央社会主义学院有关领导和同仁的热情帮助，他们为我提供多次到香港调研的机会，或对课题研究给予指教。感谢广东省社会主义学院有关领导和同仁，是他们的帮助和关心，伴我在广州度过一段充实、快乐的时光。感谢香港中文大学肖今女士、蔡子强先生、高琦博士、谢龙汉博士、欧树军博士，以及香港西九协会单志明主席、香港文汇报社李帼喜女士提供的重要资讯。感谢中国人民大学胡锦光教授、中国艺术研究院梁治平教授、深圳大学张定淮教授、国务院发展研究中心港澳研究所刀书林教授、深圳大学邹平学教授、广东省委党校周建华教授等专家的指教和帮助。

“二句三年得，一吟双泪流。”经过两年多的努力，终于完成课题研究任务，其中的艰辛是难以言表的。做课题的过程，是研究的过程，也是学习的过程。我通过阅读大量书籍和资料，丰富了政治学、宪法学等学科知识，拓展了理论视野，并提高了运用理论分析现实问题的能力。在课题研究过程中，有10多篇文章作为阶段性成果在国（境）内外发表，其中数篇文章被中国人民大学报刊复印资料《台港澳研究》、国家图书馆《国图决策参考》转载，产生了一定的社会影响。感谢国家社科基金5名匿名评审专家，他们对课题成果给予较高评价并提出很好的完善意见和修改建议，使我深受鼓舞，并受益匪浅。因我个人学浅才疏，拙著一定还存在不当和不足之处，恳请方家赐教、指正。

朱世海

zshjj@ sina. com. cn

2011年6月16日于北京寓所